L'élan
sociodynamique

Éditions d'Organisation
1, rue Thénard
75240 Paris Cedex 05
www.editions-organisation.com

© Éditions d'Organisation, 1996, 2004
ISBN : 2-7081-3038-X

Jean-Christian FAUVET

Kea & **Partners**
Transformation consulting

L'élan
sociodynamique

Préface de Jean-René FOURTOU

2e édition

**Éditions
d'Organisation**

Remerciements

Le présent ouvrage constitue une réécriture, doublée d'une mise à jour, de *La Sociodynamique, concepts et méthodes* (Éditions d'Organisation) qui date de 1997.

Ont participé généreusement à ce travail : Philippe Faugeron et pour Kea&Partners : Jérôme Danon, Laurence Dothée, Yves Jaunet, Vincent Jeanteur, Jacques Jochem, Hervé Lefèvre, Catherine Seys, Marc Smia, Laurent Toussaint et Sandrine Vigner. Sans oublier la talentueuse dessinatrice, France Billand.

Un merci chaleureux à eux tous.

Préface

Retrouver l'élan, l'esprit et l'énergie de la création et de l'aventure ! Entreprendre chacun et collectivement, et ce, malgré la complexité et les contraintes croissantes de nos sociétés, de nos Etats, de ce monde interconnecté !... tels sont les défis colossaux auxquels nous sommes confrontés. Cet élan devient vital pour les générations nouvelles, pour la France en particulier et pour notre vieille Europe.

La thermodynamique explique que tout système tend naturellement à évoluer vers un état d'entropie maximale dans lequel toute transformation est impossible. Nous devons lutter contre cette tendance apparemment inéluctable de nos sociétés vers une entropie croissante et nous opposer à l'immobilisme, à la toute-puissance des intérêts particuliers et égoïstes, à la paralysie administrative et politique et surtout et à la dilution de l'intérêt et de l'espoir.

L'histoire nous montre que les civilisations naissent, s'épanouissent, dégénèrent, éclatent ou se font absorber. Il en est ainsi des entreprises, mais au quotidien, comment réagir ? Les bonnes intentions ne suffisent pas. La pertinence de la stratégie n'est qu'un préalable : tout, en définitive, dépend de l'exécution et de la dynamique de l'action.

La sociodynamique est une discipline née il y a déjà plus de 30 ans sous l'impulsion de Jean-Christian Fauvet au sein de Bossard Consultants. Sa pratique contribue de manière déterminante à la compréhension des situations, à la conduite de l'action, à une re-conception de l'organisation bref à l'efficacité du management. Son principe est fondé principalement sur le respect des hommes et la mobilisation des énergies. Je n'ai cessé de m'appuyer sur ses concepts, ses règles et recommandations.

Jean-Christian Fauvet a inspiré de nombreux professeurs et consultants, formé lui-même des milliers de cadres, au cours d'une riche carrière au sein du groupe Bossard et du CRC. Il est un retraité particulièrement actif depuis plusieurs années et je suis heureux qu'il poursuive le développement de sa discipline en étroite coopération avec Kea & Partners. Cette jeune et dynamique équipe de consultants, émule de l'ancien

Bossard que je présidais il y a plus de 20 ans, en perpétue l'esprit. Sa vocation est fondée sur le développement d'approches innovantes qui croisent stratégie et action sur les comportements.

Jean-René Fourtou,
Président de Vivendi Universal
Ex-Vice-Président d'Aventis (1999-2002)
Ex-Président de Rhône Poulenc (1986-1999)
Ex-Président de Bossard Consultants (1979-1986)

Avant-propos

par Hervé Lefèvre, Président de Kea & Partners

Pourquoi certaines organisations bougent-elles alors que d'autres végètent ? Pourquoi certaines s'adaptent, se régénèrent et prospèrent, alors que d'autres paraissent irrémédiablement condamnées à la sclérose ? À qui la faute ? La conjoncture ? Le management ? La législation ? Le manque de capitaux ? Le climat social ? Ne cherchez pas, « on n'a jamais vu un haut-fourneau prendre de lui-même une initiative[132] », seul l'homme est générateur d'action de changement et de progrès, pour peu qu'on le mette au centre du jeu.

Cessons d'incriminer les choses et misons sur le dynamisme des hommes. Nous prenons le pari que les organisations sociodynamiques au sein desquelles les hommes trouvent un plaisir à produire, innover et satisfaire leurs clients sont plus performantes. L'expérience nous a appris qu'il est plus difficile de faire sourire une, cent, mille caissières d'hyper-marché, que de régler une ligne de montage d'articles électroménagers. Dans un monde où les entreprises et les organisations sont de plus en plus ouvertes et où le service est la clef de la réussite, chaque collabora-teur est ou sera au contact de l'extérieur. Nous devons faire en sorte que ce jour-là ce collaborateur, tout comme la caissière, sourie.

Lorsque Jean-Christian Fauvet m'a proposé de réactualiser avec lui son dernier ouvrage, il m'a fait grand honneur car il fut au sein de Bossard Consultants l'un de mes mentors professionnels. Penseur infatigable et fécond, Jean-Christian a développé pendant 30 ans une vision singulière et novatrice du management, puisant ses idées dans une longue tradi-tion humaniste.

Jeune consultant chez Bossard, frais émoulu d'une école scientifique et plein de certitudes « mécanistes », j'ai d'abord appris, grâce aux outils de la sociodynamique, à susciter et à polariser les énergies humaines. Dix ans plus tard, j'ai développé avec Jean-Christian le management global,

VII

branche de la sociodynamique traitant de la complexité et de l'auto-organisation. Créé en octobre 2001, Kea & Partners compte aujourd'hui quatre-vingts consultants pour qui les hommes sont les moteurs de la performance durable de l'entreprise. Ils reprennent ainsi le flambeau de la sociodynamique, que ce soit pour eux-mêmes en s'associant au sein de Kea dans un partenariat vivant et actif, ou bien chez leurs clients en intégrant pleinement la dimension humaine dans leur pratique du conseil en stratégie et management.

Le titre de l'ouvrage nous invite à donner à nos organisations un élan sociodynamique. C'est bien connu, faute de rouler, le cycliste tombe. L'élan nous met dans la position de profiter des événements, puis de rebondir et d'innover plus vite et mieux. L'élan favorise l'initiative, amplifie le réflexe d'auto-organisation et donne au corps social le désir de se dépasser. Ainsi, transformer les comportements devient possible.

La sociodynamique constitue un guide pour l'action : « Mieux discerner pour mieux agir. » Elle ne s'érige surtout pas en « modèle », un de plus ! Elle offre plutôt au manager des grilles de lecture pour l'aider à trouver sa propre voie.

Si l'aventure vous intéresse, empruntez avec nous ce sentier de « grande randonnée » et trouvez la voie de votre propre cheminement vers un « au-delà de l'efficacité » tel qu'il est présenté à l'étape 78. Terminez par le « test des blasons » qui vous révélera quel élan nouveau, organisationnel et managérial, vous voulez et vous pouvez donner à votre entreprise.

Sommaire

Cet ouvrage est un guide. Il ouvre un *sentier de grande randonnée* permettant de visiter, tour à tour, les « paysages, sites et monuments » qui jalonnent le panorama de nos actions. Pour faciliter l'exploration, il propose de parcourir une *dizaine d'itinéraires* spécialisés comprenant chacun plusieurs étapes.

Chaque étape est un lieu commenté de découverte locale. Pour le confort du visiteur, elle offre un « service complet », au risque d'une certaine redondance. L'étape est aussi un carrefour ouvert sur d'autres sentiers (page [56] ou *), de telle sorte que le visiteur familiarisé, pressé ou imaginatif peut abandonner le site et suivre son propre parcours. L'enrichissement typographique en gras des passages importants est destiné aux amateurs de lecture rapide, en préalable à une découverte plus approfondie. L'index final qui regroupe les mots-clés et concepts de la sociodynamique (marqués d'un astérisque [*] dans le texte), en indiquant les passages où ces derniers sont particulièrement explicités, cherche à répondre à la curiosité des lecteurs soucieux de bien en maîtriser le vocabulaire.

BONNE PROMENADE dans un monde si proche et si secret...

1

itinéraire

Étapes

1   Développer la **sociodynamique** de l'entreprise

2   Disposer d'une **table d'orientation** globale pour l'action

3   Fonder l'action sur une tension entre l'**Unité** et le **multiple**

4   L'**Unité** révèle l'harmonie

5   Le **multiple** stimule le mouvement

1

Développer
la sociodynamique
de l'entreprise

« Le courage est une chose qui s'organise »
(André Malraux).

Comparable à la thermodynamique qui cherche à maîtriser le « mouvement par la chaleur », **la sociodynamique se propose de développer le « mouvement par les hommes ».** Elle assure la visite guidée du monde des organisations, là où s'exerce l'action des hommes ; elle précise leur projet ; elle décrit le panorama de leurs alliances et de leurs luttes ; elle indique les règles séculaires et nouvelles qui fondent leurs succès et leurs échecs ; elle dote les acteurs d'une panoplie de moyens pratiques destinés à servir leur stratégie ou celle de leur entreprise. Elle hiérarchise les enjeux propres à chaque famille d'organisation, l'auto-organisation figurant un *cas limite* de grand intérêt.

À ce titre, on peut ainsi, plus généralement, parler de sociodynamique des régimes politiques, des guerres ou de la culture initialisée par

Abraham Moles. On peut également observer la sociodynamique du pouvoir d'État, du syndicalisme ou des entreprises privées.

La sociodynamique est une branche de la praxéologie, discipline générale qui **se consacre à la conduite de l'action**. Élaborée et mise en œuvre pendant trente ans dans le cadre de milliers de contrats d'organisation, elle continue à se développer. Elle ne revendique pas cependant le statut d'un modèle à imiter. Elle s'offre plutôt à la critique sous la forme d'un *langage*, voire d'un paradigme (ou macro-système de pensée), qui est destiné aux responsables parvenus à un niveau où leur démarche ne peut progresser que si tous les acteurs de l'organisation s'entendent au moins sur le sens des mots.

Le langage l'emporte en effet sur le modèle, en ce sens que le premier est plus libre que le second d'établir un jeu de combinaisons : *avec les mêmes concepts et les mêmes principes logiques*, la sociodynamique peut expliquer – à défaut de justifier – des phénomènes aussi opposés que la gestion des conflits et le *saut de l'ange*, forme limite de la confiance aveugle d'un acteur en son partenaire... Elle traite avec les mêmes outils les aspects les plus techniques de la négociation. Bref, son itinéraire doit mener **de la guerre à la paix**.

Ce langage est *ouvert* dans le sens où les concepts et règles proposés au départ le sont à titre expérimental. Certains apparaîtront peut-être superflus ou franchement erronés ; nous ne doutons pas que d'autres viendront les remplacer. **C'est un langage** *falsifiable* – selon K. Popper – qui s'offre par conséquent à la critique objective. Cette démarche n'a donc aucunement la prétention de relever des sciences dures. À l'instar de ce qu'enseigne Plutarque, **la sensibilité des rapports humains l'emporte en ces affaires sur celle de précision mathématique.** Du reste, chaque acteur n'agit-il pas lui aussi par sensibilité et intuition à partir de l'idée qu'il se fait de la position de l'autre à son égard, de son propre intérêt et du contexte ? Dans le champ de la praxéologie, il y a plus utile que la précision, impossible ici. La sociodynamique lui substitue *les méthodes de conception et de visualisation* qui inspirèrent le génie de Léonard de Vinci.

Langage relativiste donc, la sociodynamique se présente comme un moyen de communication naturel suffisamment structuré pour éviter les trop grandes divagations de l'imagination. Il pèse les chances, les risques, les probabilités, bref le poids de chaque atout joué ici plutôt que là. **La sociodynamique se contente de formaliser le bon sens** des dirigeants des organisations publiques ou privées, qui souhaitent parvenir à un haut niveau de performance.

Ce langage est donc partiellement engagé : poussé par la nature du sujet, il prend parti pour tout ce qui renforce la performance de l'action individuelle et collective, remettant à sa place tout ce qui s'y oppose. Ce sera la fonction du préfixe *socio-* **qui met l'accent sur les hommes moteurs de l'action**, que celle-ci soit commerciale, industrielle, managériale... On ne s'étonnera pas du rôle fondateur joué ici par la *physique de l'action* ramenée à un *quantum d'énergie*, analogie qui permet une combinaison infinie de forces matérielles et immatérielles.

Enfin, c'est **un langage allergique à toute approche réductionniste**. Une action d'envergure est nécessairement *globale* puisqu'elle s'applique le plus souvent à des situations complexes, là où interagissent de multiples facteurs matériels et immatériels, déterminés et aléatoires, à commencer par l'imprévisibilité même des acteurs. Le souci de globalité conduit à hisser l'action du niveau tactique où elle se manifeste vers le stratégique où elle se conçoit, jusqu'au politique où se concilient en principe, dans une éthique de l'action, les lois de l'efficacité et les attentes des hommes. C'est ce que nous appelons *performance**, objectif asymptotique de la sociodynamique qui concourt à l'épanouissement de la *vie sociale*.

Toute discipline conséquente se dote d'un langage approprié.

5

2

Disposer
d'une table d'orientation
globale pour l'action

« Agir en homme de pensée
et penser en homme d'action »
(Henri Bergson).

Chacune de nos actions en dit plus long sur elle-même qu'on le croit. C'est une *force singulière* dont l'analyse sociodynamique révèle les principes auxquels elle se réfère, les tendances qui la guident, les stratégies qu'elle inspire et les modes d'organisation qu'elle suscite.

En page 8, vous trouverez le détail de la table d'orientation globale pour l'action.

Schéma 1 : la vision rapprochée. L'acteur est l'homme (ou le groupe) qui pose un acte ou conduit une action volontaire. Le *point zéro* de l'action est l'inertie, propriété des corps de ne pouvoir changer par eux-mêmes l'état de repos ou de mouvement dans lequel ils se trouvent. **L'action individuelle ou collective** est au contraire **un arrachement à l'inertie**, une force, une tension vers un objectif à atteindre, voire un projet à accomplir. Au premier principe d'inertie, l'action répond par un effort dynamique endogène, c'est-à-dire généré *de l'intérieur*. Mais dès l'origine, cet effort dynamique tend à privilégier l'une ou l'autre des grandes priorités de l'action : ou bien *spéculer*, c'est-à-dire **jouer sur l'intelligibilité du projet individuel ou collectif**, ou bien, *concrétiser*, c'est-à-dire **miser sur les moyens sensibles utilisés dans l'action.**

Schéma 2 : un positionnement par rapport aux quatre points cardinaux de l'action que sont l'unité, le multiple, l'inertie et le complexe. Dans le premier cas, il s'agit pour l'action de prendre le parti du **principe d'unité ou d'identité qui tend à établir la vérité et à susciter une action de puissance infinie.** Dans le deuxième cas, il s'agit au contraire de privilégier **le principe de variété et de multiplicité où tout est précaire et changeant.** D'un côté, on trouve une tendance à prendre appui sur un *absolu* de raison, de foi ou d'énergie (A=A), de l'autre une tendance à profiter de toutes les choses *relatives* de ce monde (A≠B). « Classique » ou « baroque », dans les deux cas l'action se pique de réalisme. **Ces deux principes clés sont moteurs et entraînent les deux autres** (l'inertie et le complexe) qui leur sont subordonnés. Située en retrait, on comprend aisément que la *composition basse* des deux principes clés donne lieu à une « anaction » (de *ana*, en arrière), là où le troisième principe (l'*inertie*) revendique ses droits et où A=B. À l'inverse, la *composition haute* inspire un quatrième principe, celui de *complexité* où s'exercent la « métaction » (de *méta*, au-delà) et l'auto-organisation.

Schéma 3 : le coup d'œil psychologique. Un premier jeu de transversales dû à R. W. Sperry fait apparaître l'emploi dominant de notre cerveau gauche ou droit. Les acteurs dont le **cerveau gauche** est suractivé ont tendance à utiliser **le langage académique des signes juridiques, techniques, sociaux.** Ceux dont le cerveau droit est dominant tirent davantage profit de leur **esprit de finesse et de leur intuition créatrice.** L'académisme et l'art...

Un second jeu de transversales selon Mac Lean se superpose au premier. Ici, les **zones limbiques** du cerveau (les plus anciennes) favorisent la réactivité à l'environnement, donc prédisposent l'acteur à **adopter des stratégies pertinentes concrètes.** À l'inverse, les **zones corticales** du

CONSTRUCTION DE LA TABLE D'ORIENTATION

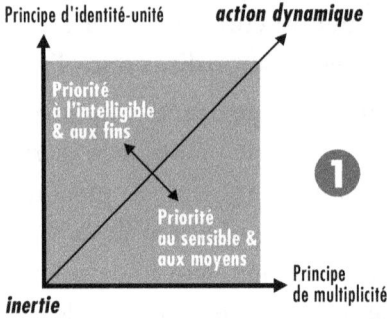

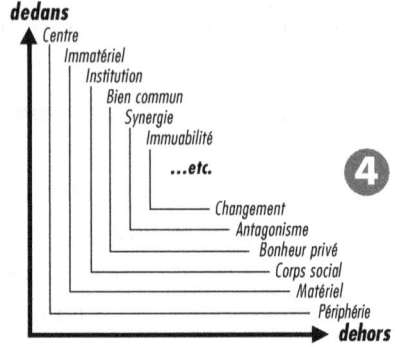

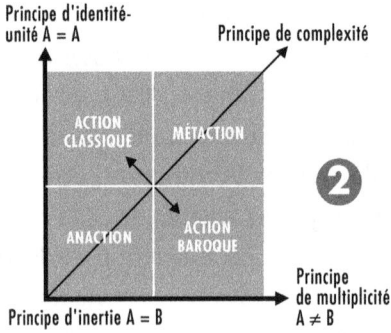

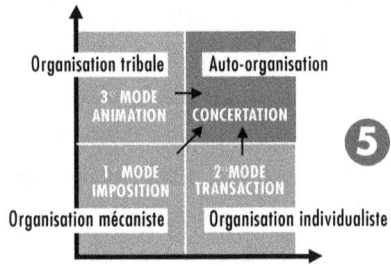

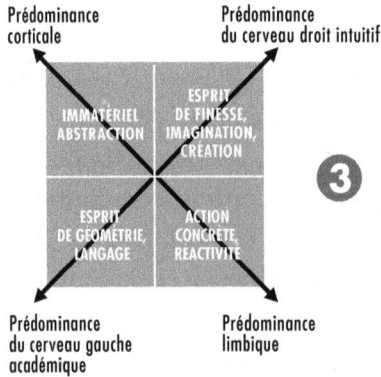

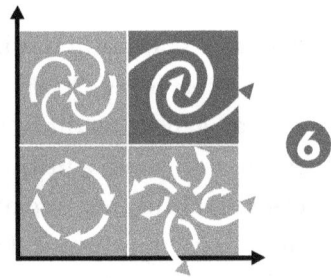

Principe d'identité-unité · *action dynamique*

Priorité à l'intelligible & aux fins

Priorité au sensible & aux moyens

inertie

Principe de multiplicité

1

dedans

Centre
Immatériel
Institution
Bien commun
Synergie
Immuabilité
...*etc.*
Changement
Antagonisme
Bonheur privé
Corps social
Matériel
Périphérie
dehors

4

Principe d'identité-unité A = A · Principe de complexité

ACTION CLASSIQUE

MÉTACTION

ANACTION

ACTION BAROQUE

Principe d'inertie A = B

Principe de multiplicité A ≠ B

2

Organisation tribale — Auto-organisation

3ᵉ MODE ANIMATION — CONCERTATION

1ᵉ MODE IMPOSITION — 2ᵉ MODE TRANSACTION

Organisation mécaniste — Organisation individualiste

5

Prédominance corticale · Prédominance du cerveau droit intuitif

IMMATÉRIEL ABSTRACTION

ESPRIT DE FINESSE, IMAGINATION, CRÉATION

ESPRIT DE GÉOMÉTRIE, LANGAGE

ACTION CONCRÈTE, RÉACTIVITÉ

Prédominance du cerveau gauche académique

Prédominance limbique

3

6

cerveau, plus récentes, privilégient **les actions réfléchies fondées sur des logiques abstraites.**

Schéma 4 : une mise en perspective des principales fonctions de l'action. Prenant du champ, la visite guidée offre ici une vue synoptique des grandes fonctions de l'action étudiées par la sociodynamique. Chacune d'elles répond au **double principe d'identité-unité et de variété-multiple.** Elle donne lieu à des attitudes ou des stratégies plus ou moins *calées* sur l'un de ces deux axes, exprimant les prédispositions cérébrales des acteurs.

Par exemple, opérant au sein d'une organisation chaque acteur appartient simultanément à une *institution juridique* et à un *corps social* ; mais cette appartenance est d'inégale importance, d'où un jeu d'attitudes répondant plus ou moins aux impératifs économiques du premier et aux revendications du second.

Schéma 5 : vision panoramique globale/locale. Enfin, par un zoom rapproché, ces principes et tendances se manifestent par des modes d'organisation, de relation et de management plus précis. Quatre familles d'organisation ou **quarts-champs** apparaissent. Elles constituent le cadre structurel et culturel où s'exerce l'action. Bien que vécu différemment, ce cadre est le même pour les dirigeants de haut niveau qui conduisent l'action, les responsables intermédiaires et les agents chargés de l'exécution. Cette vision panoramique fait apparaître notamment des modes de management singuliers dont une composition appropriée permettra de **développer la concertation** qui s'efforce de placer les acteurs et les actions dans une perspective globale ; à cette fin, elle tente de **structurer une auto-organisation** (ou holomorphe) *à décideurs multiples* répondant au principe de complexité.

Schéma 6. La critique détaillée de ces **quatre grandes familles** d'organisation constitue l'armature de cet ouvrage. Elles seront **illustrées par quatre** *icônes* susceptibles de représenter symboliquement les concepts sociodynamiques associés à chacune d'elles. Le thème du *cercle* a été retenu comme figure emblématique de l'unité, du centre, de la périphérie et du tout. À ce thème s'ajoutent ceux de *rotation* et de *fermeture/ouverture* qui mettent en évidence la dynamique propre de chacun des quarts-champs.

LES QUARTS-CHAMPS DE L'ORGANISATION
Principe d'identité-unité (A = A)
"DEDANS" FORT
inspirant des actions dites "classiques"

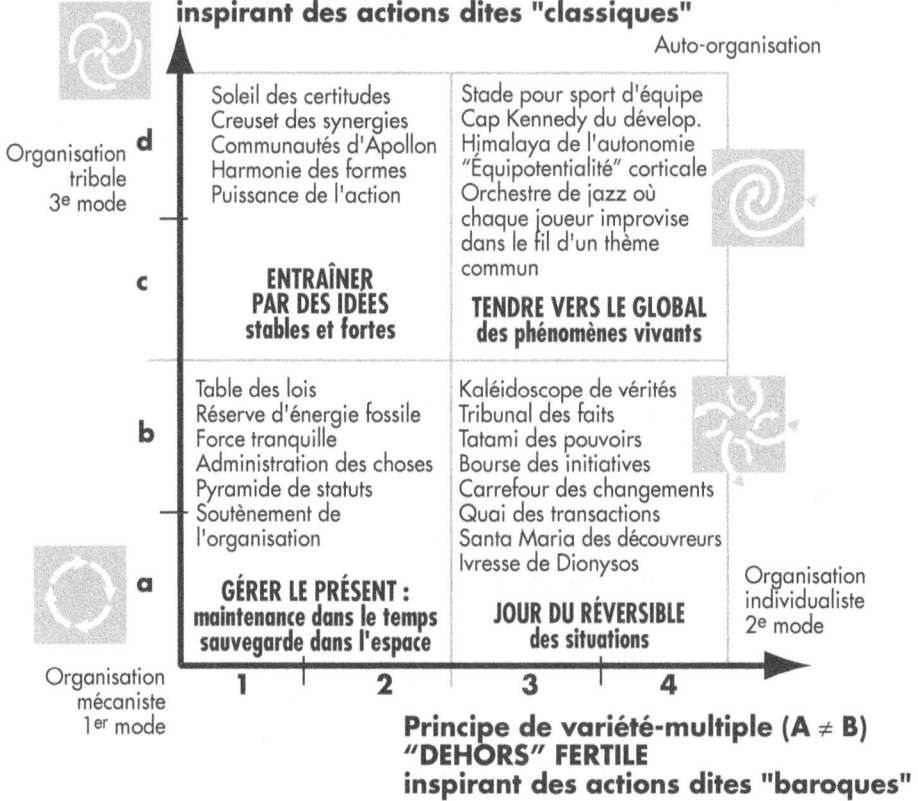

Auto-organisation

Organisation tribale 3e mode

d

Soleil des certitudes	Stade pour sport d'équipe
Creuset des synergies	Cap Kennedy du dévelop.
Communautés d'Apollon	Himalaya de l'autonomie
Harmonie des formes	"Équipotentialité" corticale
Puissance de l'action	Orchestre de jazz où
	chaque joueur improvise
	dans le fil d'un thème
	commun

c

ENTRAÎNER PAR DES IDÉES stables et fortes

TENDRE VERS LE GLOBAL des phénomènes vivants

b

Table des lois	Kaléidoscope de vérités
Réserve d'énergie fossile	Tribunal des faits
Force tranquille	Tatami des pouvoirs
Administration des choses	Bourse des initiatives
Pyramide de statuts	Carrefour des changements
Soutènement de	Quai des transactions
l'organisation	Santa Maria des découvreurs
	Ivresse de Dionysos

Organisation individualiste 2e mode

a

GÉRER LE PRÉSENT : maintenance dans le temps sauvegarde dans l'espace

JOUR DU RÉVERSIBLE des situations

Organisation mécaniste 1er mode

1   2   3   4

Principe de variété-multiple (A ≠ B)
"DEHORS" FERTILE
inspirant des actions dites "baroques"

Enfin, par jeu, le tableau ci-dessus offre une vue perspective de ce que nous enseigne notre passé historique et philosophique. Et ce que la sociodynamique peut apporter en complément...

S'imposent à nous deux principes fondateurs de l'action qui génèrent quatre grandes familles d'organisation.

© Éditions d'Organisation

3

Fonder l'action sur une tension entre l'Unité et le multiple

« Le particulier doit toujours céder le pas au général,
et le général s'accommoder du particulier »
(Goethe).

Entreprendre, c'est mettre l'entreprise sous tension sociale et fonctionnelle, seule façon de l'arracher à la pesanteur des choses. Comment ? Si « toute chose a deux anses » (Épictète), toute action résulte de la tension issue de deux principes contraires de valeur croissante :

Identité-unité / Variété-multiple

$$A = A \ / \ A \neq B$$

Ces deux principes moteurs entretiennent une double relation d'opposition et de complémentarité de type yin/yang, *l'un creusant, l'autre comblant*, faisant ainsi émerger un 3ᵉ facteur qui exprime le mouvement inhérent aux choses et aux idées.

Si A = A -> principe d'identité-unité, il y a symétrie, clonage, tautologie, parti pris, donc un *effet de miroir* où *le même* est réfléchi indéfiniment... Mais cette homologie est source de puissance car elle s'exerce au bénéfice de l'unité de stratégie et d'action. **L'Unité est le caractère d'un *Tout* ayant atteint sa plénitude de forme,** ce qui implique l'identité, l'homogénéité, l'autonomie, l'indivision, l'inaltérabilité, la vérité, la raison, la puissance, la performance et, par extension, la perfection.

Si A ≠ B -> principe de variété-multiple, tout est relatif, précaire, changeant, fluide ; les choses ne valent que pour l'usage immédiat qu'on en fait. Parce qu'elle ne s'accommode d'aucune stabilité, cette variété est source de mouvement et de vie. **Le multiple est le caractère de ce qui est composé d'éléments nombreux, variés, changeants,** ce qui implique l'hétérogénéité, la précarité, la liberté, l'ouverture au monde, l'alternance lutte/ alliance, les initiatives individuelles et le désordre. **L'Unité ré-intervient ici : elle est la tension immatérielle qui donne une *âme* à un composé de multiple,** l'anime de l'intérieur, lui assure une forme originale, lui confère une identité singulière, la dote d'une autonomie propre face au désordre environnant. L'hypertension est une propriété de l'auto-organisation où ces facteurs atteignent le plus haut niveau ; à l'inverse, l'hypotension est une caractéristique de l'organisation mécaniste. Question de dosage...

> Observez une bibliothèque composée de multiples livres. Chacun d'eux comprend des chapitres, puis des phrases, des mots, des lettres... À son tour, chaque mot (qui paraît simple) est multiple par les divers sens qui lui sont attribués, et chaque sens, à y regarder de près, n'est pas si simple que ça. La relation Un/ multiple se retrouve partout, dans une nation, une entreprise, une famille, une association... jusque dans l'homme lui-même. Représentez-vous *une* bataille, comme celle de la Moskova racontée par Tolstoï, et vous découvrirez les *multiples* affrontements de régiments, manœuvres tactiques et faits d'armes individuels. **L'unité de commandement est l'obsession de tous les états-majors** qui voient-là une condition de cette victoire qui est remportée sur le désordre des actes (mêmes héroïques) de chaque militaire livré à lui-même.

Tentons de préciser. Ces deux principes constituent les deux piliers du propylée de la philosophie, mais ils nous intéressent ici surtout parce qu'ils assurent le fondement sur lequel tout responsable articule, consciemment ou non, sa démarche *d'action collective* ; c'est pourquoi la sociodynamique s'en inspire largement. Ils constituent un paradigme aussi discret que fécond. De plus, tout projet, toute entreprise, toute organisation, tout acte naît de leur composition. **Pas d'entreprise qui serait ordre pur ou désordre complet**, tout *Un* ou tout *multiple*. Mieux, l'action résulte du fait qu'ils s'engendrent mutuellement.

Par exemple :

- fusionner plusieurs cultures, lancer un nouveau produit, réorganiser un réseau commercial, c'est faire de l'unité avec du multiple ;
- en revanche, susciter des initiatives, réagir en temps réel aux turbulences du marché, permettre la confrontation des idées, c'est ouvrir l'unité au multiple, etc.

Cette tension permanente entre l'Unité et le multiple, nous la retrouvons à tous les niveaux. Sous la forme de tensions *sociales* et *fonctionnelles*, **tout est en tension avec tout.** Ainsi :

- **la synergie des efforts et l'antagonisme des intérêts** constituent des tensions sociales qui maillent en profondeur le champ relationnel de l'organisation ;
- **l'ouverture de l'organisation vers son environnement et sa clôture sur elle-même** sont des tensions nécessaires, complémentaires et concurrentielles pour sa survie et son développement. Ce jeu de tensions tient une telle place dans la performance de l'entreprise qu'il inspire la typologie des quatre quarts-champs sociodynamiques et celle des organisations correspondantes : mécaniste, tribale, individualiste et holomorphe.

4

L'Unité révèle l'harmonie

L'action classique s'inspire naturellement de l'art du même nom, immortalisé par des monuments comme le Parthénon ou le Pavillon Louis-XIII du château de Versailles. **C'est le triomphe de la mesure, des équilibres bien balancés, donc d'une symétrie calme entre les choses et les idées.** Fondée sur une quête opiniâtre de l'harmonie de proportions et de formes, **l'action classique se veut absolue dans ses buts et élégante dans son exercice.** Dans sa forme la plus épurée, l'action classique se résume par un **acte simple** : « Qu'en un jour, en un lieu, un seul acte... » Tout est dit. Boileau définit là les règles du théâtre classique mais, sans le vouloir, il fait aussi un résumé fulgurant du big bang, acte inégalé, comparable à rien, fondateur de tout, dont nos actions quotidiennes ne sont que de pâles figures. Admirez le fond et la forme de la Déclaration Universelle des Droits de l'Homme dont tous les articles se complètent et se répondent, composant la musique d'un ordre social nouveau. Le Beau et le Bien se confondent, ô Platon.

La plupart des hommes politiques, de guerre ou d'entreprise sont tentés par ce parti pris d'absolu, point fixe dans l'ordre de la connaissance, rigueur dans la préparation de l'action et puissance dans sa mise à feu.

Le principe d'identité est éminemment structurant pour l'esprit et l'action. Le sentiment d'identité, par exemple, est une force sociale considérable. De nature affective, il est l'une des causes principales du dévouement de l'homme pour sa famille, son pays, son ethnie, sa religion, mais aussi pour son club sportif et son entreprise. La violence des guerres interethniques que nous connaissons se retrouve, à peine modérée, dans la passion des supporters d'une équipe de football.

Le principe d'identité appelle un système de relations et un mode de management ayant pour **facteur dominant l'existence d'une communauté d'acteurs semblables**, c'est-à-dire proches affectivement et partageant les mêmes valeurs (A = A). Le consensus sur les idées renforce la synergie des efforts en vue de l'accomplissement d'un projet commun. Les décisions sont censées être prises à l'unanimité. Les relations sont conviviales, voire amicales, chaque acteur considérant les autres comme des compagnons d'armes ou des êtres chers. Le manager assure une fonction de *guide* : il cherche à orienter les initiatives individuelles investies dans un même projet. Ce mode de management conduit à la constitution d'un type d'**organisation tribale** dont les effets se font sentir dans toutes les grandes fonctions de l'organisation : la qualité, les ressources humaines, la production, la stratégie...

Il est difficile de se représenter notre vie quotidienne dans un monde où le principe d'identité-unité n'existerait pas, où aucun ordre n'interviendrait jamais pour structurer les choses et leurs rapports. Impérial ou discret, à forte ou petite dose, il est actif partout. Ainsi devons-nous mettre à son crédit les atouts suivants :

Au niveau de la connaissance

– Par son penchant à considérer les ensembles plus que les parties, il reconstruit dans l'esprit les observations empiriques.
– Au moyen de la mémoire, il assure dans le temps la continuité des souvenirs et veille à la cohérence du moi.
– Par le langage, il fixe les choses et les idées dans des mots et des concepts, facilitant ainsi leur compréhension et leur communication aux autres acteurs.
– Par les principes de rationalité qu'il introduit dans l'analyse des situations, il hiérarchise les choses, articule les idées, jette un regard critique sur los jugements. Aucune action d'envergure ou durable n'est possible sans que les principes de non-contradiction, de raison suffisante, d'immanence ou de finalité n'aient été plus ou moins respectés.

- Par la certitude ou la foi qu'il suscite chez les acteurs, il élimine le doute et raffermit la volonté.

▨ Au niveau de la préparation de l'action

- Par l'ordre administratif et technique qu'il inspire, il rend possible l'activité de l'organisation ; la coordination des tâches serait vaine sans un recours au principe d'identité.
- Par la culture qu'il suscite, il unifie le langage, fédère les valeurs, les coutumes et le sentiment d'appartenance.
- Par l'unité sociale ainsi créée, il installe un *îlot d'autonomie* au sein de l'environnement ; l'entreprise considérée comme tout n'existerait pas sans lui.
- Surtout, il optimise les chances de succès par la rigueur qu'il introduit dans l'appréciation réaliste des enjeux, dans l'évaluation des plans stratégiques, dans l'organisation de la logistique et la planification des phases tactiques.

▨ Au niveau de l'action

- Par l'ajustement raisonné des buts et des moyens (donc en surmontant les incertitudes et les hésitations individuelles), il focalise la volonté des acteurs.
- Par gommage des contradictions issues de la présence de points de vue et d'intérêts différents, et par adhésion à un projet commun*, il fédère les actes individuels en une action collective.
- Pour toutes ces raisons, il est censé produire une énergie collective de *fusion*, un acte de forte puissance, voire une puissance infinie pour Dieu ou la nature, à l'instant du big bang.

Afin de montrer la puissance infinie de l'Unité, Archimède apporte un argument définitif : « Donnez-moi un point fixe et je soulèverai la Terre. » Propos que l'on peut ainsi compléter : « Donnez-moi un repère métaphysique absolu et je soulèverai l'humanité. »

Or, au sens strict, ce point fixe ou repère incontournable manque à l'appel des scientifiques et plus généralement de tous les hommes. Il s'ensuit que les effets de cohérence, de cohésion et d'implication que l'on prête au principe d'identité-unité sont souvent illusoires. À défaut de tenir le rôle de l'absolu, il assure celui, moins enviable, de *parti pris provisoire* pour telle ou telle cause ou idée. Il cale la pensée et recentre l'action par simple commodité, au risque de provoquer ce que justement il s'efforçait d'éviter : la régression dans le relatif, le multiple, le baroque. Ce décalage peut avoir d'autres effets pervers, notamment :

- **couper l'organisation de l'environnement** : négation du monde sensible, manque de réactivité et d'écoute, d'où autosatisfaction et autoglorification ;
- **verser dans le dogmatisme**, l'apriorisme, la langue de bois et le sectarisme (les principes les plus fameux perdent tour à tour leur inviolabilité) ; tout partisan court un risque sur deux de se tromper ;
- **sacrifier les initiatives privées** et négliger les intérêts individuels qui ne concourent pas à l'unité du projet ;
- **figer les habitudes professionnelles**, fossiliser les valeurs sociales, calcifier les symboles culturels.

L'organisation à dominante tribale est la transposition anthropologique et sociale de cette fermeture, *danse sacrée* sous le regard du dieu domestique. Mais bizarrement, dans le cadre d'une approche plus large, se retrouvent là, en même compagnie, les actions froides conduites par la raison et les actions chaudes motivées par la foi religieuse ou politique. Par quelles acrobaties, l'action classique peut-elle abriter sous le même toit les rigueurs de la science et les élans de l'affectivité ? C'est que, justement, l'une et l'autre ont des parentés étroites avec le principe d'identité qui s'énonce pour les spécialistes comme ceci : « Ce qui est est, ce qui n'est pas n'est pas », ou encore par « A est A ». Cette tautologie n'est qu'apparente ; elle pose que le monde *actuel* n'est pas une illusion, que les choses ont une permanence intrinsèque, qu'elles peuvent être regroupées en « catégories de choses identiques » qui délimitent *un* temps et *un* espace de jalons incontournables. Ici et maintenant, ces repères ont la force d'**un parti pris absolu de raison ou de foi** : les victimes des sacrifices humains pratiqués par les Aztèques étaient eux-mêmes convaincus que leur mort assurait la perpétuation du monde.

perspective **Il manquera toujours à la simplicité stratégique de l'Un, les bizarreries tactiques du multiple.**

5

Le multiple stimule
le mouvement

« Il n'est aucune qualité si universelle
en cette image des choses que la diversité et la variété »
(Montaigne).
« Pour qui tente de vivre droit, la vie est chose
sucrée et salée, douce et amère, convulsive et sereine »
(Jean Lurçat).

Le principe de variété-multiple inspire des attitudes empiriques, pragmatiques, libérales. Il appelle un management à dominante de transaction, l'emploi systématique des stratégies d'alliance et des techniques de négociation. Il est **l'agent naturel de l'ouverture sur l'environnement et acteur du changement**. Il pousse à construire des organisations individualistes, voire mercenaires. Dans le monde moderne, peu d'action échappe au *pragmatisme* selon lequel la valeur d'une idée est tout entière contenue dans ses effets.

« Le baroque est multiforme ; il est dans son génie de s'évanouir sous la prise et de réapparaître ; sa définition veut qu'il soit rebelle à la définition. » Et J. Rousset de rapprocher le baroque de notre **réalité** qui est « instable ou illusoire comme un décor de théâtre ». On ne s'étonnera pas que se mêlent dans une œuvre picturale baroque, profondeur et surface, unité et multiplicité, clarté et obscurité. Plus généralement, le baroque « est une forme de pensée qui accepte et même revendique comme fondement la nécessité simultanée de l'un et de son double (forme achevée du multiple), du même et de l'autre, du symétrique et du paradoxal, de l'immobile et du mouvement, à la fois dans l'avant et dans l'après, qui varie dans l'instant » (A.-L. Angoulvent)[1]. D'où : l'inconstance, l'éphémère, la théâtralité, le masque.

Contrepoint de l'action classique, **l'action baroque marque le bouillonnement de la vie**... mais *sans la force d'une vérité*. Arlequin n'en finit pas d'ôter les uns après les autres ses costumes bigarrés, sans que nous ne parvenions jamais à le connaître dans sa nudité. Pour Vauvenargues ou Baltasar Gracián le monde est un grand bal où chacun danse masqué. Le théâtre de Pirandello est plein de personnages ambigus raisonnant correctement, mais se comportant follement. Son *Henri IV* est-il normal ou fou ? Quels sont les vrais critères de la normalité ? Le *Caligula* d'A. Camus ne manque pas de sagesse ; tout comme Yvan le Terrible qui compare son implacable justice à celle de Dieu, plus sévère encore que lui, vis-à-vis du commun des hommes. « Les choses étant ce qu'elles sont... » (de Gaulle), il nous faut prendre ici le parti du relatif, il nous faut accepter l'existence d'un monde mi-figue mi-raisin, métissé et hybride dans le sens où l'entend Montaigne : « Celui qui va dans la foule, il faut qu'il gauchisse, qu'il serre les coudes, qu'il recule ou qu'il avance, voire qu'il quitte le droit chemin *selon* ce qu'il rencontre : qu'il vive *selon* autrui, non *selon* ce qu'il propose, mais *selon* ce qu'on lui propose, *selon* le temps, *selon* les hommes, *selon* les affaires. » « **Faire selon... »**, **voilà une devise à connotation baroque**.

Historiquement, l'art baroque nous vient du Concile de Trente qui tenta de sortir l'Église d'une rigueur trop académique. À la droite **harmonie de l'action classique** fut substitué **le mouvement de l'action baroque**. Le multiple triomphe ici dans la variété des matériaux utilisés, les ruptures de perspectives, les scènes en trompe-l'œil, le jeu des émotions,

---

1. A.-L. ANGOULVENT, *Hobbes ou la crise de l'état baroque*, PUF, 1992.

les reprises du même thème de dix manières différentes, comme dans l'art de la fugue. L'art baroque se joue des règles. S'opposant à l'action classique qui prétend se situer à l'origine, voire hors du temps, l'action baroque se veut événementielle, contingente, immanente. Elle donne dans le réalisme le plus cru, le positivisme le plus froid, mais aussi dans les aventures les plus débridées. Apollon s'est fait Dionysos. La prévisibilité classique s'est mutée en imprévu, souvent jusqu'à la démesure. Empiriste dans les sciences, anarchiste ou libéral en politique, hédoniste en morale, partisane de l'économie de marché, l'action baroque pose que $A \neq B$ et ne craint pas les ruptures et les paradoxes qui en découlent. Vous aurez reconnu les valeurs contemporaines de la société occidentale, tant sur le plan politique, que social ou économique.

Les États, les entreprises, les associations peuvent s'inspirer du principe de variété-multiple pour organiser leur fonctionnement interne. Ce principe a pour trait dominant d'offrir aux acteurs les moyens d'entretenir entre eux des rapports de partenariat donnant lieu à un jeu permanent d'alliances et de rivalités multidirectionnelles. Ce type de fonctionnement suppose un relatif équilibre de pouvoirs, de compétences et d'influences. C'est le cas d'un bureau d'études ou d'une équipe de rédaction dans un quotidien. Les relations entre les acteurs sont fondées sur leur intérêt bien compris, tel qu'il apparaît dans les relations commerciales. Chacun prend tous les autres pour des contractants à ménager ou des adversaires potentiels à neutraliser. Tout est négociable par des compromis : les pouvoirs, les intérêts, le temps, les valeurs et même *la vérité...* ! Ce type de relations conduit à un **mode transactionnel** (le 2ᵉ mode sociodynamique) de conduite des hommes. Le chef est celui qui s'efforce ici de maintenir un cap moyen par le rééquilibrage permanent des jeux individuels. C'est bien entendu le parti adopté naturellement par les hommes politiques en démocratie, par les diplomates, les acheteurs et les vendeurs. D'une façon générale, les relations entre voisins d'immeuble ou collègues de bureau relèvent du baroque, c'est dire la place considérable qu'il tient dans notre vie.

On ne s'étonnera pas davantage que ce principe fasse un large usage des approches expérimentales et débouche sur l'**empirisme** scientifique et pratique. Ce parti pris pour le distinct et le singulier le pousse aussi à justifier l'existence d'organisations individualistes, ce qui en politique conduit au **libéralisme**, au **proudhonisme** et peut-être à l'**anarchisme**. L'homme, ou chaque homme, n'est-il pas pour Protagoras la mesure de toutes choses ? Bref, c'est un principe plus porté sur le sensible que sur l'intelligible.

L'action baroque, réputée *réaliste*, tire de ce principe des atouts considérables :

Au niveau de la connaissance

- Accueillante à tous les événements, elle ne s'inspire d'aucun *a priori* conceptuel et traite chaque chose avec un esprit factuel purement expérimental, d'où son **empirisme**.
- Refusant de se laisser enfermer dans un langage abstrait, elle récuse les concepts généraux, nie l'existence de valeurs *éternelles* et de jugements *transcendants*.
- Elle apprécie les choses en fonction de leur utilité pratique, d'où son **pragmatisme.**
- Elle saisit le monde par le détail et procède par analogies et associations d'idées, d'où son **positivisme**.
- Elle use de la polysémie (propriété d'un mot de présenter plusieurs sens) pour créer des perspectives de langage imprévues, chères au surréalisme.
- Sceptique vis-à-vis de tout ordre intellectuel ou social, elle privilégie la liberté individuelle, l'initiative privée, l'intérêt particulier ; elle se pique de faire bon ménage avec la tolérance ; elle soutient les artistes *libres de tous préjugés*.

Au niveau de la préparation de l'action

- Marco Polo de la découverte solitaire, elle a le sens des enquêtes de marketing, des voyages et du commerce ; elle pratique une écoute active.
- Consciente de la relativité des choses de ce monde, elle se joue des partis pris théoriques, varie dans la définition des objectifs.
- Peu encline à suivre les protocoles d'action établis par l'usage ou la raison, elle imagine des scénarios originaux à multiples issues, se découvre des moyens et des outils nouveaux, se satisfait d'une logistique approximative.
- Sensible aux rapports de pouvoir, elle tient compte des équilibres sociaux et politiques, se joue des alliances, s'investit dans des réseaux d'intérêts.
- Portée à varier l'usage des outils et des matériaux selon les occasions, elle se fait gaspilleuse de moyens, d'argent et de temps.

- En économie politique, elle se préoccupe moins de la production des richesses que de leur répartition.

▨ Au niveau de l'action

- Elle change de cap selon les circonstances.
- Elle libère une forte combativité individuelle, d'où une réactivité vive aux agressions et une prise de risque personnelle qui s'exprime dans la création, l'étude, le travail, la technique.
- Très ouverte sur l'environnement, les concurrents et les clients, elle est pourvoyeuse de nouveautés techniques, commerciales, managériales.
- Du fait de sa faible implication sociale, elle est l'initiatrice spontanée ou l'agent inconscient, souvent irremplaçable, des changements internes.
- Elle favorise l'apparition de chefs solitaires mais sûrs d'eux-mêmes.

Toutefois, **l'action baroque possède de graves lacunes** :

- Elle est limitée dans sa vision du monde ; ses intuitions sont spécialisées.
- Elle est peu soucieuse de logique et ne s'embarrasse pas de contradictions.
- Elle entretient un flou sémantique qui accompagne les mots et les concepts employés : la polysémie peut cacher des imprécisions, des dérobades, des tromperies.
- Elle est peu sûre en amitié, si ce n'est par calcul ; ses engagements sont versatiles ; elle ne craint pas de blesser et de rompre ; elle peut devenir cynique.
- Elle tend à organiser des clans d'intérêts, elle prédispose peu à une vie sociale élargie, elle freine les dévouements, jette le discrédit sur les projets collectifs, casse les élans communautaires, sape le bien commun.

Défenseur de chaque homme en particulier, elle aboutit paradoxalement à un humanisme léger. Parangon du mouvement, elle se perd dans ses propres turbulences. Il lui manquera toujours la force d'une vérité immuable qui arme le bras d'une action collective unanime. Du reste, en pure théorie, on a du mal à isoler une **action baroque crue** qui ne ferait aucune concession au principe d'identité-unité, se complaisant dans la variété, le changement, le relatif... absolu !

Sur le plan économique, par exemple, Adam Smith avait imaginé l'existence d'une **main invisible,** agissant à l'insu des acheteurs et des vendeurs, et capable de réguler les marchés : trop de demande d'un produit fait augmenter les prix, donc diminuer la demande, ce qui a pour effet de diminuer les prix et d'accroître la demande... et ainsi de suite.

L'expérience montre que la libre action de cette main invisible peut suffire à réguler des marchés relativement stables, mais qu'elle est incapable de gérer les crises et de corriger les inégalités sociales qu'elle entraîne. S'impose alors une intervention étatique exogène qui fait prévaloir des principes d'ordre et de justice. Au nom d'une valeur *classique*, l'État engage des mesures réglementaires et administratives. De même, une puissance publique ne peut tolérer indéfiniment l'action et le développement de marchés parallèles (petits commerces, services non déclarés, ventes de drogues...) au risque de voir l'ensemble de l'économie se baroquiser. Aucune religion structurée, aucun parti politique organisé ne peut laisser se développer durablement des opinions et des pratiques baroques de grande ampleur. Aucun État, aucune armée, aucune entreprise ne peut supporter que soit mise en cause son unité d'action, fondement de son identité collective, garantie de la cohérence de ses jugements et gage incontournable de sa puissance. Toute organisation craint qu'un bouillonnement baroque en son sein ne fragilise la cohésion des hommes et la cohérence des valeurs, et ne rompe l'unité classique qui lui confère son identité.

Pour sortir de cette impasse, **l'action baroque doit nécessairement compenser ses faiblesses par l'adoption en parallèle d'autres basiques de l'action.** Par exemple :

– développer une surpuissance administrative ou bureaucratique (1er mode[184]) ;

– susciter un *supplément d'âme* de caractère culturel ou moral (3e mode[233]) ;

– renforcer le caractère démocratique de la *cité*, ce qui revient à trouver un juste équilibre entre les trois modes d'action.

Il manquera toujours à la fécondité du multiple, l'évidente clarté de l'Un.

2

itinéraire

6

Être un acteur, auteur de ses actions

> « Un homme en vaut cent et
> cent n'en valent pas un »
> **(B. de Montluc)**.
> « L'*individu* tend à se séparer, à se distinguer.
> La *personne* se veut solidaire et cherche
> à accomplir son *je* dans un *nous* »
> **(G. Gusdorf)**.

Entraînée par sa logique, l'exploration sociodynamique se devait de commencer par une étape consacrée à la place que tiennent les hommes dans la dynamique de l'action. Nous conviendrons ici que **l'acteur est celui qui agit, pose un acte ou développe une action qu'elle soit politique, professionnelle, domestique ou de simple voisinage.** Président, cadre ou agent d'exécution, tout homme producteur de travail ou intervenant dans une relation est un acteur.

▓ L'élan sociodynamique tire son impulsion de l'*individu* devenu *acteur* de sa propre vie personnelle, familiale et professionnelle. Légitimement, chaque acteur produit d'abord pour lui-même et les siens avant de s'investir dans un groupe. *A contrario*, le **non-acteur** (qui ne subvient pas à ses propres besoins) est peu apte à la sociodynamique, à moins d'un … « miracle » du même nom.

L'acteur n'est pas isolé. Il opère toujours au sein d'une organisation ou en se référant plus ou moins aux fondements∗ d'un groupe. À l'extrême, il en est le chef. La sociodynamique fait donc de l'acteur – *chef, assujetti, collègue ou frère d'armes* – le facteur dominant de l'action, loin devant les capitaux, les machines, la technologie, le commercial, etc.

L'acteur, c'est tout homme qui s'investit physiquement et morale-ment et par qui le monde se fait. C'est lui, bien entendu, qui *parle* et qu'on écoute ; c'est lui qui ouvre le chantier au petit matin ou qui convoque le conseil d'administration. Mais c'est lui aussi qui tisse des liens d'amitié avec son entourage immédiat, qui distend ou rompt une relation. **Le but de l'acteur est d'obtenir une réponse positive de son entourage, au moyen de trois modes fondamentaux de relation** : l'imposition (1er mode), la transaction (2e mode) et/ou l'animation (3e mode). Selon ces trois modes, l'acteur accorde aux autres le statut :

– 1er mode : de simple *objet* à manipuler (le guichetier qui vous accueille comme un *client objet*), d'assujetti à gérer, d'adversaire à soumettre ou à combattre ;

– 2e mode : de rival ou de concurrent à maintenir à distance, de collègue ou de prestataire de services à ménager, de partenaire ou d'allié à soutenir ;

– 3e mode : de *sujet* à estimer, de compagnon, d'ami ou d'être cher à aimer. L'autre acteur est ici reconnu comme une personne.

Exception faite de l'ennemi considéré comme un sujet de haine, le statut de l'autre passe ainsi de l'*objet* au *sujet*, de l'assujetti actif par nécessité au sujet auto-actif par reconnaissance pour le statut de *personne* qui lui est accordé…

Enfin, pour la sociodynamique, l'acteur est une force productive qui s'exerce dans le champ d'énergie global de l'organisation et qui agit sur toutes les autres forces matérielles de l'entreprise (de structure et de flux) ou immatérielles, regroupées dans la culture. Force statique sans initiative propre ou force locomotive auto-active, l'acteur peut être à l'inverse une sorte de *gluon** qui agit certes, mais tous freins serrés contre un mouvement ou un changement.

La sociodynamique se fait le coach de ceux qui veulent s'investir dans la conduite de l'action collective.

7

Devenir « chef »

> « Un homme d'affaires est un croisement
> entre un danseur et une machine à calculer »
> **(P. Valéry).**
> « Nous avons cru que le pacha était un pacha,
> mais le pacha est un homme »
> **(proverbe libanais).**
> « Le véritable homme d'État est celui qui s'institue
> arbitre impartial entre ses ambitions et l'intérêt général »
> **(Von den Bosch).**

« Chef » ? Le mot n'est plus guère à la mode. On lui préfère celui d'animateur, de décideur, de responsable (qui répond de...) ou d'entre-preneur, celui qui entreprend. Mais le mot reste discrètement actif, derrière tout acteur situé à un niveau plus étendu de responsabilité, tel un président, un dirigeant ou un patron. **L'action collective gagne en efficacité si elle est conduite par un « chef »,** au sens propre de celui qui est *à la tête*. Quand il y a plusieurs cuisiniers, la soupe est trop salée...

À cet égard, le *guide* ou *gourou* (3ᵉ mode) a bien des mérites puisqu'il oriente **l'unanimité des choix et engendre une synergie maximale** des efforts autour d'un projet commun. Il joue plus ou moins également le rôle d'un *mystique*, porteur d'un idéal, d'un *frère d'armes* qui privilégie les liens interpersonnels et conforte l'appartenance au groupe.

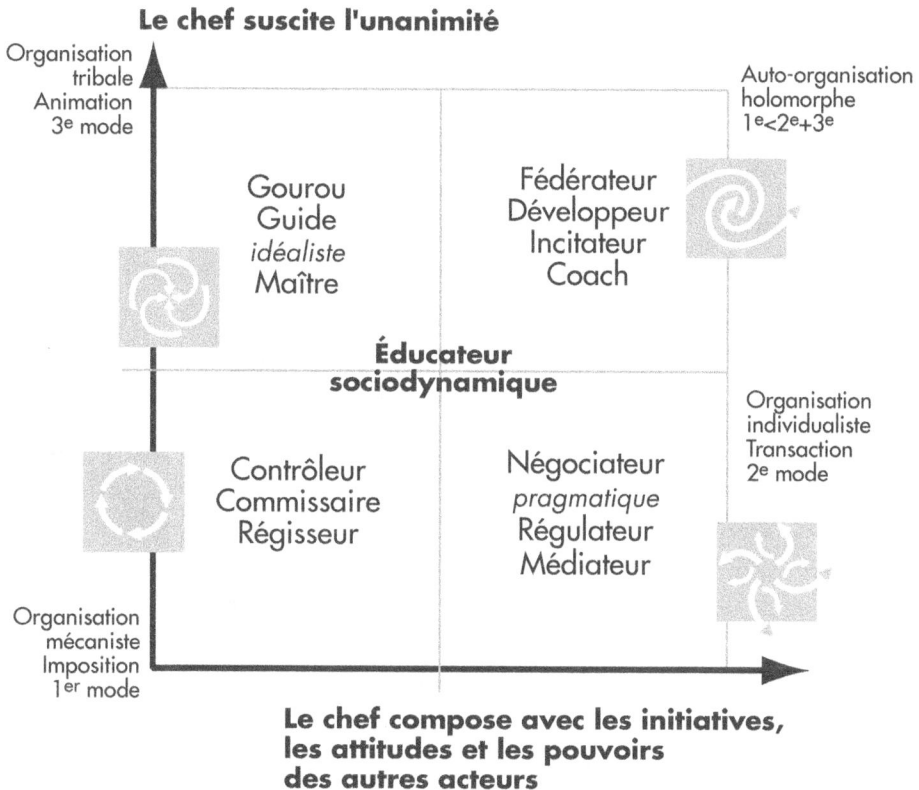

Le chef suscite l'unanimité

Organisation
tribale
Animation
3e mode

Auto-organisation
holomorphe
$1^e < 2^e + 3^e$

Gourou
Guide
idéaliste
Maître

Fédérateur
Développeur
Incitateur
Coach

**Éducateur
sociodynamique**

Organisation
individualiste
Transaction
2e mode

Contrôleur
Commissaire
Régisseur

Négociateur
pragmatique
Régulateur
Médiateur

Organisation
mécaniste
Imposition
1er mode

**Le chef compose avec les initiatives,
les attitudes et les pouvoirs
des autres acteurs**

En acceptant de composer avec les pouvoirs des autres acteurs, **le régulateur** (2e mode) **prend acte d'un certain état de fait**, et ce, **au bénéfice d'un foisonnement d'initiatives dont la coordination n'est pas garantie.** Il est tour à tour un *médiateur* qui s'entremet, un *pragmatique* qui adapte ses actions à chaque événement nouveau, un *opportuniste* qui cherche dans les gens et les choses des occasions d'anticiper les bons coups, enfin un *pionnier* qui engage des actions prospectives soutenues ou non par un bon maillage relationnel.

Mais la règle de l'économie de moyens et de temps milite souvent en faveur d'une unité de commandement — comme disent les militaires —,

31

notamment dans les situations à fort enjeu. Dans ce cas, l'exercice de l'imposition (1er mode), qui intervient en *première* et souvent *ultime instance*, trouve sa pleine justification. Plus couramment, le **contrôleur assure la mise en œuvre et le suivi des programmes**, le *technicien régisseur* fait prévaloir les règles, l'*ingénieur* perfectionne le fonctionnement des systèmes techniques et sociaux, le *commissaire* impose l'exécution des tâches au nom du seul droit que lui confère son statut. Ceux qu'on appelle les *petits chefs* abusent de cette attitude.

Enfin, composition heureuse des modes précédents, on saura distinguer au premier niveau l'*éducateur sociodynamique*, puis, asymptotiquement, le *développeur* qui ouvre aux autres acteurs des espaces d'initiatives intra et extra-entreprise, l'*incitateur* qui invite les autres à s'assumer personnellement en accroissant leur coopération locale et globale, le *fédérateur* qui maintient l'unité de l'action, le *coach* qui soutient chacun dans sa tâche, etc. Comme nous le verrons, le management de l'auto-organisation poussera le chef à n'intervenir qu'en dernière instance.

Le *statut* du chef, qui est toujours octroyé à ce dernier par un niveau hiérarchique supérieur, prend une place précise dans un organigramme. Son *rôle,* en revanche, lui est plus personnel et pourra ou bien justifier le statut ou en manifester un autre. Dans notre culture, la fonction assurée par le statut de droit s'amenuise de jour en jour au profit du rôle. Or, le rôle voisine avec le style. **Les subordonnés sont, en effet, de plus en plus sensibles à la *façon personnelle* ou *manière d'être* dont le chef s'acquitte de sa tâche,** celle d'un professionnel de l'action ou d'expert dans l'art de dénouer les situations complexes.

Se profile ainsi une double légitimité* : **le chef est un acteur qui assure la conduite d'une action collective par délégation d'une autorité juridique et sur mandat d'un groupe social.** On pressent que la performance de l'action s'accroît si le chef est à la fois investi par l'une et l'autre. Plus affectifs que totalement rationnels, les chefs sont automoteurs et décuplent autour d'eux l'énergie dont ils sont porteurs. Les structures de l'entreprise, les flux, la culture et les autres acteurs sont tributaires en aval de leur énergie. Le bon veneur fait la bonne meute. Ils sont nécessaires, au sens propre, dans les situations de crise.

■ Certains acteurs ont une vocation de chef. Tout doit être entrepris pour les identifier, les soutenir, développer leurs capacités intellectuelles, renforcer leur ascèse, entretenir leur implication, les gratifier, les mettre en situation d'entreprendre, leur donner l'occasion de faire des émules...

■ Plus un chef assure un haut niveau de responsabilité, plus s'imposent à lui le discernement stratégique, le doigté managérial et le sens de l'éthique.

Pourtant, un management élitiste qui miserait trop sur des chefs omniprésents nuirait indirectement à la sociodynamique de l'organisation. « Le principe : *un homme, un chef*, est acceptable, à la condition de ne pas pousser trop loin son application, sous peine d'absurdité » (O. Gélinier). **La performance résulte moins de l'énergie déployée par quelques-uns que de celle investie par le plus grand nombre.** D'autant que les chefs surdiplômés, surinformés, sur-expérimentés sont rapidement ressentis comme les plus aptes à tout régenter. Il s'ensuit un désintérêt progressif pour le projet et le fonctionnement de l'organisation, attitude qui accroît la passivité générale (-> B1*). À l'inverse, la sociodynamique de l'organisation est une affaire de **masse active**. Inspirée du principe de subsidiarité, la stratégie du *vide contrôlé** tente de trouver une solution pratique à cette difficulté.

Plus encore, on peut craindre les **pseudo-chefs**, ces membres pédants d'une fausse élite, dont la compétence en trompe-l'œil engendre un simulacre de synergie collective. Ils sont l'une des causes de la désimplication politique et morale du corps social. « Un roi faible affaiblit le peuple le plus fort » (L. V. de Camoeus). De plus, leur position éminente les coupe rapidement des réalités techniques et sociales vécues à la base : tous les tyrans meurent de ne pas savoir vivre avec leur peuple. Et de ne pas avoir acquis une bonne maîtrise de soi...

Oui, **la performance d'un acteur et notamment d'un chef résulte d'un long travail d'apprentissage de soi-même**, appelé *ascèse*. Celle-ci n'est pas praticable par les moyens classiques de la formation ou de la communication, mais par un engagement total, physique et moral dans un programme d'exercices pratiques qu'il est malvenu de laisser au hasard. À cette condition, écrit Marc Aurèle : « Tu peux, à l'heure que tu veux, te retirer en toi-même. Nulle retraite n'est plus tranquille ni moins troublée pour l'homme que celle qu'il trouve en son âme. » Et Leprince-Ringuet d'ajouter : « On voit l'importance d'une bonne équipe armée d'un outillage technique et solidement formée par une ascèse intellectuelle de base. »

Le chef est un acteur comme les autres mais... plus sociodynamique que les autres.

8

Tenir l'affectivité pour le carburant de l'action

« La règle de me livrer au sentiment plus qu'à la raison est confirmée par la raison même »
(J.-J. Rousseau).
« Il triomphe, *my heart*. Plus fort que tout... plus fort que le vouloir vivre et le pouvoir comprendre »
(P. Valéry).

Qui a *besoin* de feu le prend avec la main… Ressort intime et partiellement inconscient de la volonté*, **l'affectivité est le moteur exclusif de l'action et souvent sa cause.** Tout acteur tire son énergie du principe de plaisir ou de répulsion qui peut s'accommoder, bien entendu, de tous les arrangements intermédiaires. Dans des contextes différents, cette énergie porte des noms à connotations particulières : *pulsion, impulsion, besoin, désir, élan, appétit, goût, penchant, sentiment, tension, émotion, passion, effort, ténacité, courage, intérêt, ambition, volonté, engagement…* Plus inconscients, les premiers termes sont censés être moins contrôlables que les derniers qui requièrent un emploi plus méthodique d'une stratégie. L'origine archaïque de l'affectivité nous pousse à penser qu'elle pourrait être l'ultime métamorphose du champ d'énergie physique primitif. Il faut se souvenir que les forces élémentaires (ou particules) à l'œuvre dans le monde, et au sein même de notre propre corps, sont affectées des signes (+) et (–), symboles d'attraction et de répulsion. Nous sommes proches de cet élan quasi instinctif qui nous pousse à vouloir une chose et à en refuser une autre. N'est-ce pas là, la double attitude fondamentale d'un bébé qui aime et déteste sans retenue, avant même d'avoir élaboré une pensée réfléchie ?

■ *Moteur* intrinsèque de l'action – et souvent sa seule cause –, l'affectivité non contrôlée par la rigueur des méthodes ou la sagesse des chefs porte les signes exaltants de l'ivresse.

Placer le principe de l'action dans l'affectivité ou l'émotion, c'est, par contrecoup, rejeter les principes de rationalité* au second plan. On connaît l'aphorisme de Pascal : « Le cœur a ses raisons que la raison ne connaît pas. » Et celui de Stendhal : « Je ne me souviens que de mes émotions. » Il est sous-entendu ici que les belles raisons qui vous motivent à acheter un appartement, à vous marier, à choisir un métier, à opter pour un projet sportif ou d'entreprise, pèsent peu, en regard de l'irrépressible **tension intime qui donne** *a priori* **à votre action son impulsion et son orientation.** La tension de l'artiste pour son œuvre, la peur du danger à surmonter pour un soldat, le dévouement désintéressé d'un secouriste, etc., défient toute approche purement logique.

Parce qu'elles tempèrent l'affectivité, les méthodes rationnelles de management chères à **l'imposition** (1er mode) sont **seulement capables de provoquer une acceptation raisonnée, une soumission à l'évidence,** voire une obéissance passive, pas de l'implication. *A contrario*, les méthodes de **l'animation** (3e mode) sont davantage **appropriées pour susciter les élans affectifs** susceptibles de *déplacer les montagnes* et de relever des défis impossibles. La stratégie de projet tire son succès du fait qu'elle mise à fond sur l'affectivité des acteurs. D'une façon générale, c'est l'affectivité qui inspire la *belle ouvrage*, le dévouement aux grandes causes et le dynamisme des dirigeants. **On se fait tuer par sentiment, jamais par raison.** Située entre le 1er et le 3e modes, **la transaction** (2e mode), comme on peut s'en douter, joue sur les deux tableaux.

On a trop longtemps ignoré la dynamique intrinsèque de l'émotion, du sentiment, de l'affectivité.

9

Adopter la « bonne » attitude appropriée à chaque situation

Terme capital de la sociodynamique, l'**attitude** est définie par Allport comme une disposition mentale et nerveuse, organisée par l'expérience, et qui **exerce une influence directrice sur la conduite de l'individu** par rapport aux objets et personnes situés dans son environnement. Et Allport d'ajouter qu'elle est une conduite anticipée dynamique, qui annonce mieux les lignes du comportement de l'individu que son idée ou son opinion. Nous postulons que l'origine de **l'attitude est affective, d'où son caractère essentiellement dynamique**.

TEMPS ZÉRO	TEMPS N	TEMPS N+1	TEMPS N+2

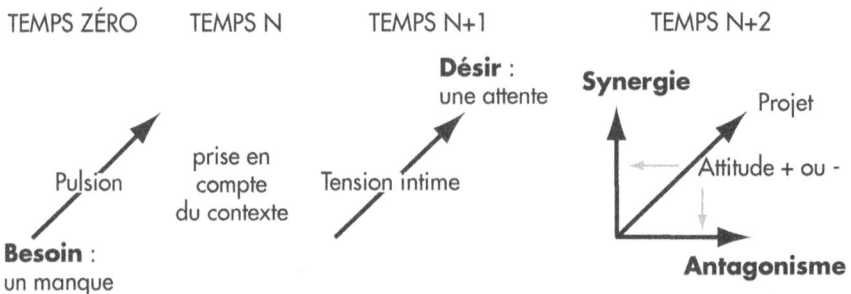

Pulsion

prise en compte du contexte

Tension intime

Désir : une attente

Synergie

Projet

Attitude + ou -

Antagonisme

Besoin : un manque

À l'instant zéro, l'attitude naît d'un besoin ou sentiment quasi instinctif d'un manque d'une chose qu'on cherche à acquérir pour compléter son être. Cette pulsion originelle opère quasiment hors contexte. Pour aboutir, elle doit affronter à l'instant N la réalité extérieure. De là, elle se meut en **tension intime vers un désir** (N + 1), tendance spontanée et consciente de s'approprier, non pas directement cette chose, mais sa *représentation*. L'idée de représentation subjective détermine tout l'homme, lequel nous dit G. Bachelard est plus une création du désir que du besoin. Ce monde extérieur apparaît vite dans la variété de ses aspects, comme plus ou moins favorable. C'est à l'instant N + 2 que se manifeste explicitement l'attitude opérationnelle et sociale, support et expression de l'action.

En effet, selon que l'environnement est ressenti comme plus ou moins coopérant ou hostile, l'attitude **se dédouble en deux attitudes contraires mais conciliables : la synergie et l'antagonisme**. La synergie cherche la satisfaction du désir au moyen d'une coopération avec des partenaires présumés alliés ou amis. L'antagonisme prend le parti inverse, **cherchant à atteindre les mêmes objectifs au moyen d'une lutte ou d'un conflit**. Entre les deux, s'insère une attitude intermédiaire fondée sur la négociation. Chemin faisant, le désir s'est transformé en élan vers un projet.

▨ Les attitudes synergiques et antagonistes de nos partenaires s'expriment par des comportements qui sont autant de signaux à décoder correctement, auxquels il convient de répondre par d'autres signaux significatifs.

▨ Dans les relations tactiques tout se paie : un bon jeu d'attitudes peut vous dispenser d'investir trop de pouvoir, mais ce qu'un acteur ne veut ou ne peut pas se payer en pouvoir, *il doit l'investir en attitude*.

Le concept d'attitude est capital pour plusieurs raisons :

- **Seule l'attitude est dynamique**, et tout dépend dès le départ de son intensité affective et de son orientation vers tel ou tel désir.

- De ce fait, et contrairement à une certaine école de pensée, **elle précède et l'emporte sur le concept de pouvoir***, réduit au rang − nécessaire malgré tout — de moyen disponible ou d'outil, voire d'arme utilisée pour en soutenir l'effet.

— Par le mixage de synergie et d'antagonisme qu'elle met en œuvre, **l'attitude inspire** au deuxième degré **le style global de management** utilisé pour conduire les relations sociales, les rééquilibrages de puissance réciproques, les changements... Elle oriente l'action dans l'élaboration de ses objectifs et la manière dont les pouvoirs seront employés. Par conséquent, c'est elle qui sélectionne les stratégies et influence les comportements tactiques.

— Enfin, la carte[56] des attitudes synergiques et antagonistes est l'outil de diagnostic permettant, non seulement de se faire **une certaine idée de l'attitude individuelle** d'un acteur B sur un point d'application précis (un événement ou un autre acteur A), mais de saisir d'un seul coup d'œil **la complexité de leurs relations mutuelles**. La relation d'or* en sera une figure exemplaire. Cette carte s'inspire d'une grille d'évaluation commune aux deux acteurs. La grille présentée ci-après nous permet d'évaluer la position synergique et antagoniste d'un acteur B (un groupe de salariés, un délégué syndical, un inspecteur du travail, un gros client...) par rapport à un événement ou plus généralement un autre acteur A (le chef d'entreprise...) dont l'attitude sera appréciée selon les mêmes critères.

Pour la commodité de lecture du tableau général des attitudes, il est bon de prendre connaissance de l'échelle de synergie de + 1 à + 4, puis de l'échelle d'antagonisme de − 1 à − 4.

C'est l'attitude sociodynamique des acteurs qui fait bouger le monde.

Synergie des efforts de B vis-à-vis de A
même projet, même stratégie

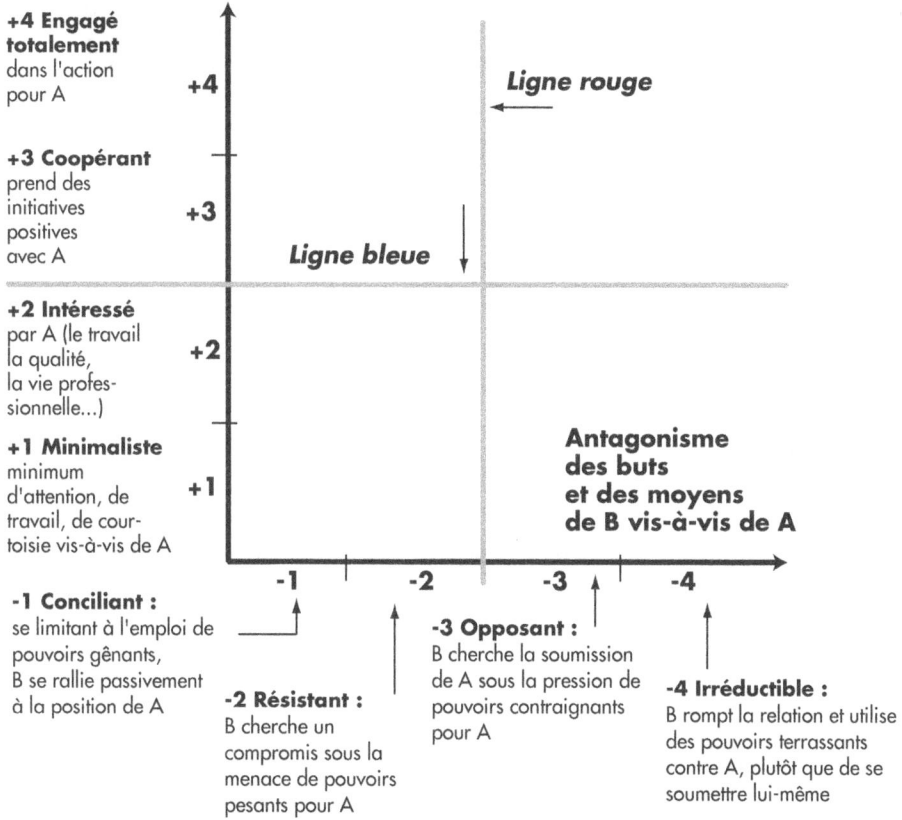

+4 Engagé totalement
dans l'action pour A

+3 Coopérant
prend des initiatives positives avec A

+2 Intéressé
par A (le travail la qualité, la vie professionnelle...)

+1 Minimaliste
minimum d'attention, de travail, de courtoisie vis-à-vis de A

Ligne rouge

Ligne bleue

Antagonisme des buts et des moyens de B vis-à-vis de A

+4

+3

+2

+1

-1   -2   -3   -4

-1 Conciliant :
se limitant à l'emploi de pouvoirs gênants, B se rallie passivement à la position de A

-2 Résistant :
B cherche un compromis sous la menace de pouvoirs pesants pour A

-3 Opposant :
B cherche la soumission de A sous la pression de pouvoirs contraignants pour A

-4 Irréductible :
B rompt la relation et utilise des pouvoirs terrassants contre A, plutôt que de se soumettre lui-même

étape

10

Honorer le « oui » fécond
de la synergie

« Une *personne* vit toujours dans un monde
peuplé d'autres personnes »
(A. Brunner).

Certains pourraient se risquer à établir des parallèles entre la sociobiolo-
gie et la sociodynamique. La première cherche à justifier les comportements animaux par des origines biologiques. Elle se propose d'expliquer
par exemple *l'altruisme* intra-espèce par le sacrifice sexuel des fourmis
ouvrières au bénéfice d'une meilleure reproduction assurée par la fourmi
reine. Certaines chauves-souris pratiquent même *l'altruisme réciproque* :
sous peine de mort pour l'espèce, celles d'entre elles qui n'ont pu
s'abreuver de sang durant la nuit seront secourues par d'autres qui se
sont gavées dans cette intention. À charge de revanche !

Sans qu'on puisse fixer précisément l'origine biologique ou culturelle **de
la synergie humaine, elle relève** malgré tout **de la même logique de
solidarité.** Cependant, pour l'homme, cette solidarité est paradoxalement **plus égoïste et plus généreuse** : la solidarité se pratique souvent
avec une arrière-pensée plus individualiste que collective (« c'est à moi

personnellement que tu renverras l'ascenseur ») mais, inversement, elle est capable d'un *don de soi pour l'autre*, sans réciprocité. L'amour...

Nous sommes là au cœur de la synergie qui est à la fois *jeu commun* et *crédit d'intention*, **deux attitudes de rapprochement nécessaires pour optimiser toute action collective** et dont l'auto-organisation fait un grand usage.

■ Chaque acteur peut être considéré comme un réservoir d'énergie dont le régime est activé par des forces « + » et « – ». Dans cette opération, la *synergie accumule* l'énergie et *l'antagonisme la libère*.

■ Certains acteurs politiques et syndicaux devraient se souvenir qu'aucune organisation ne survit à une déficience de synergie doublée d'un excès d'antagonisme.

■ Les responsables d'entreprise, *acheteurs* de synergie par fonction, doivent avoir par principe plus de synergie que les autres membres du corps social.

■ La synergie est d'autant plus avantageuse pour chacun qu'elle est symétrique et simultanée. Il suffit d'un querelleur pour se quereller, mais il faut deux amants pour s'aimer. Deux *oui* sont nécessaires pour signer un traité de paix ; un *non* suffit pour y renoncer. Conséquence indirecte : il est doux de pratiquer l'Évangile à deux et plus difficile à dix. À cent, est-ce encore possible ?

Nous référant à la grille d'évaluation des attitudes[41], il apparaît clairement que la *position + 1* est justement nommée *minimaliste* : moins que minimaliste, c'est le néant, pas de relation. Dans la *position + 2*, l'acteur concerné s'applique à son travail, lit les informations qui lui sont communiquées, cherche à mieux les comprendre par curiosité et par goût personnel. Mais jusqu'à présent ni le minimaliste ni l'*intéressé* n'ont pris d'initiative positive vis-à-vis de l'autre partenaire.

Entre *le niveau + 2 et + 3* se situe la **ligne bleue, ligne à effet sociodynamique considérable** dont le passage est le signe tangible d'un effort personnel entrepris délibérément **avec**, puis **pour** l'autre. Le passage de la *ligne bleue* par un acteur est le signal de son intention de naviguer dans les eaux tièdes du 2e et du 3e mode. Dans la parabole du bon Samaritain, il ne nous est pas demandé d'être proche, mais de nous rapprocher de l'autre, donc de franchir cette ligne, celle de la complicité mais pas nécessairement de l'amour. En effet, *le niveau + 3 (coopérant)* représente l'attitude d'un acteur qui apporte sa contribution à une œuvre commune dans le but d'en faire avancer le cours, plus probablement par goût personnel pour l'action elle-même que pour le projet ou l'entreprise considérée dans sa globalité.

Le *niveau + 4* enfin est dit *engagé* ou *militant* dans la mesure où l'acteur s'abandonne complètement dans le projet commun* ou la communauté sociale. Il *se donne* à l'entreprise comme savent le faire les membres d'une famille unis par l'amour. Le passage de + 3 à + 4 peut être aussi le cas des *mordus* de la science ou de la musique, mais également celui des mystiques politiques ou religieux, ou des exaltés de tout poil.

À mesure que croît la synergie, les relations d'alliance se développant, l'usage des pouvoirs* de contrainte diminue au bénéfice des pouvoirs de soutien et d'influence. Avantagés par les ressources mises ainsi à leur disposition, les acteurs devenus *alliés** peuvent être tentés de répondre à leur tour par un mouvement symétrique de synergie. Le dévouement et l'amour désintéressé pour l'autre (considéré comme un autre soi-même) constituent la forme achevée de la synergie.

L'analyse qualitative de la synergie fait apparaître les éléments suivants :

SYNERGIE	
vis-à-vis de l'autre considéré comme	
un "objet"	*un "sujet"*
JEU COMMUN	CRÉDIT D'INTENTION
fondé sur l'intérêt d'entretenir une relation "avec" l'autre pris pour un contractant, un partenaire d'affaire, ou un allié provisoire	fondé sur une affection ou une sympathie *a priori* "pour" l'autre pris pour un compagnon, un ami, un être cher

Le jeu commun est une tension synergique investie par un acteur A avec un acteur B pour conduire ensemble une action. C'est une attitude positive mais *froide*, construite autour de l'intérêt de l'acteur A qui ne peut se dispenser des services ou du soutien de l'acteur B :

© Éditions d'Organisation

« Entrer sous le voile de l'intérêt d'autrui, pour rencontrer après le sien » (B. Gracian). Le contrat de travail résulte le plus souvent d'un pur jeu commun entre un employeur soucieux de s'assurer les services d'un collaborateur et un collaborateur qui ne peut obtenir un emploi que dans le cadre d'un contrat **avec** un employeur. Le mariage lui-même a été longtemps une simple affaire de jeu commun entre deux familles. Les sentiments y jouent alors un rôle mineur. Il en va de même du partenariat d'entreprises, des associations d'intérêts, des syndicats patronaux ou ouvriers, des unions qui se nouent entre les nations. Au fond, le jeu commun est une sorte de *moi* devenu conscient de son isolement, donc de sa faiblesse. L'isolement est surmonté provisoirement dans une nécessaire coopération avec un autre partenaire, pris pour un *acteur objet*, dont seules les attentes minimales sont prises en compte. L'écoute est élevée. La rationalité des jugements s'allie avec la souplesse de mise en œuvre. Le compromis est de règle et conduit à la constitution, au fil du temps, d'un **intérêt général** de gré à gré. La solidarité sociale – qu'il ne faut pas confondre avec le consensus ou la communion – se trouve **justifiée et renforcée** par le niveau des intérêts partagés. « Quand plusieurs frappent sur l'enclume, ils doivent frapper en cadence » (proverbe anglais).

Pour se concrétiser dans une relation bilatérale, **le jeu commun émet des signaux de reconnaissance,** par exemple :

Prendre l'initiative d'un contact, d'un rendez-vous, prolonger une rencontre ; être ponctuel ; mettre des gens en relation ; donner une information opportune ; apporter son soutien au bon moment ; proposer ses services, émettre une idée qui entre dans le jeu de l'autre ; jouer carte sur table, donner toute l'information ; tenir ses engagements, même verbaux ou exprimés dans un couloir ; consommer du temps à défendre l'alliance auprès des tiers, accepter que la conduite de l'alliance soit assurée successivement par l'un et l'autre ; ne pas chercher à tirer un profit personnel supérieur à celui des autres ; ne pas abuser de son pouvoir ; chercher des compromis équilibrés ; le consulter, faire participer l'autre à un entretien, à un débat sur l'élaboration d'une action ou la définition d'une stratégie ; manifester sa satisfaction pour les accords obtenus sans en tirer une gloire personnelle ; soutenir une idée défendue par l'autre partenaire, trouver des parallèles, des points d'accord entre les démarches ; développer des terrains d'entente nouveaux ; chercher à bien se faire comprendre, écouter l'autre avec une attention soutenue, dire *nous* de préférence à *je...*

Les avantages attendus sont nombreux : « Je suis payé de retour : mon partenaire me répond par un jeu commun. Il met ses propres pouvoirs à mon service ; de ce fait, j'ai développé l'esprit d'équipe et accru l'efficacité collective. » Toutefois : « Je peux passer pour vulnérable ; mon partenaire se croit indispensable et doute de ma bonne foi ; ayant peur d'être manipulé, il devient méfiant et accroît son procès d'intention. »

Par suspicion et pur intérêt, les membres de la plupart des sociétés et les acteurs de la plupart des actions collectives fondent leur synergie plus sur leurs jeux communs que sur leurs crédits d'intention mutuels. Cependant, indispensable pour rassembler, le jeu commun demeure une attitude douteuse et précaire s'il n'est pas soutenu par un crédit d'intention réciproque.

Si le jeu commun se présente comme une composante *égocentrique* de la synergie, ce n'est pas le cas du **crédit d'intention, tension positive qui pousse un acteur A vers B** (un acteur ou n'importe quel événement ou idée à soutenir), non pas dans l'intérêt de A, mais **pour B**. Celui-ci est pris pour un ami, un intime, un être cher, bref un sujet digne d'affection (et non pas un objet) ou – s'il s'agit d'un événement – pour en soutenir le cours. **Le crédit d'intention suppose un parti pris favorable** pour l'autre, se traduisant par une écoute sélective bienveillante, de l'estime, de la considération, un souci d'apaisement, un bon accueil, un contentement de savoir l'autre heureux ; cette **confiance** *a priori* peut conduire au renoncement à ses propres intérêts et au sacrifice suprême. Mais ce don de soi est aussi **un appel implicite à la réciprocité : je t'aime/ tu m'aimes.** Sur un plan plus sociologique, le crédit d'intention a pour conséquence l'imitation, le partage et la vie communautaire. Il sera à la base du sentiment d'appartenance*. Dans la stratégie du *saut de l'ange**, c'est l'irrationalité du crédit d'intention qui provoque les conversions et les rapprochements les plus inattendus. **Il est le passeport préalable à tout élan sociodynamique.**

Le crédit d'intention se reconnaît à **certains signaux explicites**, par exemple :

Personnaliser le contact, adresser une salutation appuyée, sourire, féliciter, faire des compliments de l'autre en son absence, le tirer d'un mauvais pas, ne pas s'impatienter devant ses lenteurs et incompréhensions, être *a priori* bienveillant vis-à-vis de ses idées, chercher à l'aider loyalement pour qu'il réussisse, lui faire des confidences, des cadeaux, payer de sa personne, éventuellement se compromettre pour lui...

Cependant, s'il n'est pas retenu par une pointe d'antagonisme le crédit d'intention fait courir à la relation **un risque d'emballement synergique**, de *spirale amoureuse*, où l'action perd toute rationalité. Sans aller jusque-là, il peut passer pour cauteleux et être interprété comme un signe de faiblesse. Il n'est pas recommandé vis-à-vis des adversaires qui n'en seront pas davantage synergiques.

étape 11

Savoir pratiquer le « non »
utile de l'antagonisme

« Là où je n'ai le choix qu'entre lâcheté et violence,
je choisis la violence »
(Mahatma K. Gandhi).

La synergie dit *oui*, l'antagonisme dit *non*. Seconde attitude fondamentale de l'action, **l'antagonisme est une énergie d'éloignement, de refus**, voire de guerre. Il est investi par un acteur vis-à-vis d'un autre acteur considéré au minimum comme un *objet* manipulable ou assujetti, ou bien comme un *sujet* de méfiance, rival, adversaire ou ennemi. Les quatre niveaux[41] de l'antagonisme permettent de le représenter comme une catégorie portant en elle-même son absolu, depuis l'antagonisme nul, jusqu'à l'antagonisme indépassable, irréductible, qui rompt sans retour la relation A/B, au besoin par la mort.

Quelques précisions s'imposent :

Le *conciliant (− 1) est peu déterminé*, son avis n'est pas mûr ; il a sans doute des réserves à exprimer et des points à négocier, mais il ne fera pas usage de pouvoir autre que le pouvoir d'influence ; il se ralliera passivement à un point de vue différent, plus déterminé que le sien. Le *résistant (– 2)* n'hésite pas à utiliser certains pouvoirs *agaçants* vis-à-vis de son partenaire – notamment des menaces – afin d'engager une négociation avec des espérances de succès ; il recherche un compromis avantageux entre les coûts et les gains qui résulteront de sa relation avec l'autre.

Entre le *– 2 et le – 3* se situe une autre **ligne, rouge** cette fois, **qui marque le passage de la querelle à la violence** par l'emploi de pouvoirs plus considérables (la grève, le procès, la guerre...) afin d'imposer sa propre solution en principe sans esprit de concession. Mais à défaut d'obtenir la soumission de l'autre, *l'opposant (– 3)* s'inclinera lui-même de mauvaise grâce, provisoirement.

Quant à l'*irréductible (– 4)*, il utilise le ban et l'arrière-ban de ses pouvoirs pour **imposer sa solution à l'autre**. S'il n'y parvient pas, **il préférera rompre la relation** avec l'autre, plutôt que de s'incliner; cette rupture peut être *civile* – une démission ou un divorce – ou violente, et attenter à l'intégrité physique de l'autre (sabotage, crime), ou au suicide physique ou social.

▨ Dans un premier temps du moins, n'ajoutez pas une pointe d'animosité à celle de vos partenaires et ne surajoutez pas votre mauvaise humeur à leur colère : dans la plupart des cas, il s'agit d'une maladresse initiale de comportement.

Redoutables règles inspirées par l'expérience

▨ À synergie et pouvoir équivalents, l'acteur le plus antagoniste est mieux placé pour l'emporter. Autrement dit : *l'intransigeance paie.*

▨ Une stratégie à dominante synergique d'un acteur A paie d'autant plus que B a adopté une stratégie également synergique, et paie d'autant moins que B a choisi une stratégie antagoniste. Autrement dit : *l'antagonisme pèse plus que la synergie.* Corollaire : à pouvoir égal, une stratégie antagoniste opposée à une stratégie synergique est donnée gagnante, du moins à court terme.

▨ À pouvoir réciproque équivalent, il suffit qu'un acteur adopte une stratégie antagoniste pour inciter l'autre à l'imiter. Autrement dit : *c'est le plus antagoniste qui impose le style de la relation*, d'où « escalade de la violence ».

On peut constater le lien étroit qui existe entre l'intensité de l'antagonisme et la volonté de mobiliser de plus en plus de pouvoir si, bien entendu, l'enjeu le justifie. Inversement, l'antagonisme est *freiné* par la synergie qui rapproche les acteurs simultanément sur d'autres points d'application. La concurrence commerciale entre firmes n'exclut pas en effet des ententes de prix ou des alliances sur des secteurs réservés. Ces trois facteurs – *synergie, antagonisme, pouvoir* – forment un système appelé *puissance** régulé selon certaines lois qui relèvent de la sagesse des nations.

L'analyse qualitative de l'antagonisme fait apparaître les éléments suivants :

ANTAGONISME vis-à-vis de l'autre considéré comme	
un "objet"	*un "sujet"*
JEU PERSONNEL	PROCÈS D'INTENTION
fondé sur l'affirmation ou la défense du Moi et exercé *sans* l'autre pris pour un assujetti manipulable, ou *malgré* l'autre pris pour un concurrent.	fondé sur la méfiance ou la haine a priori et exercé *aux dépens* de l'autre pris pour un adversaire ou *contre* l'autre pris pour un ennemi.

▪ Le fait de conduire son action *sans* tenir compte de l'autre désigne le **jeu personnel** (ou le *jeu propre* pour une institution) : « Moi sans toi à qui je refuse consciemment ou non le statut de sujet ; je me comporte vis-à-vis de toi sans méchanceté et sans haine, comme si tu étais un objet animé, manipulable à merci. » Bien que le jeu personnel ne soit pas *a priori* agressif ou vindicatif, il est capable d'engager des actions violentes, jusqu'au meurtre éventuellement, notamment dans le cas de légitime défense.

Le jeu personnel est donc l'attitude impériale d'un acteur qui se pose sans retenue, tel qu'il est, face aux autres acteurs considérés dans un brouillard, au mieux comme des **objets** neutres ou indifférents, souvent comme des handicaps à surmonter, des rivaux à supplanter, des adversaires à maîtriser, voire des ennemis à combattre. L'idée qu'ils pourraient être des alliés potentiels ou des amis est ressentie comme prématurée ou hors contexte. **Partie froide** de l'antagonisme, le jeu personnel d'un acteur A agit indépendamment de B, **sans** tenir compte de B, **malgré** B, éventuellement **aux dépens** de B, et peut-être si nécessité oblige **contre** B. Ni vindicatif ni *a priori* haineux vis-à-vis de quiconque, le jeu personnel se contente de s'affirmer comme un moi défensif ou colonialiste, de toute façon **unilatéraliste**. « Si je suis seul à penser comme je pense ? Eh bien j'oserai penser que je peux, seul contre tous, avoir raison » (Bernard-Henri Levy). Les signes contradictoires par lesquels le jeu personnel se manifeste sont bien connus :

▨ Côté plutôt positif

Être convaincu d'avoir raison ; être ferme dans l'action ; bien préparer et suivre personnellement les dossiers ; aller à l'essentiel, être rapide dans la décision, être bref dans ses ordres et ses commentaires, ne pas étaler ses hésitations; être peu sensible à la critique, aux vexations ; ne pas craindre la « fameuse solitude » du chef ; pousser le projet avec détermination jusqu'à son terme ; compter sur soi plus que sur les autres...

Conséquences : « Je suis compris sans ambiguïté, ma résolution impressionne mes adversaires : ils pensent que j'ai un pouvoir suffisant pour soutenir ma détermination. Ils réduisent leurs propres ambitions ou sont enclins à se soumettre. Les tiers*, et tous ceux qui ne sont pas directement concernés, sont susceptibles de me soutenir, uniquement parce que je suis plus résolu qu'eux-mêmes. »

Le jeu personnel est donc une attitude plus propice aux actions rapides en situations compliquées que le jeu commun, dans la mesure où le premier dépend de la volonté d'un seul, tandis que le second résulte d'une entente collective souvent laborieuse à obtenir. Dans la culture française, le jeu personnel du chef est d'autant mieux accepté qu'il se manifeste avec courtoisie.

Côté plutôt négatif

> Réduire tout l'horizon à une cible ; imposer son point de vue ou sa démarche sans véritable dialogue ; chercher à tout voir, tout savoir, tout décider ; ne pas écouter les critiques ; ne pas répondre aux questions posées, aux lettres ; couper la parole à quelqu'un, interrompre brutalement une conversation ; demander ou revendiquer quelque chose sans tenir compte des possibilités réelles du partenaire ; emprunter un objet, faire des dettes et ne pas rembourser ; s'approprier l'idée d'un autre ; prendre toute la place dans un lieu public ; ne pas se gêner, ne pas hésiter à déranger quelqu'un pour lui demander un renseignement, un service ; mettre les pieds dans le plat ; quitter une réunion, un groupe, partir en voyage sans prévenir ; être peu sensible aux désagréments que sa conduite provoque chez les autres ; ne pas craindre de se contredire, de se déjuger...

> *Conséquences* : « Je m'isole. Je peux difficilement faire marche arrière. Mes partenaires s'effraient, me répondent par leur propre jeu personnel et s'isolent à leur tour. Ils peuvent se braquer, répliquer par du procès d'intention et s'engager dans une escalade agressive, par l'emploi de pouvoir d'entrave. »

Le jeu personnel pose donc un paradoxe : il tire ses origines de **l'homme primitif**, mais **socialisé et dépassé**, il peut se muter en jeu commun *avec l'autre* et prendre rang parmi les composants de la synergie. Bien que relevant de l'antagonisme, **il est capable de susciter une synergie** (modérée...) auprès de ceux qui recherchent un partenaire ou un chef sûr de lui, courageux, sans stress apparent, qui sait où il va et qui assume les risques d'échec. Le fort jeu personnel du chef assure la double fonction de *chapiteau* à l'abri duquel les hésitants se sentent rassurés, et de *poteau indicateur* dont ils suivent la direction sans état d'âme. C'est bien connu : un hareng décidé entraîne le banc. Les hommes d'action d'envergure (Alexandre, Mahomet, Louis XIV, Napoléon, de Gaulle...) possèdent tous ces traits heurtés, où l'on distingue à la fois **un grand tempérament et beaucoup de désinvolture.**

Cependant, l'antagonisme comprend également une partie moins noble qui porte le nom de **procès d'intention**, ou d'intention défavorable *a priori.* Cette fois, l'antagonisme est délibérément orienté *aux dépens* de l'autre, ou pire *contre* l'autre dans le but de lui nuire. Les relations patronat/ syndicats, gauche/ droite, mais aussi Israël/ Palestine, et même France/ États-Unis, relèvent pour une part de cette catégorie peu recommandable.

Tandis que le jeu personnel introduit dans la relation un antagonisme froid exercé en dépit d'un autre acteur, pris donc pour un objet, le procès d'intention ajoute **un préjugé** tendu contre l'autre considéré comme un *sujet d'hostilité*. **Il manifeste une intention défavorable** *a priori*, fondée ou non, plus affective que rationnelle, exprimant au mieux une prévention et une méfiance, au pire une agressivité élevée en système, à laquelle s'ajoutent éventuellement invectives, colère et haine.

Bien identifié comme une *personne* à blâmer, à éviter ou à repousser, **l'autre acteur se sent blessé,** peut-être définitivement, dans son amour propre, voire sa dignité. **Il tend à devenir à son tour hostile,** *retourne à l'envoyeur* son procès d'intention, lequel se fait **réciproque.** Un compromis avantageux pour les deux acteurs devient improbable. « Il suffit qu'un homme en haïsse un autre, pour que de proche en proche la haine gagne toute l'humanité » (J.-P. Sartre). Les peuples, les religions, les partis et tous les hommes ont fait au cours de l'histoire, une abondante consommation de procès d'intention. La conséquence sociale la plus spectaculaire en est l'escalade de la violence, laquelle n'est stoppée que par l'épuisement, l'usure du temps et la sagesse de certaines élites (Entente de Gaulle/ K. Adenauer).

Voici les signes plutôt négatifs du procès d'intention :

> Interrompre brutalement une conversation, une communication téléphonique ; refuser de serrer la main de quelqu'un, feindre de ne pas le reconnaître, *lui faire la tête,* claquer la porte au nez de quelqu'un, le faire attendre ; douter publiquement de sa bonne foi, ne jamais rien trouver de positif dans ce que dit ou fait l'autre ; chercher à le gêner par des extravagances, des propos grossiers ; forger un langage binaire (du type : droite/ gauche) et l'asséner comme une insulte ; chercher à fâcher une personne contre une autre ; monter une machination, un complot ; tromper, trahir, mentir avec l'intention de nuire ; créer une ambiance stressante, effrayer, manifester sa colère ; poursuivre quelqu'un de sa haine, se réjouir des préjudices et souffrances de l'autre. Et, à la limite, supprimer l'autre socialement ou physiquement.

Toutefois, **à petite dose,** le procès d'intention a le mérite de vous prémunir contre les ruses de votre partenaire, mais aussi contre ses fautes de jugement. **Un peu de prudence contrôlée est toujours utile,** même par rapport à des alliés, d'où : se tenir sur ses gardes, demander des garanties.

▨ N'ayez aucun scrupule à affirmer votre jeu personnel, il dit tout de vous. Traduisez : « Quand il faut être ferme, soyez montagne » (Sun Tsé).

▨ Dans les relations tactiques, tenter toujours la désescalade de procès d'intention, répondre un cran au-dessous et ne se résoudre à l'escalade qu'en toute dernière extrémité.

▨ Par sa composante de *jeu personnel* notamment, l'antagonisme est une contestation *dynamique utile* voire *nécessaire*, introduite au sein d'une relation. Mais trop, c'est trop. De plus, pour obtenir son plein effet, il lui faut le soutien de la synergie.

Pour la conduite de l'action, **le procès d'intention collectif** peut être aussi (hélas) **un redoutable levier d'implication** et devenir paradoxalement un agent hyper efficace de l'animation (3e mode). Les hommes politiques savent abuser du procédé qui consiste à désigner un ennemi commun : animés d'un même souffle vengeur, l'institution et le corps social[96] refont leur Unité dans le sacrifice d'un *bouc émissaire* innocent ou non, mais opportun (R. Girard). Voyez le *succès synergique* des campagnes opposées, engagées contre les « *Infidèles* » et « *l'Axe du Mal* ».

12

Établir la carte des attitudes qui révèle le jeu mutuel des acteurs

« Chacun fait la loi de l'autre »
(R. Girard).

Toute relation est réciproque. L'art de l'action présuppose une bonne connaissance de l'attitude mutuelle des acteurs afin d'adopter, dans chaque cas, le comportement le plus approprié. Il s'agit de représenter, au moyen d'un schéma aisé à lire, la relation d'attitudes entre A et B qui s'établit sur un point d'application précis, ce qui exclut toute représentation globale censée porter sur l'ensemble des relations entre deux acteurs. Le schéma se divise en deux parties :

— **à gauche**, un acteur que nous désignerons par **A** : ce peut être l'institution elle-même, un *patron*, une équipe de direction ou un événement qu'elle aurait suscité, par exemple la transplantation d'un site ou une réduction d'effectifs ;

— **à droite**, un acteur **B**, individu isolé ou groupe, voire le corps social dans son ensemble : l'acteur B peut être identifié par de multiples agents internes et externes à l'organisation, tels que l'inspecteur du travail, l'adjoint au maire ou le journal local.

Sur le même point d'application, de part et d'autre bien entendu, la carte reprend les mêmes échelles d'antagonisme et de synergie[41]. Elle **permet de visualiser non pas l'attitude d'un acteur par rapport à un autre, mais leur relation mutuelle.**

Dans l'exemple présenté ci-après, la relation s'établit entre un responsable d'un service de contrôle de gestion (A) qui adopte une attitude plutôt synergique (+3−2) sur un problème d'organisation, attitude mal appréciée par les membres du service audité qui répondent par une attitude plus hésitante : « On demande à voir » (+3-3). La relation est encore plus rude entre l'auditeur (+2-3) et le délégué syndical (+1-3) ; ici les deux acteurs campent sous *la ligne bleue*.

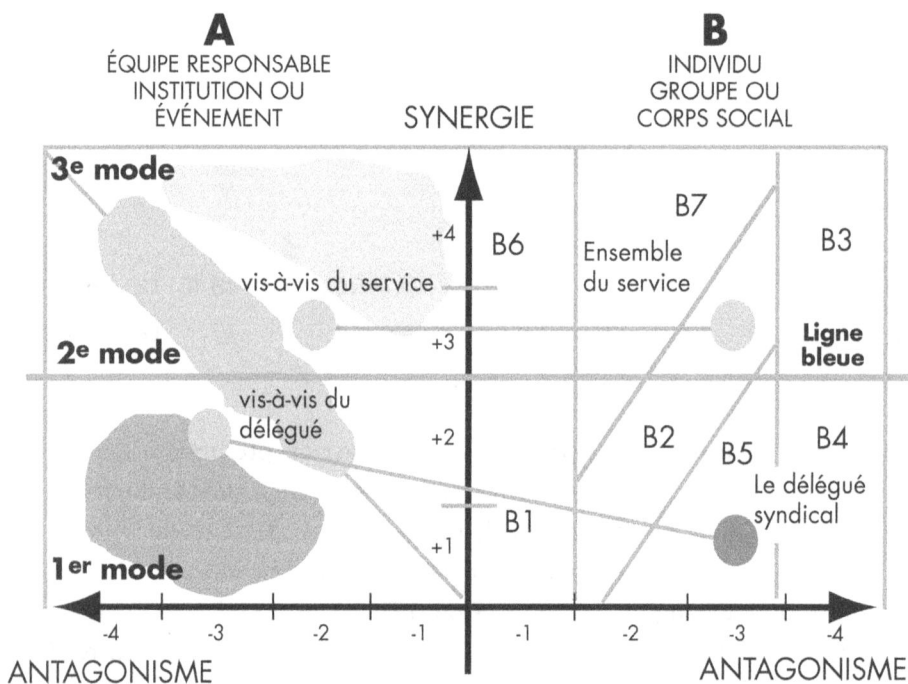

L'attitude B1, sociopassive, capitale pour toute action collective, fait l'objet de l'étape suivante.

Les B2 (pour faire court) adoptent sur le thème considéré une attitude *partagée*, circonspecte, soucieuse des enjeux, donc intéressée par de bons arrangements.

Les B3, peu nombreux, sont *déchirés* entre l'amour et la haine, comme Chimène dans sa relation avec Don Rodrigue.

© Éditions d'Organisation

Les B4 sont dits *casseurs*, tant leur synergie est faible par rapport à l'irréductibilité de leur antagonisme.

Les B5 ou *oppositionnels* pratiquent une stratégie de contestation systématique, de conflits larvés ou publics ; placés sous la *ligne bleue*, ils ne prennent aucune initiative positive et considèrent la relation comme un pur rapport de force, sans pour autant pousser à la rupture définitive.

Les B6 ou *dévoués* sont des soutiens inconditionnels de A, peut-être trop. Ils manquent d'esprit critique.

Les B7, enfin, constituent la catégorie des *concertatifs* ; leur forte synergie n'exclut pas une part de contestation, voire de lutte, mais de lutte engagée *pour la bonne cause*. La concertation est le cas particulier – et bénéfique ! – où des acteurs A et B, placés réciproquement dans cette position, entretiennent ce qu'on appelle pour cette raison une **relation d'or***.

Pour ce qui concerne la partie gauche de la carte, il est de coutume de ramener les attitudes de A (si A est le chef) aux trois modes constitutifs du style. Apparaît de la sorte, plus clairement, leurs traits les plus saillants : le 1er mode mobilise plus d'antagonisme que de synergie et situe son action **sous la ligne bleue** (... de l'initiative positive vis-à-vis de B) ; à l'inverse, le 3e mode opère dans un *ciel* plus synergique qu'antagoniste et mord sur la colonne -1, donc est capable de conciliation ; le 2e mode intermédiaire prend position sur la diagonale du schéma.

▨ Toute action sociodynamique a pour premier objectif de ramener l'attitude des autres acteurs à une position plus favorable et de préférence au-dessus de la *ligne bleue*. C'est le cas général au sein des auto-organisations.

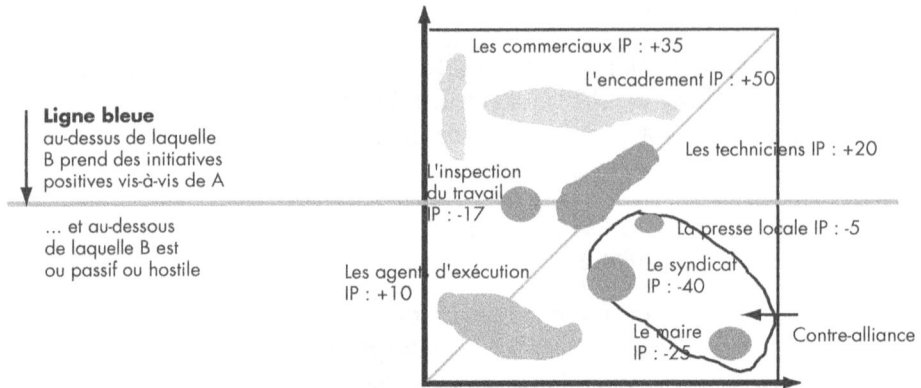

Ligne bleue
au-dessus de laquelle
B prend des initiatives
positives vis-à-vis de A

... et au-dessous
de laquelle B est
ou passif ou hostile

Les commerciaux IP : +35

L'encadrement IP : +50

Les techniciens IP : +20

L'inspection
du travail
IP : -17

La presse locale IP : -5

Les agents d'exécution
IP : +10

Le syndicat
IP : -40

Le maire
IP : -25

Contre-alliance

IP : indice de pouvoir ou de contre-pouvoir dans l'affaire considérée

Le second schéma fournit une autre représentation, plus globale cette fois. On peut ainsi positionner les attitudes de différents acteurs (B) face au même événement (A), par exemple, une décision de délocalisation d'un siège social. En outre, la carte met en évidence l'**Indice de Pouvoir*** (IP), dont on constatera le rôle supplémentaire, et quelquefois décisif, qu'il est amené à jouer dans l'appréciation de la puissance réciproque des acteurs.

Pas de stratégie opérationnelle, sans une *représentation imagée* des attitudes de tous les acteurs – alliés ou adversaires.

13

Se préoccuper des *B1*, ces acteurs... qui le sont le moins

« Les ensembles pratico-inertes sont à la fois
la matrice des groupes et leur tombe »
(J.-P. Sartre).

La carte des attitudes met en évidence sept catégories typiques, de B1 à B7. Il est bon de revenir sur la première d'entre elles, qui marque fortement la sociodynamique de l'action. **Les B1 rassemblent dans un même groupe sociologique les acteurs les moins auto-actifs**, ou si l'on veut, **les sociopassifs**. Techniquement, ce sont des acteurs qui présentent peu de synergie (+ 1 et + 2) et d'antagonisme (– 1) ; par conséquent, ils se caractérisent par le double fait qu'ils ne franchissent pas la *ligne bleue* de l'initiative et qu'ils renoncent à employer leur pouvoir d'entrave, risquant de rendre peu crédible leur antagonisme.

Face à un événement déterminé ou à l'attitude d'un autre acteur A, ces caractéristiques se traduisent immanquablement par une prise de distance, un regard neutre semi-indifférent, par **une acceptation passive, voire une soumission** *par défaut*. **Cette attitude ne suspend**

pas le jugement, mais le relativise, le contraint à la discrétion, lui ôte son efficacité pratique : « Si mon chef se trompe, c'est son affaire. » **Le B1 est donc plus spectateur qu'acteur**. Plus amateur de signes que de significations. Ni pour l'action ni contre : pas d'initiative positive en faveur de A, pas davantage de résistance (– 2) appuyée par quelques menaces. De l'attentisme circonstanciel paisible et une propension à profiter des bonnes occasions. Mais qu'on ne s'y trompe pas, le B1 n'a rien d'un apathique, en exceptant toutefois l'infime pourcentage des *B1 congénitaux*, si l'on peut dire.

L'intérêt que la sociodynamique porte aux B1 tient à **leur pouvoir de masse toujours considérable** dans la plupart des relations : entre 20 à 80 % ! Par conséquent, quelles que soient les situations où s'exerce votre action, vous avez une forte chance de devoir opérer avec 50 % de B1 ! Réserve quasi inépuisable d'énergie sociale disponible, **la masse des B1 constitue l'enjeu décisif de toutes les actions collectives**. Qu'elle roule un tant soit peu vers l'antagonisme ou qu'elle gravisse légèrement les degrés de la synergie, la performance globale de l'organisation s'en trouve modifiée.

Pour la satisfaction de leur bonheur privé, les B1 attendent que l'organisation réponde de fait à leur besoin *de recevoir*, fonction bien assurée généralement par les méthodes du 1er mode (par exemple, au moyen de la stratégie des grandes oreilles*). Le 1er mode a malgré tout l'inconvénient d'entretenir le phénomène B1, voire de le développer. Seules les méthodes de la transaction (2e mode) et surtout de l'animation (3e mode), bien que plus difficiles d'emploi, sont susceptibles de susciter un changement positif d'attitude. Pour le moins, il est sage de considérer les B1 comme membres (mineurs...) de l'alliance.

Il est tentant de comparer les B1 à *la masse* en sociologie, *au marais* en politique, *aux prospects* en marketing. Les gens qui déambulent dans la rue, les collègues de bureau que vous rencontrez dans un couloir, vos *relations de vacances* ou de dîners, par rapport à vous, *A*, sont B1 une fois sur deux. N'êtes-vous pas B1 vous-mêmes devant un agent de la circulation ou votre téléviseur ? En raison de leur nombre, les B1 assurent plusieurs fonctions importantes :

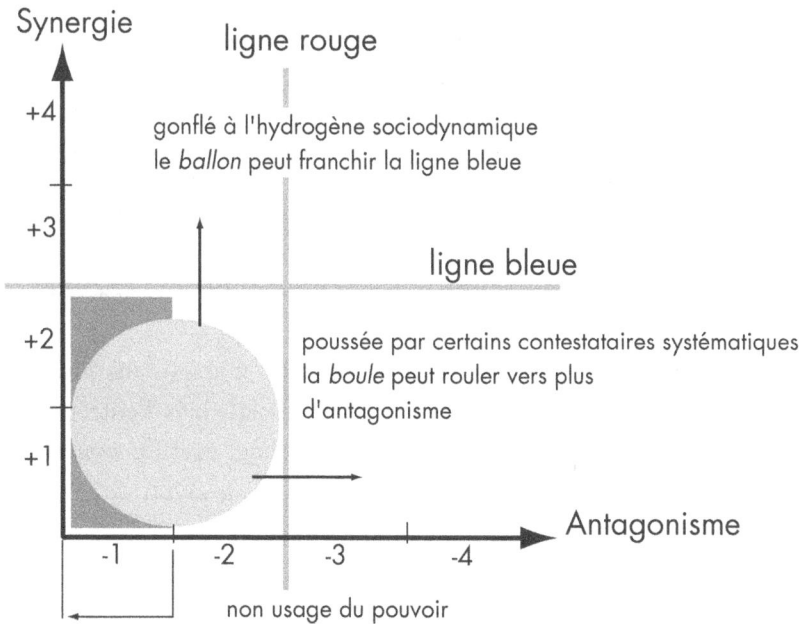

Synergie

ligne rouge

+4

gonflé à l'hydrogène sociodynamique
le *ballon* peut franchir la ligne bleue

+3

ligne bleue

+2

poussée par certains contestataires systématiques
la *boule* peut rouler vers plus
d'antagonisme

+1

Antagonisme

-1   -2   -3   -4

non usage du pouvoir

- Comme la quille d'un bateau ou le fret arrimé au fond de la cale, **ils abaissent le centre de gravité de la société ou de l'organisation**. Bien calés dans le quart-champ d'inertie mécaniste, ils sont passivement légitimistes. D'où leur facilité à accepter les manières de l'imposition (1er mode), à se soumettre sans joie mais sans colère aux règlements et aux procédures de travail. Les gouvernements des pays soviétiques ont exagéré l'usage du 1er mode, donc suscité et entretenu *un peuple de B1* !

- **Ils banalisent la culture**. Souvent d'accord sur les mots (la *qualité* des produits, la *mission* du syndicat ou du parti, l'*égalité*), ils les entendent comme des murmures qui se confondent avec tous les bruits du monde. Ils prennent les mots comme des outils du langage, non comme des valeurs. Il leur manque l'affectivité qui marque les symboles.

- **Ils constituent pour l'action une formidable masse de manœuvre**. L'attitude B1 (mais aussi des B2, B3... B7) étant toujours la réponse d'un acteur B à un événement singulier ou à l'attitude d'un autre acteur A, **il suffit de changer A pour changer B**. Attentiste sur un problème de production ou face à une décision administrative, un collaborateur B1 peut devenir B6 d'un instant à l'autre dans le cadre d'une réunion sur la qualité, ou B5 face à une décision de changement d'affectation. **B1, ici, entrepreneur ailleurs**. Souvent comparée à une *boule* qui peut rouler vers plus d'antagonisme et devenir une force d'opposition redoutable, la masse B1 peut aussi être transformée en *ballon,* monter vers les hauteurs de la synergie et franchir la ligne bleue de l'initiative positive.

« *Avec quel charbon de bois...* allez-vous alimenter la chaudière pour produire l'air chaud susceptible de gonfler le *ballon des B1* vers plus de synergie... ? »

On comprend ainsi le rôle déterminant des masses dans l'histoire, du corps électoral en démocratie, du corps social dans l'entreprise, de la clientèle potentielle en stratégie commerciale, bref du *nombre,* dont le pouvoir d'inertie nous rappelle en physique la gravitation.

Au jeu de go*, la puissance n'est pas recherchée, comme aux échecs, par la maîtrise du centre de l'échiquier, symbole du pouvoir unitaire de l'institution ; elle résulte plutôt **d'une occupation des bords du damier** où figurent **le plus grand nombre d'intersections** : la masse, le marais politique, les B1 !

La grande affaire de la sociodynamique : mettre la *masse des B1* de son côté.

© Éditions d'Organisation

14

Tenir les tiers
pour des témoins précieux

« Faire tout comme si l'on avait des témoins »
(B. Gracian).

Tandis que deux protagonistes A et B sont parties prenantes, au premier degré, d'une relation synergique et/ ou antagoniste, **le tiers C lui n'est concerné qu'incidemment par l'enjeu de cette relation.** Il observe à distance la querelle de deux badauds et suit le jeu de marelle de trois fillettes depuis la fenêtre de son appartement.

Membre du personnel de l'entreprise, un salarié B1 est au minimum impliqué par le contrat d'embauche qui le lie à l'institution. C'est moins encore le cas du tiers qui ne connaît aucun lien de subordination avec les protagonistes, d'où son statut basique de **tiers neutre.** Ce statut est la reconnaissance par A ou B, ou mieux par A et B de la position impartiale de C qui n'a *a priori* aucune raison objective de prendre parti pour l'un ou l'autre. C'est pourquoi, malgré tout, **le tiers neutre joue un rôle important dans la relation A-B** : il est **le regard du monde,** le témoin muet qui, par sa seule présence, rappelle l'existence de règles humaines universelles. Usant d'une rhétorique silencieuse qui agit directement sur la conscience et la sagesse des acteurs, **le tiers neutre est apaisant**. Tant en politique que dans la conduite des affaires économiques, le projet des acteurs, leur stratégie et leurs actions sont toujours plus ou moins dépendants de *l'œil qui dans la tombe regardait Caïn...* **La présence physique d'un tiers neutre dans une relation relativise les enjeux des acteurs**, le débordement de leurs tensions et l'impertinence de leurs discours. Vive les tiers, mais gare aux tiers ! Ils infléchissent discrètement le jeu des relations jusqu'au point où ils en retournent le sens et rendent difficilement prévisibles les scénarios les plus réfléchis.

Le tiers neutre peut se préparer à jouer un rôle de tiers semi-actif

- s'il est perçu par les protagonistes A et B comme étant également et faiblement synergique et/ou antagoniste vis-à-vis de chacun d'eux ;
- s'il emploie équitablement et modérément ses pouvoirs pour l'un et l'autre ;
- s'il apparaît comme indépendant, c'est-à-dire placé hors de portée des pouvoirs éventuels que A et B pourraient exercer pour ou contre lui ;
- enfin et surtout s'il est crédité par A et B confondus d'une intention favorable pour l'un et l'autre. Voilà beaucoup de qualités discrètes, dont la transaction (2e mode) et notamment la négociation sont susceptibles de faire un large usage.

En effet, le tiers semi-actif peut acquérir ainsi un statut nouveau, celui de :

- **tiers commissionnaire** : sans prendre parti pour l'un et l'autre, il est officiellement reconnu comme porteur de message, voire comme témoin de ce qui se passe dans chacun des camps ; à l'extrême, toute personne de bonne volonté peut faire l'affaire : un journaliste, un médecin du travail, le responsable municipal de la voirie ;

- **tiers expert** : c'est le cas de toutes les personnalités disposant d'un haut prestige moral et usant exclusivement du pouvoir d'influence : les scientifiques, les artistes, les juristes, les religieux ;

- **tiers médiateur** : il est chargé par A et B de prendre des initiatives logistiques (de lieu, de date…), de suggérer des positions réciproquement plus réalistes, bref, de s'entremettre entre A et B pour dédramatiser la relation et faciliter l'apparition de solutions raisonnables et acceptables par les deux parties ; les négociations difficiles auraient une issue plus rapide et aboutiraient à des conclusions plus équilibrées si les acteurs voulaient bien accepter les services désintéressés d'un médiateur à trouver parmi les notables locaux…

- **tiers arbitre** : celui-ci a la capacité de trancher lui-même le différend. Ce pouvoir peut lui être octroyé par la loi (c'est le cas des conseils prud'homaux) ou par accord A-B. Dans ce dernier cas, l'arbitre juge en équité plus qu'en droit.

La fonction de tiers (neutre ou semi-actif) est d'autant plus redoutable pour A et B que **C peut masquer consciemment ou non, derrière une apparente neutralité**, sa sympathie pour l'un des acteurs et son hostilité à l'autre. Il utilise ainsi son statut reconnu de tiers neutre pour pratiquer un jeu d'alliance subtil qui est bien dans les manières de la transaction*.

On comprend l'efficacité de ce **jeu à trois bandes** : 1°) vous, 2°) vos alliés et adversaires bien identifiés et 3°) les tiers *engagés* qui vous soutiennent discrètement dans votre projet, sans attirer l'attention. On comprend aussi la nécessité d'ouvrir le réseau de relation de l'entreprise le plus largement possible à tous les tiers (neutres en principe) afin d'obtenir de l'un d'eux, le moment venu, le soutien discret d'un tiers commissionnaire, expert, médiateur, voire arbitre (-> stratégie des alliés*).

Le tiers peut être précieux ou néfaste selon les coups de pouce qu'il donne ici ou là.

étape

15

Tout acteur dispose d'un pouvoir relationnel

« Ce n'est pas Philippe, mais l'or de Philippe
qui s'est emparé des villes de Grèce »
(cité par Plutarque).
« Le dernier argument des rois. »
(gravé par Louis XIV sur ses canons)
« Tout pouvoir sans contrôle rend fou »
(Alain).

Par cette étape et la suivante s'achève l'Itinéraire 2 consacré au jeu des acteurs. Ce jeu est d'abord marqué par leurs attitudes synergiques et/ou antagonistes et, ensuite, par les pouvoirs dont ils disposent. Dans l'exercice de la puissance d'un acteur, **le pouvoir apparaît comme une force matérielle ou immatérielle,** disponible immédiatement ou dans un temps prévisible, **mobilisable par sa volonté afin de faciliter la réalisation de son projet.** Placé en aval de la tension intime de l'acteur, de sa volonté et donc de ses attitudes, le pouvoir est donc **un instrument** tiré de sa panoplie personnelle, ou récupéré dans l'environnement et **utilisé comme soutien** dans le but de rendre l'action plus efficace.

▨ On distingue deux formes de pouvoir, qui nous révèlent son contenu :

a) **le pouvoir d'influence ou d'autorité** ; il est fondé sur le **charisme** personnel, le **savoir** (diplômes, expérience...) et le **prestige** social (titre et symbole attachés à la fonction) ; il crée ou rappelle, par le seul effet de l'information ou de l'exemplarité, les normes juridiques, sociales ou techniques qui sont acceptées de bonne grâce par les autres acteurs.

b) **le pouvoir d'usage et d'allocation des ressources est fondé sur la capacité de tirer de l'organisation et de l'environnement des moyens concrets conférant à l'action son poids définitif** ; il crée une *dénivellation physique* que les autres acteurs devront remonter à contre-courant pour tenter de maintenir un équilibre. Ces moyens sont : l'allocation des crédits financiers, le droit public, l'accès aux leviers de fonctionnement, la position stratégique, le soutien d'alliés ou de l'opinion, etc. Les pouvoirs de gestion[71] relèvent de cette catégorie.

L'avantage considérable du premier pouvoir par rapport au second tient au fait qu'il est éminemment économique : le pouvoir d'influence possédé en propre par l'acteur obtient directement son effet par la parole, le comportement et des écrits. C'est le pouvoir par excellence des *gourous* politiques et religieux, des chefs quelque peu charismatiques, mais aussi des enseignants de haut niveau. À l'inverse, le pouvoir d'usage et d'allocation des ressources est à puiser hors de l'acteur, dans une sorte d'arsenal public où règne la foire d'empoigne, ce qui rend difficilement prévisible son évolution dans le temps. Le temps* est ce *futur non encore écrit*, d'où vont émerger des initiatives nouvelles porteuses de **pouvoirs novateurs** qui changent le jeu. Il constitue l'authentique pouvoir qui arbitre définitivement l'issue de la relation.

▨ **Le pouvoir se distingue aussi par son double emploi dans l'action :**

a) **le pouvoir de soutien**, mis au service de la synergie d'un acteur A pour conforter un allié B qui se rallie à lui par intérêt ou par conviction ;

b) **le pouvoir d'entrave ou de coercition**, qui donne du poids à l'antagonisme de A, pour contraindre un adversaire B qui se soumet par nécessité.

■ Règle d'or concernant l'usage du pouvoir : celui qui a l'or établit la règle. Pour sa sécurité et pour mieux assurer l'accomplissement de son projet, tout acteur a intérêt à disposer d'une plus grande réserve de pouvoir d'influence et d'usage des ressources.

■ Tous les acteurs sont en compétition pour l'acquisition de pouvoirs supplémentaires, ceux-ci se faisant toujours au détriment des adversaires mais trop peu souvent au bénéfice des alliés.

■ « À vaillant homme, courte épée » (proverbe grec). Plus un acteur utilise un système d'attitudes fort et approprié, moins il a besoin de pouvoir et plus il en trouve ; moins ses attitudes sont adaptées, plus le déficit de pouvoir le fragilise et plus il utilise des expédients saugrenus.

■ Plus le pouvoir devient Pouvoir (donc, plus le niveau de responsabilité est élevé), plus il est *consommé* comme une véritable drogue, crée des états paranoïaques et suscite des phénomènes de *manque*. « J'ai vu peu d'hommes ne pas perdre la tête lorsqu'ils ont des motards devant leur voiture » (R. Schuman).

■ Un acteur doté occasionnellement d'un fort pouvoir, non gagé par une forte volonté, le perdra.

Par conséquent, le pouvoir ne possède pas la fonction impériale que lui attribuent certains auteurs, puisque son usage est tributaire de la volonté et des attitudes des acteurs. Le fait de disposer de la bombe atomique ne vous commande pas de l'utiliser dans n'importe quelle situation, pas plus que celui de posséder une grande fortune ne vous contraint à être généreux dans vos œuvres charitables. Toutefois, une position de monopole commercial ou technologique peut vous pousser à des abus de droit ou de fait ; inversement, la faiblesse de vos alliances peut vous inviter à la prudence. Concluons : la possession ou l'absence de pouvoir modifie en retour les attitudes, ouvre des perspectives nouvelles et peut orienter différemment le projet initial. Mais le dernier mot revient à la liberté de l'homme. **Même démuni de pouvoir, un acteur doté d'une forte volonté et bon stratège peut être efficace, voire performant*.**

© Éditions d'Organisation

Cela étant dit, le concept de pouvoir est riche des multiples facettes qui le constituent :

- À proprement parler, la volonté, le projet et même les attitudes ne sont pas totalement décodables. **Seuls les pouvoirs pèsent leur poids propre**. Nous subissons le *poids* d'un licenciement, nous profitons du *poids* d'une augmentation de salaire, nous nous laissons influencer par le *poids* des idées émises par un patron gourou. Ces pouvoirs-là nous marquent sans équivoque ; ce ne sont pourtant que des moyens au service de la volonté de celui qui les emploie. À l'extrême, je me moque bien des bonnes ou mauvaises intentions de l'auteur, de son attitude extérieure plus ou moins synergique, de ses maladresses tactiques, seul compte le pouvoir en acte. **La volonté parle toujours sous le masque du pouvoir**. Or, ce dernier est plus difficile à apprécier qu'on pourrait le croire.

- En effet, le poids du pouvoir d'un acteur A sur un acteur B dépend du second, pas du premier. Si B est invulnérable physiquement ou moralement, A est sans pouvoir sur lui. Une grève dure est sans effet sur une entreprise qui dispose de stocks et de ressources financières considérables. Vos offres généreuses d'alliance sont sans effet sur vos partenaires, s'ils préfèrent leur liberté stratégique à vos capitaux. Par conséquent, **A est incapable d'apprécier son propre pouvoir, si ce n'est en évaluant la capacité physique et morale de B** de se soumettre ou de se rallier. Or, comment anticiper avec certitude l'attitude d'un autre acteur, en partie imprévisible ?

- De plus, le pouvoir (comme les attitudes ou le style de management) tire sa valeur opérationnelle de la façon dont il est **perçu**. Le pouvoir de A appartient certes à A, mais il relève davantage de l'idée que B s'en fait. Or B perçoit le pouvoir exercé sur lui en termes de menaces ou d'opportunités **hypothétiques**, sur- ou sous-évaluées, susceptibles d'être différées, détournées, améliorées et surtout de changer de signification et de valeur dans le temps. **L'appréciation du pouvoir est, de part et d'autre, une affaire subjective**.

- Par conséquent, nous dit Aristote, **le pouvoir est toujours relatif**. Comprenez qu'il s'agit d'apprécier le pouvoir de A, non pas dans l'absolu, mais par rapport à B, et comme B se trouve dans la même position, c'est en dernier ressort le rapport A/ B qu'il faut prendre en compte.

- Enfin, les pouvoirs ne sont pas facilement **isolables** : ils s'additionnent, se retranchent, se multiplient ou fusionnent... Des alliances nouvelles et des événements imprévus, ajoutés à l'usure du temps, font d'eux ce qu'ils sont substantiellement : **des forces combinées dans le champ d'énergie**

global. La 68ᵉ étape de cet ouvrage nous donnera l'occasion d'évoquer une méthode d'évaluation de l'indice de pouvoir* d'un acteur.

perspective

Le pouvoir est au service de l'attitude et non l'inverse.

16

Seuls les chefs disposent d'un pouvoir de gestion structurant

« Est bien payé qui est bien satisfait »
(W. Shakespeare).

Aux *pouvoirs relationnels* propres à chacun de nous, s'ajoutent des **pouvoirs structurants de gestion**. Entre les mains d'un chef ayant autorité, l'usage de ces outils offre des moyens supplémentaires d'intervention, de pression ou de soutien. Ces moyens s'exercent et obtiennent leurs effets selon la *manière* dont ils sont utilisés : **gérer** large ou serré **le capital social**, étendre ou spécialiser **la compétence des agents**, décentraliser ou pas **l'activité de l'entreprise**, développer ou non **l'innovation**, modifier les **méthodes de production**, faire prévaloir certaines **mesures de contrôle de gestion, de rétribution du personnel, de circulation de l'information**... Dans chacun de ces domaines d'activité, le management accroît ou perd un peu de pouvoir d'influence, se fait des alliés ou des adversaires nouveaux. Nous allons détailler ce processus dans trois domaines d'activité en nous basant sur les schémas respectifs, présentés ci-après.

▨ **La production.** Selon l'option choisie, elle soutiendra tel niveau hiérarchique et telle catégorie de salariés, au détriment de tels autres. Dans un cas, les ingénieurs ont tout à gagner, dans un autre, les commerciaux ont tout à perdre. De plus, la production constitue un test décisif pour les responsables de l'organisation. En fin de compte, le *dedans** de l'entreprise parvient-il à assurer au *dehors* les services qui le justifie, tant en termes de quantité, de délai, de qualité, de coûts ? L'autorité managériale même des dirigeants peut dépendre de la réponse qui est apportée à cette question.

LA PRODUCTION

DEDANS - Identité - unité

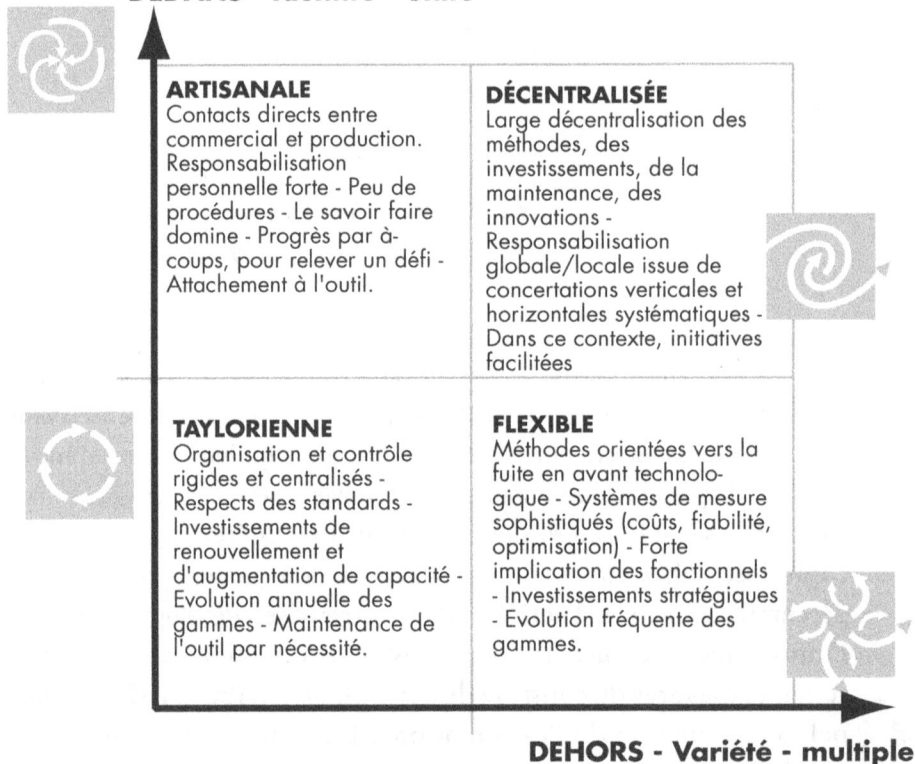

ARTISANALE Contacts directs entre commercial et production. Responsabilisation personnelle forte - Peu de procédures - Le savoir faire domine - Progrès par à-coups, pour relever un défi - Attachement à l'outil.	**DÉCENTRALISÉE** Large décentralisation des méthodes, des investissements, de la maintenance, des innovations - Responsabilisation globale/locale issue de concertations verticales et horizontales systématiques - Dans ce contexte, initiatives facilitées
TAYLORIENNE Organisation et contrôle rigides et centralisés - Respects des standards - Investissements de renouvellement et d'augmentation de capacité - Evolution annuelle des gammes - Maintenance de l'outil par nécessité.	**FLEXIBLE** Méthodes orientées vers la fuite en avant technologique - Systèmes de mesure sophistiqués (coûts, fiabilité, optimisation) - Forte implication des fonctionnels - Investissements stratégiques - Evolution fréquente des gammes.

DEHORS - Variété - multiple

■ **La qualité** joue aussi un rôle exemplaire. De standard qu'elle fut dans les années 1970, elle est devenue globale au moyen de la méthode du Kaizen. Ce pouvoir-là délégué aux exécutants défausse sans doute le pouvoir du dirigeant commissaire[31], mais renforce celui du dirigeant développeur.

LA QUALITÉ
DEDANS - Identité - unité

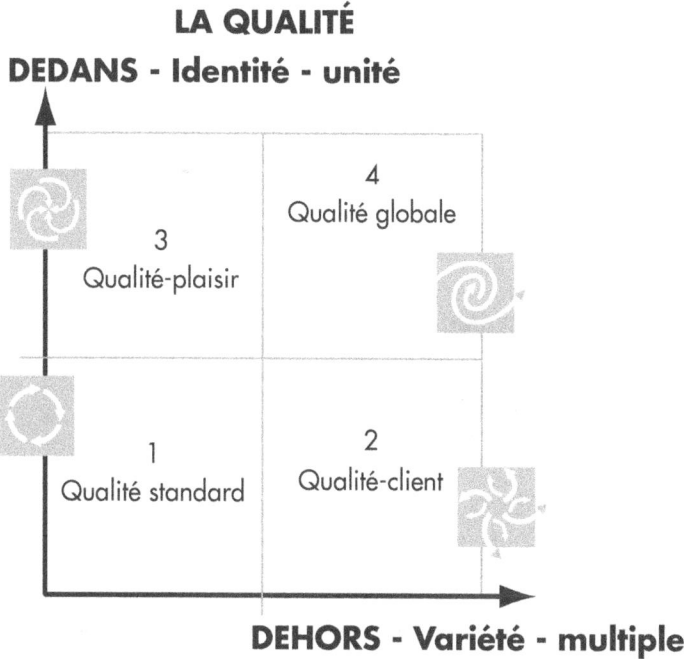

3 Qualité-plaisir	4 Qualité globale
1 Qualité standard	2 Qualité-client

DEHORS - Variété - multiple

■ **L'argent.** De même, on a du mal à imaginer que les hommes ne soient pas sensibles à la manière dont le management les rétribue. Ce pouvoir-là est colossal. L'argent devient ainsi un macro-pouvoir ou macro-force qui *dope* le champ d'énergie global de l'organisation. Par là, il devient un outil capital qu'il s'agit de bien composer avec les autres outils (comme la production, la qualité...) afin de lui faire jouer à plein son rôle de *développement de la performance collective* (voir schéma page suivante).

Les pouvoirs de gestion sont également destinés à développer la sociodynamique de l'organisation.

LA POLITIQUE DE RÉMUNÉRATION

DEDANS - Unité

L'ENGAGEMENT PERSONNEL
Plus je "milite",
plus je gagne

Mes gratifications et augmentations décidées par le patron dépendent principalement de mon zèle pour le projet.

LA PERFORMANCE MOI/ORGANISATION
Plus l'organisation prospère par mon travail, plus je gagne

Mes rémunérations-gratifications dépendent de ma performance rapportée aux différents groupes auxquels je participe.

LA GRILLE STANDARD

Ma rémunération dépend moins de mon travail que des règles d'une convention collective ou d'un statut.

LE CONTRAT PROFESSIONNEL
Plus je suis compétent dans ma spécialité, plus je gagne

Je suis rémunéré en fonction d'un contrat personnalisé.

DEHORS - Variété

3
itinéraire

17

Considérer l'organisation comme un champ d'énergie

« Toutes choses sont convertibles en feu
et le feu en toutes choses, comme la marchandise
en or et inversement »
(Héraclite).

L'identité d'une organisation, la raison de sa puissance et le foyer de sa performance sont moins à trouver dans l'économique ou dans le juridique que dans la *physique de l'action*. **La substance** (étymologiquement : « qui se tient dessous ») **de l'entreprise, c'est l'énergie qui l'anime.** Les actions posées par les hommes sont des forces, au sens physique du mot, qui entrent en composition avec toutes les autres forces dont l'organisation est tissée. En cela, la sociodynamique se cherche une place à l'ombre de la théorie de la relativité : pour cette théorie, l'**activité de la matière est son essence même.** La nature est énergie, et peut-être ajoutent les scientifiques matérialistes, n'est-elle que cela. Issue du big bang originel, cette énergie se compose sous nos yeux de quatre forces (gravitationnelle, électromagnétique, nucléaire forte et faible), lesquelles opèrent simultanément dans un champ global où leurs effets se combinent. A. Einstein va jusqu'à conclure : « Le champ est l'unique réalité. » Une entreprise, un club sportif ou une collectivité locale ne sont pas des cas particuliers du monde ; la dynamique universelle se retrouve en chacun d'eux **sous forme d'énergie métamorphosée en volonté**, en projet, en action, en jeux d'alliance et d'intérêts.

> Dans cette perspective, les matières inanimées ou vivantes (et l'entreprise elle-même) ne sont que des accidents du champ. Et ces accidents sont caractérisés non point par leur substance propre (elle est la même pour tous), mais par leur spécification et leur composition. Pour Heisenberg, le physicien qui a établi les relations d'incertitudes, « en physique moderne, le monde est maintenant divisé non pas en différents groupes d'objets, mais en différents **groupes de connexions**. Le monde apparaît donc comme un tissu complexe d'événements, dans lequel les connexions de diverses sortes alternent, se chevauchent partiellement ou se combinent, déterminant ainsi la trame d'ensemble ». L'auto-organisation n'est pas loin…

> Transposons cette vision du monde dans une organisation sociale comme une collectivité locale ou une entreprise : **chaque acteur et chaque objet est lié à tous les autres** pour le meilleur ou le pire, le meilleur si tous les habitants du quartier conjuguent leurs efforts pour éteindre l'incendie, le pire si tous les militaires qui marchent en cadence sur un pont finissent par provoquer son écroulement. Il faut se souvenir également **que le champ d'énergie d'une organisation est relié au champ global de la société**. Selon que la relation entre le dedans et le dehors de l'entreprise est plus ou moins bien assurée, la performance du champ interne est plus ou moins élevée.

Observons la dynamique de ce champ. Avant de déposer au greffe du tribunal les statuts de la société et de procéder aux ouvertures légales des comptes, il est bon de reconnaître **un acte fondateur** – une *puissance embarquée*, une volonté, une ambition –, porté par un ou plusieurs entrepreneurs. **Cette énergie est facilement identifiable à l'instant originel de l'entreprise, mais on peut la retrouver agissant** en sous-œuvre sur tous les *plis* de l'organisation et à tout moment de son développement. **Cette énergie se renouvelle lors de chaque événement posé par le management**, chaque décision assurant une sorte de refondation ponctuelle. La succession de toutes ces décisions économiques, sociales, industrielles…, et toutes les exécutions qui en découlent, forment **un flux d'énergie permanent**, véritable champ unifié de forces. La propension à réussir s'inscrit dans ce champ, dès l'origine.

Selon les besoins, cette énergie à l'œuvre dans l'organisation prendra des formes différentes : **forces matérielles** de structure et de flux, ou **forces immatérielles** de culture et de management.

étape

18

Repérer les forces qui composent le champ d'énergie

« Je suis une force qui va »
(**V. Hugo**).

Est force, ce qui produit un travail. Si tout est force, même un trombone, tout acteur l'est davantage encore par l'emploi qu'il fait de sa volonté, de ses attitudes, de ses pouvoirs, de sa stratégie… **La sociodynamique pose pour principe de l'action que l'homme est une *force locomotive* qui tire toutes les autres**. Dans le champ d'énergie de l'organisation, le chef fait partie de ces hommes d'exception qui jouent le rôle de forces avancées de l'énergie universelle qui meut tout dans le monde.

Susciter des *événements* économiques, sociaux, techniques…, c'est générer des forces nouvelles qui vont modifier la morphologie du champ d'énergie global. Les organisations mécanistes sont peu disposées à créer des forces génératrices de changement.

Pour la mécanique quantique, la transmission d'énergie s'effectue par *paquets*, par *quantités d'énergie*... ou quanta de force. Transposé dans notre société, chaque événement, décision, acte, peut être aussi considéré comme une **particule** qui émet un quantum d'énergie, ou mieux, un train d'onde qui se propage dans toute l'organisation. Un haut-fourneau, la localisation d'une usine, un discours de président, une mesure d'amélioration de la qualité, le suivi d'une procédure de travail, l'affichage d'une production journalière, sont autant d'**événements physiques** qui vont rayonner (comme des ondes) ou provoquer des actions et des réactions (comme des particules). Agissant par émanation ou flux, par choc ou poussée, chaque événement, grand ou petit, éphémère ou durable, peut être ramené à une force matérielle ou immatérielle qui exerce un **travail** dans le champ d'énergie global de l'organisation.

La liste de toutes ces forces est infinie, d'autant plus que **l'art du management va consister à les distinguer, à les nommer, à en introduire de nouvelles, à les regrouper en macroforces, afin de les recomposer d'une autre manière de telle sorte que le champ global soit plus performant.**

▨ Dans un champ d'énergie, ce qui importe le plus pour l'efficacité de l'action, ce sont : la pertinence, l'intensité, la juste orientation et la bonne cohérence des forces. La stratégie de projet en est l'une des applications exemplaires.

Particules ou ondes, les forces relèvent à la fois du **principe d'Unité** par le fait qu'elles participent toutes à la même substance, *l'énergie*, et du **principe de variété** en ce sens qu'elles sont toutes différentes : micro ou macroforces, matérielles ou immatérielles, forces clés ou banales, dérisoires, passives, dormantes, éphémères, synergiques ou antagonistes, plus ou moins *ouvertes* sur le monde extérieur et *closes* sur le dedans, entretenant le mouvement ou le freinant. Chaque force exerce une influence sur les autres par contact ou par attraction, un peu comme les corps massifs qui créent un champ de gravitation dans l'espace cosmique. Ainsi en va-t-il des **forces clés**, comme une infrastructure d'aéroport ou le poids déterminant d'un directeur financier.

Le concept de **macroforce** est particulièrement utile pour l'action. Au lieu d'agir simultanément sur plusieurs microforces au risque d'un éparpillement de l'effort, **l'action porte sur leur regroupement au sein d'une force unique qui leur confère plus de cohérence et de puissance, et facilite l'exécution** : l'amélioration de la qualité, la mise en place d'un nouveau système informatique ou d'une nouvelle grille de rémunérations peuvent constituer des *macroforces-locomotives* qui tirent toutes les autres dans le même sens.

À l'instar de ce qu'enseigne Démocrite, cette approche, proprement **atomique**, permet de recomposer à volonté des *formes* originales et performantes, comme le fait la nature pour tous les êtres vivants. Ainsi, d'une **analyse granulaire** on passe à l'élaboration d'un **profil morphologique*** global dont la propriété importante est de nous révéler le niveau d'autonomie de l'organisation.

L'art du management ne consiste pas à agir sur des choses mais à stimuler et orienter des forces.

19

Maîtriser le système de forces

> « Pour contrôler un système A,
> il faut disposer d'un système de contrôle B
> dont la "variété" est au moins égale à celle de A »
> **(R. Ashby).**

Les forces qui entrent en composition dans le champ d'énergie de l'organisation (y compris les actions des acteurs) forment un *système*, ou « ensemble d'éléments en interactions dynamiques, organisés en fonction d'un but » (J. de Rosnay). Le concept *d'ensemble dynamique* étend la systémique à... **tout ce qui bouge**, donc concerne directement l'art de l'action collective, objet de la sociodynamique.

Un système traite de l'énergie matérielle (matières premières, outils, produits finis...) **et immatérielle** (information, décisions, actions, valeurs...)[1]. **Chaque système possède un réservoir d'énergie,** une frontière entre son *dedans* et son *dehors*, des éléments fonctionnels identifiables ; en outre, il comporte des flux, des centres de décisions, des

---

1. J.-C. LUGAN, *La Systémique sociale*, « Que sais-je », PUF, 2000.

boucles de rétroaction, des délais de réaction. Parmi les nombreuses propriétés d'un système, celles de *coordination* et de *variété* jouent un rôle capital, la variété notamment, qui intervient si fortement dans les organisations holomorphes ou auto-organisations.

La variété correspond au nombre d'états ou de configurations que le système peut adopter. Elle résulte de la manière dont est traitée la relation dedans/ dehors*. Elle définit **la double capacité du système à s'adapter et à innover, tout en maintenant son équilibre ou son identité.** *Peu de variété* conduit à la sclérose culturelle ou bureaucratique, dont les organisations tribale et mécaniste sont souvent menacées. En effet, si le sous-système de management ne possède pas lui-même à son niveau une **variété supérieure** à celle du système qu'il est censé contrôler, on comprend son incapacité à prendre, en temps réel, les mesures appropriées (R. Ashby).

Mais, de l'homogène au complexe plusieurs catégories de systèmes sont possibles, selon la façon dont le paradigme Unité/ multiple est mis à contribution. Le système est **homogène** ($A = A$) dès lors que **tous les acteurs partagent les mêmes valeurs et concourent au même projet.** Les systèmes homogènes sont à dominante culturelle, donc immatérielle. En principe, il en va ainsi dans les organisations tribales où l'action classique prévaut et où la cohésion-cohérence est la plus forte. C'est le cas des petites entreprises familiales. Grâce à son identité culturelle et à son projet partagé, donc à son isomorphisme immatériel, l'organisation tribale tend, sans y parvenir jamais, à l'unité du simple. Sa **variété est polarisée,** voire nulle.

L'organisation mécaniste n'est pas simple parce qu'elle est **décomposable en sous-parties** dépendantes les unes des autres qui fonctionnent selon un ordre hiérarchique conventionnel. Elle relève plutôt **d'un système inspiré des principes logiques de la géométrie.** Elle requiert une technique d'utilisation rigoureuse, donc un apprentissage de procédures matérielles et de pratiques professionnelles. Sa **variété est programmée,** donc réduite aux cas prévus. Le fonctionnement matériel de machines-outils ou de circuits de facturation relève le plus souvent de systèmes géométriques.

IDENTITÉ - Unité - dedans

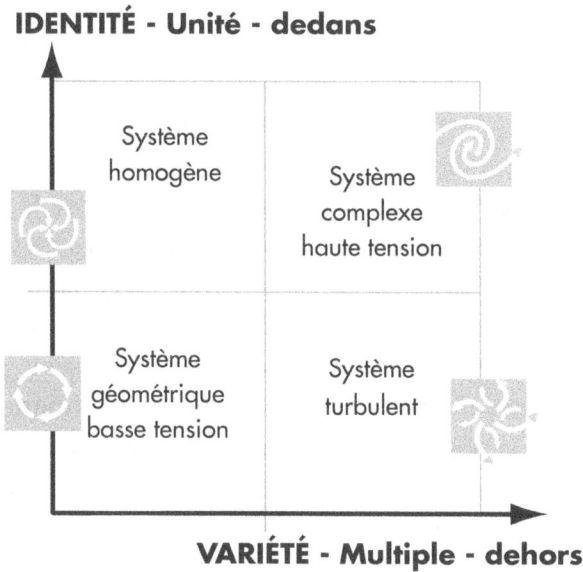

VARIÉTÉ - Multiple - dehors

Dans un système hétérogène ou **turbulent**, l'indétermination est telle que les interventions destinées à en modifier le cours n'atteignent leur but que par hasard et/ ou tâtonnements. La **variété excessive** y est insuffisamment maîtrisée par le sous-système de coordination. C'est la raison pour laquelle **il n'existe pas de systèmes sociaux absolument turbulents, bien que l'économie de marché nous montre tous les jours que son fonctionnement relève, pour une large part, de l'aléatoire.** L'organisation individualiste nous offre le système le plus désordonné que connaisse l'entreprise.

Enfin, le système **complexe*** offre cette particularité de garantir **la plus grande variété dans un ordre métastable**, c'est-à-dire **maintenu en équilibre par et dans le mouvement**. Les grandes organisations deviennent vite des mégasystèmes qui abritent des sous-systèmes (homogènes, géométriques, turbulents... voire complexes) semi-indé-pendants et semi-dépendants les uns des autres que seules les méthodes de l'organisation holomorphe (-> auto-organisation*) peuvent tenter (?) de conduire dans l'unité. On pense notamment à la stratégie de double appartenance[241].

Les sous-systèmes assurent des fonctions plus ou moins pérennes. Ainsi, **la culture** (immatérielle) **et la structure** (matérielle) de l'organisation peuvent être simplifiées ou formalisées de façon à constituer des ensembles repérables pour leur stabilité. Les fondements de l'organisation y puisent l'essentiel de leur force. Il n'en va pas de même pour **les flux et les circuits qui assurent le fonctionnement quotidien de la structure**. Ils sont ouverts sur le dehors et forment de multiples sous-systèmes turbulents. Pensez aux jeux que se livrent les sous-systèmes commerciaux, financiers, administratifs ou de production qui cherchent à disposer d'une autonomie propre. **Le management** lui-même est **un sous-système de l'ensemble chargé de traiter les informations et d'adopter un style d'action en vue de la mise en œuvre d'un projet**. La superposition, l'emboîtement, l'antagonisme et la synergie de tous ces sous-systèmes en lutte d'influence, posent bien entendu un problème permanent de rééquilibrage*.

On procède spontanément ou volontairement (à l'initiative d'un responsable) au **rééquilibrage** par :

■ **Des bouclages rétroactifs** qui corrigent les effets en intervenant directement sur les causes, au moyen de forces matérielles ou immatérielles.

– **La rétroaction est négative** quand la correction a pour effet de ramener le système à la position d'équilibre précédente : c'est le cas du changement par réglage (ou autoréglage des thermostats d'ambiance). Elle domine matériellement dans les organisations mécanistes ; pour maintenir une homéostasie culturelle, elle officie subtilement dans les organisations tribales ; elle agit en seconde main pour régler les jeux d'échange et les luttes de pouvoir dans les organisations individualistes.

– **La rétroaction est positive** quand la correction, loin de réduire les effets, les amplifie et entraîne le système dans une spirale inflationniste. Le fameux cycle « manifestation/ répression » peut conduire à la guerre civile ; c'est l'un des inconvénients de l'usage maladroit du 1er mode de management. Mais le bouclage peut être vertueux. L'animation (3e mode) se propose d'accroître l'implication collective par la création d'**un cycle appartenance-rétribution-considération-concertation**... La propension à l'excellence résulte de l'effet bénéfique d'un bouclage positif.

■ **Des bouclages récursifs** qui créent un processus circulaire où, à chaque tour, le système s'enrichit. Il s'enrichit parce que la boucle fonctionne « **à**

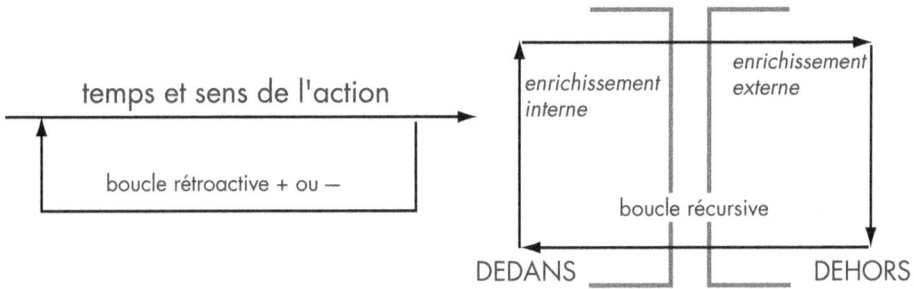

cheval » sur le dehors et sur le dedans : *ouvert*, le phénomène récursif se nourrit en permanence des forces matérielles et immatérielles, qui sont agissantes dans l'environnement. Le corps humain, la famille, la nation, l'entreprise se développent ainsi au moyen de bouclages récursifs continuels. À leur tour, ces bouclages modifient et enrichissent le macrosystème externe, lequel apporte aux entreprises, informations, capitaux, outils, collaborateurs, clients..., et ainsi de suite. C'est le bouclage récursif qui permet à l'organisation de se doter d'un projet collectif *pertinent*, d'inventer une stratégie *efficace*, de mémoriser ses expériences dans une culture *dynamique*, de contrôler ses comportements tactiques... et de modifier éventuellement son projet, sa stratégie, etc., *tout en conservant son identité*.

La boucle récursive est génératrice d'**autosuffisance** (E. Morin) et, à la limite, d'autonomie. Mais elle entretient l'état de complexité globale. En principe, elle atteint son meilleur niveau de fonctionnement dans l'auto-organisation.

Du bon usage des forces... à la dynamique des systèmes !

20

Faire du système
une organisation

Une action collective peut avoir intérêt à se manifester à partir d'un *système de systèmes* appelé *organisation*, qui lui apporte une sorte de *conscience de soi*. Le gouvernement d'un État, une municipalité, un club sportif, un syndicat ou une entreprise constituent des organisations.

Toute organisation *travaille pour son compte* dans ses contacts avec les autres organisations, adversaires ou alliées. Pour cela, elle se doit d'atteindre le niveau d'autonomie adéquat. Tout entière tributaire du dehors, elle aménage son dedans en composant **un champ d'énergie particulier, garant de sa survie et agent de son développement.** Ce champ est lui-même composé de forces matérielles et immatérielles plus ou moins stables et peu sensibles aux pressions du dehors, ou au contraire fluides et réactives, voire proactives.

Cette description nous conduit à **distinguer, au sein de l'organisation, quatre sous-systèmes majeurs ou leviers qui rappellent les quatre éléments fondamentaux** dont les présocratiques prétendaient faire les composants de la nature. Sept siècles avant J.-C., Hésiode faisait de la Terre la structure permanente matérielle sur laquelle le monde est construit. Pour sa part, Thalès faisait du cycle de l'Eau le système fondamental de la vie ; ce cycle nous inspirera une approche des flux physiques qui circulent dans la structure. Anaximène pensa que l'Air (le souffle, le *pneuma*) animait le monde : nous ne sommes pas loin d'un discours sur la culture. Héraclite vit dans le Feu le principe du mouvement universel ; il préfigurait dans une optique sociodynamique l'idée que l'entreprise est une *forge* dans laquelle le management assure la double fonction d'entretenir le feu et de frapper sur l'enclume. Empédocle ajouta que ces quatre éléments se livraient une lutte d'amour (+) et de haine (−), et que tout changement tendait à la fusion dans l'Unité ou à la dislocation dans le multiple. Reconnaissez que vingt-cinq siècles plus tard, la physique moderne dit à peu près la même chose.

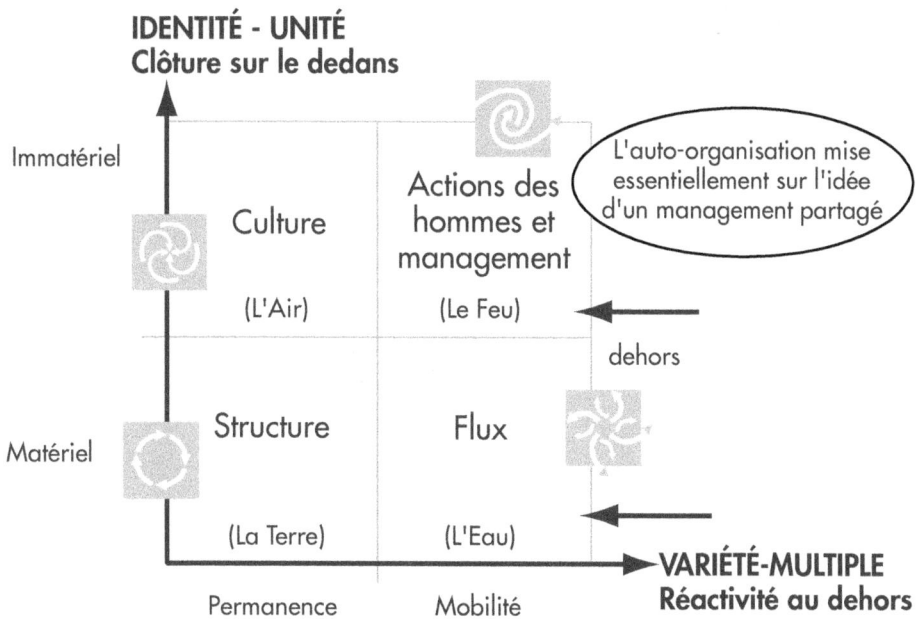

Un système devient une *organisation sociale* dès lors que ses membres en prennent conscience, fonction décisive assurée par la culture.

Ces quatre sous-systèmes prennent place dans la table d'orientation Unité-multiple, selon qu'ils sont, d'une part, matériels ou immatériels, d'autre part, permanents ou mobiles. **Chaque levier est une macro-force constitutive de l'organisation, qui peut servir l'action ou la freiner.** Un acteur conséquent ne peut conduire aucun projet collectif d'envergure s'il n'a pas mis de son côté ce jeu de force qui garantit l'efficacité de l'action. De plus, **l'inventaire de ces forces constitue le préalable indispensable** à tout diagnostic, toute action et surtout tout changement. Le changement par immersion[316] s'emploiera à créer un *bain* de ces forces.

Le dynamisme d'un *système* s'accroît à mesure qu'il devient une *organisation*.

© Éditions d'Organisation

21

Distinguer les forces de structure, de flux, de culture, de management

■ **La structure.** Premier levier de l'organisation, la structure répond à un double critère de matérialité et de permanence (ou de stabilité). Pour Hésiode, elle correspondait au premier élément de la nature, sur lequel tout est fondé : la Terre. **Cadre de la vie professionnelle** (juridique, technologique, administratif...) quasi incontournable, **la structure est le lieu physique où s'exercent les actions internes et à partir duquel sont conduites les actions externes.**

Ces forces constituent les *points fixes* ou *verrous* qui maintiennent la stabilité physique des grandes fonctions de l'entreprise. On y distingue les sous-structures juridiques, financières, technico-professionnelles (localisation, équipement...), économico-commerciales, informatiques, de gestion du personnel (statut...), de partenariat permanent, et, bien entendu, d'organisation générale (organigramme...).

On se doute que **les forces de la structure** ont des affinités avec le principe d'inertie et qu'elles **tiennent un rôle dominant dans les organisations mécanistes**. De ce fait, elles sont peu sensibles au changement. L'engluement y est souvent fort. D'abord parce que, longues à mettre en place et destinées à durer,

les structures semblent faire partie du paysage. De plus, elles accaparent les gros investissements financiers et matérialisent les aspects fondamentaux du métier ; par là, **elles deviennent facilement des symboles*, pièces clés de la culture**. Enfin, parce qu'elles constituent le cadre de vie du corps social et de l'institution, elles forment l'espace incontournable où se forgent **les habitudes professionnelles et sociales**. Elles feront l'objet d'un changement par rénovation[313]. Bref : pas d'organisation sans structure, mais gare aux structures qui figent l'organisation dans son passé.

▨ **Les flux ou process.** Nous appelons *flux* le deuxième levier de l'organisation, regroupant **les forces de gestion et de fonctionnement des circuits matériels et mobiles qui assurent l'activité physique des autres leviers**. On distingue les circuits administratifs et financiers, économico-commerciaux d'achat et de vente, de production, d'information, de formation, de ressources humaines, d'organisation et de décision, etc. Cette gestion porte sur la création de ces circuits, leur entretien, leur contrôle, leur adaptation, leur changement, à l'exclusion du style de management (ou manière dont l'action est assurée) et qui relève de l'immatériel. **Contrôler les flux ou process, c'est maîtriser les circuits qui animent la structure et le mouvement qui donne sa vie *biologique* à l'organisation.**

Les flux sont tributaires de la structure, de la culture et du management. En retour, selon qu'ils sont plus ou moins sensibles à l'environnement, ils vivifient ou sclérosent la structure. Par les habitudes qu'ils suscitent, ils rétroagissent sur la culture. Par les possibilités d'initiatives qu'ils offrent, ils sont un enjeu de pouvoir pour le management et les organisations syndicales, notamment parce qu'ils possèdent **la double propriété d'être mobiles par eux-mêmes et mobilisables.** Ils font l'objet d'une stratégie spécifique : le changement par réforme[312].

Toutefois, certaines forces de flux peuvent renoncer à la mobilité, refuser le changement, se figer dans une fonction devenue inappropriée, donc coûteuse (par exemple, le statut des fonctionnaires). Ces antiforces (-> gluons*), bien qu'appartenant logiquement à la catégorie des flux, relèvent davantage de celles de la structure : elles sont matérielles et surtout permanentes.

▨ **La culture** constitue le troisième levier de l'organisation, après la structure et les flux, tous deux matériels. **Immatérielle et permanente,** la culture apporte à l'organisation ce que les autres leviers ne peuvent lui donner : **l'identité, voire la quasi-unité.** La culture incline le corps social à se doter d'une *forme* immatérielle con*forme* à son destin. **Voilà pourquoi la per*formance* de l'entreprise relève moins de la volonté**

© Éditions d'Organisation

exclusive des responsables de l'institution que des valeurs parta-gées par tous les hommes.

Aucun objet, aucune personne, aucune attitude, ne peut être *saisi* directement. Tout ce qui nous entoure est *badigeonné* de sens. **Rien n'est sans sens, tout est culture**, définie comme un système de références parta-gées par les membres de l'organisation, et construit au cours de son histoire, en réponse aux problèmes qui lui sont posés (M. Thévenet).

Selon que les acteurs *voient* leur organisation de telle ou telle manière, ils adoptent des comportements différents. Leur regard sur les produits, les services, l'enseigne de l'entreprise, leur sentiment sur la qualité, la compétitivité, la stratégie vis-à-vis du dehors, leur attachement à la communauté de travail et d'action forment, au sein du champ d'énergie qui anime l'organisation, le courant le plus puissant, le plus universel, le plus incontournable, qui **dépend de tout modestement et contrôle tout discrètement**. Ce contrôle s'exerce fortement dans le cadre des fondements stables de l'organisation, et plus légèrement dans celui des activités quotidiennes.

La culture résulte, dans la mémoire collective, de **la sédimentation, l'hybri-dation et la fusion partielle des expériences vécues et des stimuli reçus** par le corps social et les dirigeants de l'institution (-> tableau). Les rites, signes, symboles*, art, en constituent l'expression la plus visible, suivis de près par les comportements, mœurs, attitudes et rôles sociaux. Les souvenirs fondés sur l'Histoire commune, les idées fortes, les valeurs, le sentiment d'appartenance*, forment les références implicites de toutes les actions. L'éthique*, enfin, s'impose comme une sorte de juge-arbitre intervenant en appel sur toutes les forces précé-dentes.

Au fil du temps, une part de la culture se fige dans **une référence de références, un modèle clé, une valeur locomotive qui inspire et tire toutes les autres valeurs.** Celle-ci constitue la pièce maîtresse des fondements[115] de l'entreprise.

De nature affective, corrigée par une certaine rationalité, la culture peut être saisie en termes d'**attachement et de vécu.** Complexe au plus haut niveau, la culture réalise un alliage entre *les sens particuliers* donnés aux choses et *le sens partagé publiquement* par une majorité d'acteurs. Chacun se sent à la fois soumis à la culture et soutenu par elle, porté au conformisme social qui confère en retour un droit d'identité. Mais la fidélité au groupe n'exclut pas de rester subtile-ment fidèle à soi-même...

CAUSES   **CULTURE**   EFFETS

```
┌─────────────────────┐   ┌──────────────────────┐
│ APPRENTISSAGE       │   │ 1. Rites, Signes,    │
│ PAR HABITUDES       │──▶│    Symboles, Art     │
│ acquises dans les   │   │                      │
│ structures,         │   │                      │  ┌──────────────────────────┐
│ ou découlant du     │   │ 2. Comportements     │  │ IMAGE EXTERNE            │
│ respect des         │   │    Mœurs, Attitudes, │  │ en évolution            │
│ process et des      │   │    Rôles             │  │                         │
│ modes de            │   │                      │  │                         │
│ décision...         │   │                      │  │ CHANGEMENTS             │
├─────────────────────┤   │ 3. Souvenirs,        │  │ D'ATTITUDE des          │
│ MENTALITÉ COLLECTIVE│   │    Histoire, Idées,  │  │ consommateurs,          │
│ opinion publique,   │   │    Valeurs, Sentiment│  │ concurrents,            │
│ modes, courants     │──▶│    d'appartenance    │  │ média, Pouvoirs publics,│
│ INFLUENCE des       │   │                      │  │ banques...              │
│ leaders             │   │ 4. Ethique           │  └──────────────────────────┘
│ internes et externes│   │                      │
│ PROVOCATIONS        │   └──────────────────────┘
│ stratégiques        │   ┌──────────────────────┐
│ internes et         │   │ FONDEMENTS           │
│ externes            │   │ de structure, de     │
└─────────────────────┘   │ flux, de culture,    │
                          │ de management        │
   Effets dévastateurs    └──────────────────────┘
   d'actes de "barbarie"
   (⇒ performance*)
```

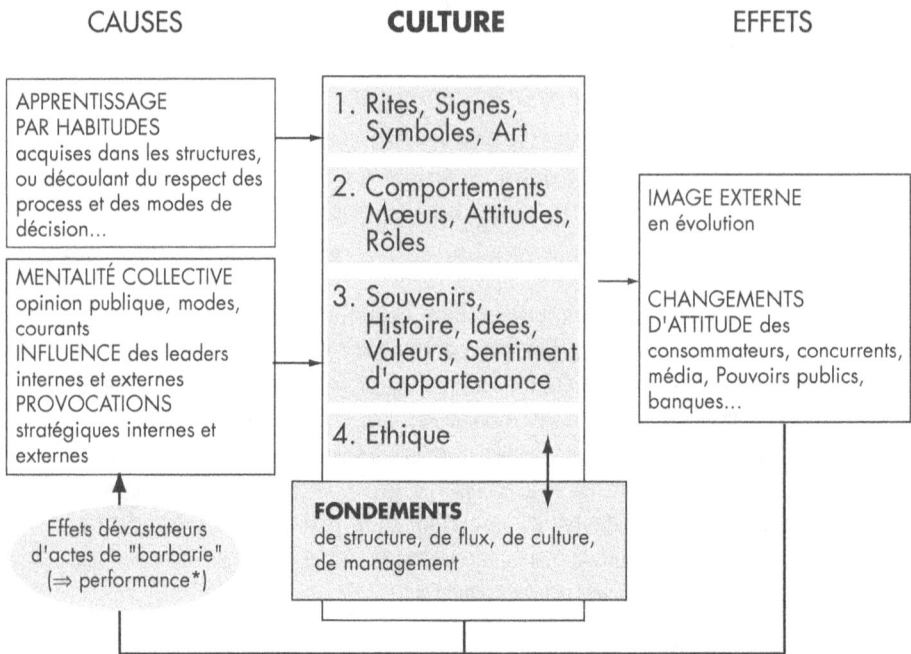

Bien que composite, cet alliage manifeste une grande résistance au changement du fait qu'**il est noué au double niveau individuel et collectif**. Comment, malgré tout, le faire évoluer ? Le management peut-il agir sur la culture, via l'information ou la formation, directement, de l'immatériel à l'immatériel, en court-circuitant structure et flux, **où pourtant s'effectue l'apprentissage des attitudes et des valeurs** ? Bref, quelle chance donner au changement par rhétorique[316] ? Faible...

La culture est immanente à tous les groupes sociaux, à toutes les morphologies d'organisation, mais elle exalte des valeurs différentes selon le rôle dominant de tel ou tel quart-champ. **Toutes ces valeurs sont utiles,** à commencer par celles qui donnent son sens aux organisations mécanistes. Qui pourrait douter en effet que *l'ordre, la continuité, l'équité, la sécurité* sont des valeurs primordiales à satisfaire en priorité pour beaucoup d'acteurs ? Et ce, avant même de répondre à des attentes plus évoluées, comme l'acceptation du risque et la recherche du succès. C'est bien le message de A. Maslow (->bonheur privé[102]). On comprendra toutefois que tout acteur d'envergure, tout chef conducteur de projet collectif soit plus encore attaché à des valeurs de développement, d'auto-nomie, d'holomorphisme, fondées sur des capacités personnelles de haut potentiel.

▓ **Le management.** Quatrième levier de l'organisation, il est certaine-ment **le mieux placé pour insuffler le mouvement.** Nous l'avons comparé au feu héraclitéen qui, par l'énergie déployée, peut engager tous les efforts et conduire tous les changements. **Le management est le sous-système immatériel et officiel de l'organisation en charge du pilotage des actions,** elles-mêmes immatérielles, exercées sur la structure, les flux et la culture. Il se manifeste selon trois modes exclusifs déjà évoqués (-> style*).

Seule macroforce responsable de droit et de fait, autoactive et réactive, **le mana-gement implique tous les acteurs** (à des titres et des degrés divers**) dans la poursuite du projet de l'organisation.** Comme les trois autres leviers, il est soumis aux pressions et mouvements du dehors, mais il est **le seul levier autoactif** légitime, susceptible d'en tirer des enseignements stratégiques et d'engager des actions ciblées dotées de moyens appropriés. Même la culture n'a pas le statut et ne dispose pas des instruments lui permettant d'agir volontairement sur les choses. *A fortiori,* **les flux et la structure sont, à cet égard, relayés au rang de forces passives.**

▓ Contrairement à une idée reçue, le management n'est pas une fonction exclusive de l'encadrement. Il est l'action volontaire et collective par laquelle l'ensemble des acteurs d'une organisation s'emploie à lui assurer un bon niveau d'autonomie face à l'environnement. L'auto-organisation fait de cette définition un principe de base.

étape

22

Enrichir la relation institution/corps social

1) L'institution. Toute action collective a pour origine une **structure de droit** qui lui confère sa légalité et *institue* une direction garante des principes dont elle se réclame. Commerciale ou associative, scientifique ou religieuse, toute entreprise s'insère dans la vie de la cité qui en réglemente les activités, à commencer par sa fondation juridique, son financement, sa raison sociale, son statut, son siège... **Tout dans l'institution est ordonné à l'efficacité** (économique, sportive, caritative...). Cadre juridico-économique initial, **l'institution a pour mission d'atteindre les objectifs de ses fondateurs par le moyen d'une organisation appropriée.**

À cette fin, les actionnaires ou assimilés élisent un conseil d'administration, lequel à son tour désigne un dirigeant, le président, qui est également directeur général. De la sorte, il est clair que le pouvoir de droit initial est réuni sur une seule tête. Les missions spécifiques et les responsabilités sont ensuite déléguées à d'autres personnes physiques, jusqu'aux exécutants situés au niveau le plus bas de la pyramide hiérarchique. Même les organisations holomorphes, en réseaux, très décentralisées par téléaction, sont tributaires d'une institution qui fonctionne par *délégations de pouvoir* de haut en bas.

> Pour des raisons de droit, mais aussi *d'efficacité facile*, **les responsables d'institution sont naturellement tentés par l'emploi d'un management** lui-même ***top down*** qui s'exerce par pression sur des subordonnés ayant reçu, par définition, une délégation de moindre portée. Il s'agit de l'imposition, 1er mode de management qui inclut une prise de décision unilatérale du chef, responsable ultime. Toute institution tend en effet à se prendre pour l'ensemble de l'entreprise, donc à renforcer indéfiniment son pouvoir, à devenir opaque pour ceux qui n'entrent pas dans son jeu, lesquels sont marginalisés. **L'institution n'a pas au départ de vocation humaniste** : pour elle, les hommes sont les rouages (utiles !) d'une organisation (mécaniste ?) destinée à atteindre les objectifs des fondateurs.

2) **Le corps social.** Placé de fait en état de dépendance par rapport à une institution, le corps social **est un ensemble d'individus soucieux de satisfaire leurs intérêts privés dans le cadre d'un *certain* bien commun ou communauté d'intérêts**. Sorte de *société civile* sans droit réel de citoyenneté, marché de main-d'œuvre et d'expertise soumis à une institution, le corps social divisé et sous-informé est comme un peuple nomade qui campe en terre étrangère. Souvenons-nous cependant que tout agent lié de plein droit à l'institution, et *préprogrammé* par elle, est également un membre *libre* du corps social. Et que la performance de l'entreprise dépend de son implication !

Autant l'institution recherche l'unité d'action, autant le corps social nous renvoie à de multiples déterminations privées. L'institution embauche, sous contrats personnalisés, des salariés qui deviendront après-coup des membres du corps social. Du reste, celui-ci n'a de corps que le nom et cherche rarement à poser un acte collectif.

Allons plus loin. À proprement parler sur le plan du droit, *l'entreprise* n'existe pas : les seuls liens juridiques relèvent d'une relation individualisée entre chaque salarié et l'institution. En revanche, l'entreprise prend toute sa valeur **sur le plan sociodynamique dès lors que l'institution découvre qu'elle est seulement la trame d'un tissu dont le corps social forme la chaîne** et que l'un et l'autre, tissés ensemble, constituent la chair vivante de l'organisation. Le chef de la première n'est qu'un membre du second, et c'est là que le bât blesse. Pourtant il est clair que l'institution sera d'autant plus performante qu'elle assumera *son* corps social en tenant compte des attentes de chacun de ses membres, **puisqu'elle n'est rien sans lui**. Inversement, puisque **le corps social n'est rien sans *son* institution**, on comprend le statut/ rôle majeur des syndicats et surtout celui des instances représentatives soucieuses de synergie, voire d'Unité.

> Du fait de son **lien légal** à l'institution, chaque salarié membre du corps social, dirigeant compris, relève de l'une autant que de l'autre. Mais l'**appartenance sociologique** peut être bien différente : un cadre ou un technicien peut se sentir plus solidaire des impératifs économiques de l'institution que sensible aux préoccupations personnelles de ses collègues de bureau. Un directeur ou une employée du service comptable peut être plus attaché à la communauté de travail que tendu sur les objectifs quantifiés de l'institution. De toute façon, par les temps qui courent, l'appartenance à toutes les institutions quelles qu'elles soient se fait de plus en plus légère.

Le schéma ci-après met en évidence *l'appartenance sociologique* des acteurs. On peut penser que **plus les cercles sont sécants** sans se confondre, mieux sont **conciliés** les impératifs de l'institution et les attentes du corps social, et plus puissant est le « **cœur du réacteur** », là où se génère le champ d'énergie de l'entreprise. C'est aussi l'un des principes de la sociodynamique que de miser sur les hommes : ils constituent la seule source d'énergie de l'organisation, les forces de structure et de flux leur étant subordonnées.

■ Le bien commun étant insaisissable objectivement, sa représentation par quiconque est toujours contestable et contestée. Cependant, tout acteur, porteur provisoire du bien commun, a vocation à devenir un chef de l'institution.

Toute la difficulté à conduire une action dans une logique de conciliation tient au fait que **le corps social** est fondamentalement (du moins à l'origine) **une juxtaposition d'individus** et non point une communauté de personnes. Chacun défend ses propres intérêts, si possible dans

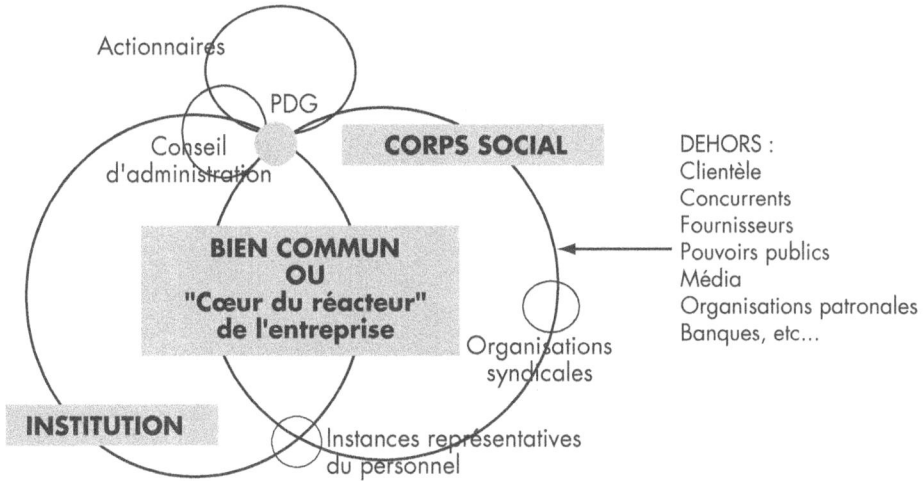

le cadre du *bien commun*, mais à la condition de s'entendre sur celui-ci : s'agit-il d'un bien commun professionnel, catégoriel ou social ? par exemple, celui *de l'équipe de nuit d'une raffinerie* ou de la Société Total considérée globalement, là où les actionnaires ont également leur mot à dire ? S'agit-il d'un bien commun plus général, celui du *service public*, de la classe ouvrière, d'une région menacée par la pollution ? C'est dire que, dans la pratique de la vie quotidienne, l'individualisme ambiant aidant, l'idée de bien commun ou d'intérêt général s'efface souvent devant celle de *bonheur privé* et de revendications catégorielles. Et, de plus en plus, le concept de bien commun se transforme pudiquement en *coalition* voire en *patchwork d'intérêts...*

L'idée même d'appartenance à un corps social enrichit le cadre institutionnel de l'entreprise

23

Servir les bonheurs privés
dans le bien commun

« Nul ne veut le bien public que quand
il s'accorde avec le sien »
(J.-J. Rousseau).
« L'ours ravage toujours le champ *communal* »
(proverbe géorgien).

Dans le *champ d'énergie* de l'organisation, **la force investie par chaque membre du corps social pour son propre bonheur est sans doute celle qui compte le plus**. Au sens fort, le bonheur est l'état de satisfaction complète, harmonieuse et durable de toutes les tendances humaines, ou de « nos inclinations », ajoute E. Kant. Synonyme de termes un peu désuets comme béatitude, félicité, enchantement..., le bonheur a plus de parenté avec la vraie joie qu'avec le plaisir, toujours incomplet et qui n'est pas spécialement humain. Les animaux ressentent du plaisir.

Il doit exister **un besoin de bonheur**, enraciné au plus profond de chacun d'entre nous, force affective incoercible, **méta-tendance pour** (ou contre !) **quelque chose ou quelqu'un**. On peut même supposer que toute action est un mouvement **vers un désir à satisfaire**, un inté-

LES RESSORTS DU "BONHEUR"

Etablissez une échelle d'intensité pour vous-même ou pour une catégorie de personnel de votre entreprise, en sélectionnant cinq "ressorts" (pris séparémenet ou regroupés) auxquels vous appliquez un pourcentage. Par exemple : avantages statutaires : 15 % et ainsi de suite.

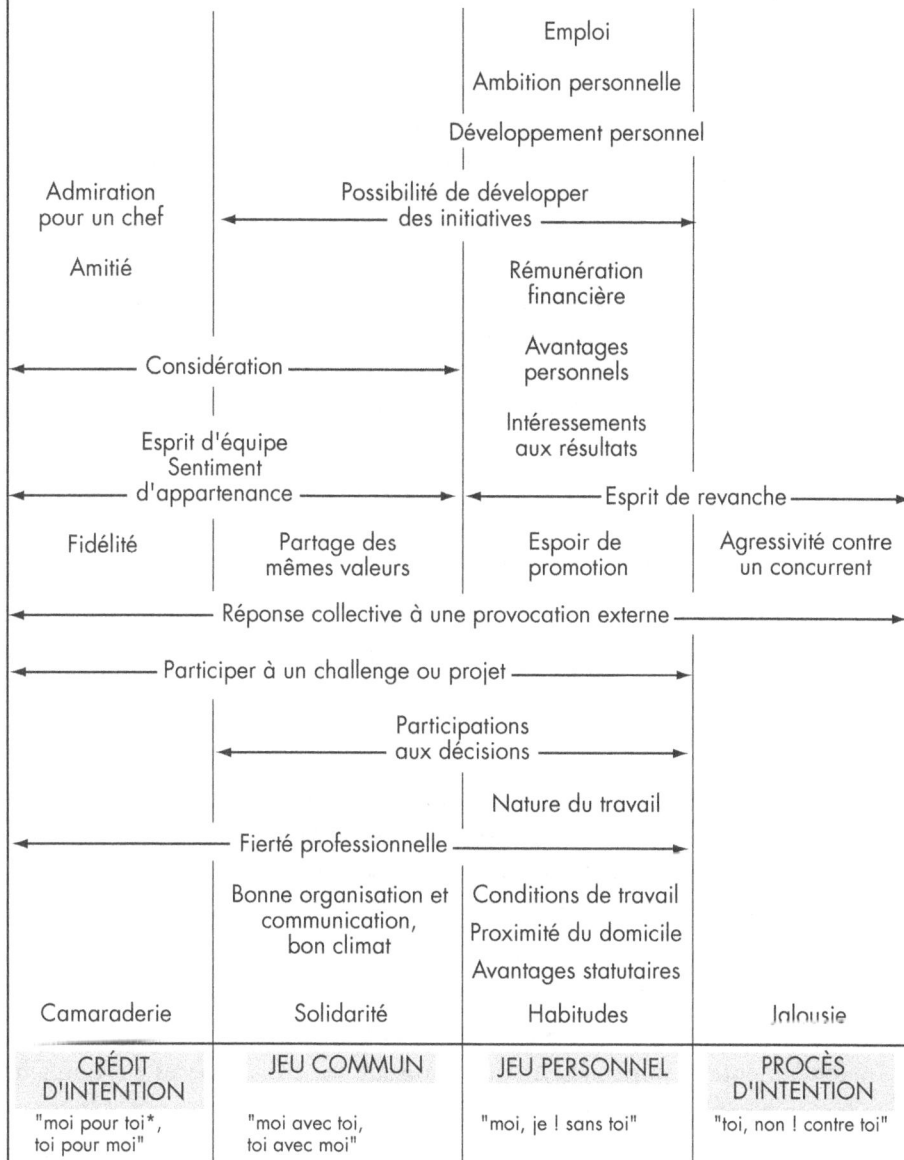

Emploi

Ambition personnelle

Développement personnel

Admiration pour un chef

Possibilité de développer des initiatives

Amitié

Rémunération financière

Considération

Avantages personnels

Intéressements aux résultats

Esprit d'équipe
Sentiment d'appartenance

Esprit de revanche

| Fidélité | Partage des mêmes valeurs | Espoir de promotion | Agressivité contre un concurrent |

Réponse collective à une provocation externe

Participer à un challenge ou projet

Participations aux décisions

Nature du travail

Fierté professionnelle

| | Bonne organisation et communication, bon climat | Conditions de travail
Proximité du domicile
Avantages statutaires | |
| Camaraderie | Solidarité | Habitudes | Jalousie |

CRÉDIT D'INTENTION	JEU COMMUN	JEU PERSONNEL	PROCÈS D'INTENTION
"moi pour toi*, toi pour moi"	"moi avec toi, toi avec moi"	"moi, je ! sans toi"	"toi, non ! contre toi"

* "Toi" .. pris pour l'entreprise, un événement ou un autre acteur, supérieur, subordonné, ami, allié, adversaire, interne, externe.

rêt à défendre, pour tenter d'actualiser le bonheur, c'est-à-dire de le réaliser dans un *acte*. Stendhal partait chaque matin pour « la chasse au bonheur ». Le tableau ci-avant nous offre un inventaire des ressorts sociodynamiques du bonheur.

Les auteurs ont multiplié, chacun à leur façon, des modèles de référence qui cernent cette réalité.

Le célèbre modèle de A. Maslow établit **une échelle dégressive de besoins**, dans laquelle tout besoin impérieux satisfait entraîne l'apparition du besoin suivant de moindre intérêt, et tout blocage de longue durée sur un même besoin entraîne une régression à une situation antérieure, à laquelle s'ajoutent des troubles de comportement. Ainsi, les besoins physiologiques ou homéostatiques les plus exigeants (salaires satisfaisants, conditions de travail acceptables...) sont situés en haut de l'échelle, ainsi que les besoins de sûreté et de sécurité, **besoins basiques auxquels l'imposition** (1er mode) **s'efforce de répondre par nécessité. Les besoins sentimentaux ou d'appartenance, de considération, de réalisation de soi, de connaissance, et enfin les besoins esthétiques apparaissent ensuite.** Leur satisfaction relève davantage des méthodes de la transaction et de l'animation (2e et 3e modes). Bien entendu, chaque acteur réaménage cette hiérarchie à sa façon.

La démarche de F. Herzberg nous rapproche davantage de celle proposée par la sociodynamique. Dans chaque homme coexistent, à des degrés divers, deux tendances satisfaites en principe par les 1er et 3e modes :

— **Celle d'Adam** — l'homme chassé du Paradis — qui cherche à éviter la souffrance, la faim, à se protéger contre la mort. C'est donc Adam qui réagit devant les mauvaises conditions de travail, les relations difficiles, les basses rémunérations.

— **Celle d'Abraham** — l'homme que Dieu invite à quitter sa terre d'origine pour une terre d'élection — et qui cherche à réaliser ses propres possibilités dans un développement continu, par plus de responsabilité, de liberté, de promotion sociale, politique, professionnelle...

S'inspirant des idées de ces grands maîtres, dans le tableau suivant sont regroupées les aspirations des membres du corps social selon une dialectique Un/ multiple : **tous pour tous et chacun pour soi.** Trois besoins fondamentaux apparaissent qui épuisent les trois sources de bonheur qu'on retrouve dans le *moi* de chaque homme :

■ **Le Moi recevant**, plus passif qu'actif, **qui se contente de recevoir de fait** le gîte et le couvert au sein d'un univers bien structuré lui garantissant le présent et accessoirement l'avenir. En contrepartie, il est prêt à accepter ou à supporter un *travail-devoir* exercé par obligation au sein d'une unité d'appartenance* secondaire.

■ **Le Moi calculant qui cherche à négocier sa place au soleil, à optimiser les échanges** par un usage approprié des compétences, des initiatives, des attitudes et des pouvoirs. Le travail n'est plus un devoir à supporter, mais un **droit** à exercer.

■ **Le Moi offrant** qui s'emploie **à donner** de son propre temps, du travail, des idées..., et même qui n'hésite pas à *se donner* dans une communauté d'effort tirée par un projet commun. « Dans la guerre, dans les affaires et en amour, vient un moment où il faut s'abandonner », nous dit Napoléon qui s'y connaissait. Ici le travail est vécu comme une **dignité** ou un plaisir.

■ « Dis-moi ton mode de management dominant, et je te dirai quelle réponse tu apportes aux besoins des hommes. » Chercher à connaître, à comprendre, voire à épouser l'idée que les hommes se font de leur bonheur, ne relève pas seulement de l'éthique mais d'une juste appréciation des conditions de la performance.

■ *Bonne raison subjective de vivre ensemble*, le bien commun assure pour le moins la cohésion minimale du corps social. Au mieux et dépassant sa nature, il peut devenir un projet volontariste exaltant et tirer le corps social vers un niveau supérieur, celui de l'organisation-communauté ou de l'entreprise-cité.

Ce tableau ci-après fait également apparaître **une relation entre les revendications-intérêts-désirs des acteurs et les trois modes de management**. Ces trois besoins – *recevoir, échanger, se donner* – sont satisfaits en priorité, dans l'ordre, par les trois modes – l'imposition, la transaction et l'animation. Les deux derniers combinés permettent sans doute au bonheur d'atteindre son plus haut niveau possible : **l'accom-**

Les aspirations des membres du corps social

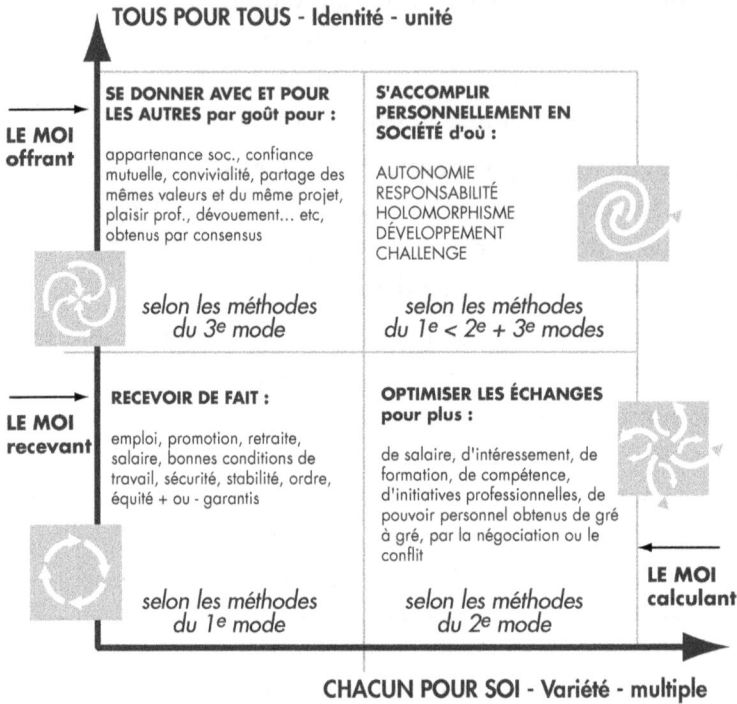

TOUS POUR TOUS - Identité - unité

	SE DONNER AVEC ET POUR LES AUTRES par goût pour :	S'ACCOMPLIR PERSONNELLEMENT EN SOCIÉTÉ d'où :
LE MOI offrant	appartenance soc., confiance mutuelle, convivialité, partage des mêmes valeurs et du même projet, plaisir prof., dévouement... etc, obtenus par consensus	AUTONOMIE RESPONSABILITÉ HOLOMORPHISME DÉVELOPPEMENT CHALLENGE
	selon les méthodes du 3e mode	*selon les méthodes du 1e < 2e + 3e modes*
LE MOI recevant	**RECEVOIR DE FAIT :** emploi, promotion, retraite, salaire, bonnes conditions de travail, sécurité, stabilité, ordre, équité + ou - garantis	**OPTIMISER LES ÉCHANGES pour plus :** de salaire, d'intéressement, de formation, de compétence, d'initiatives professionnelles, de pouvoir personnel obtenus de gré à gré, par la négociation ou le conflit
	selon les méthodes du 1e mode	*selon les méthodes du 2e mode*

LE MOI calculant

CHACUN POUR SOI - Variété - multiple

plissement de soi, en harmonie avec la société, état de dépassement personnel, lieu un peu mythique des actions les plus performantes dans le cadre d'une auto-organisation.

Parmi toutes les dialectiques unité/ multiple applicables dans l'action, celle-ci est l'une des plus exemplaires : comment les intérêts privés des clients, des actionnaires, des dirigeants, du personnel... peuvent-ils se concilier au sein de la culture globale, dans **un *Bien*, qui serait commun à tous** ? On sait qu'en matière d'absolu... tout est relatif.

Bien entendu, la pierre d'achoppement du bien commun se situe au point de passage entre les niveaux individuel et collectif. Pourtant, c'est bien là que réside l'enjeu de la performance de l'organisation. **L'Unité d'intérêt, de désir, de plaisir,** n'est-elle pas, pour le moins, un gage de solidarité, conduisant à plus de synergie, donc à plus d'alliance, et par suite à plus de puissance ?

Dans le dernier tableau, on distingue quatre types de bien commun issus d'une seconde dialectique : projet de l'institution *et* bonheurs privés des membres du corps social.

Les biens communs

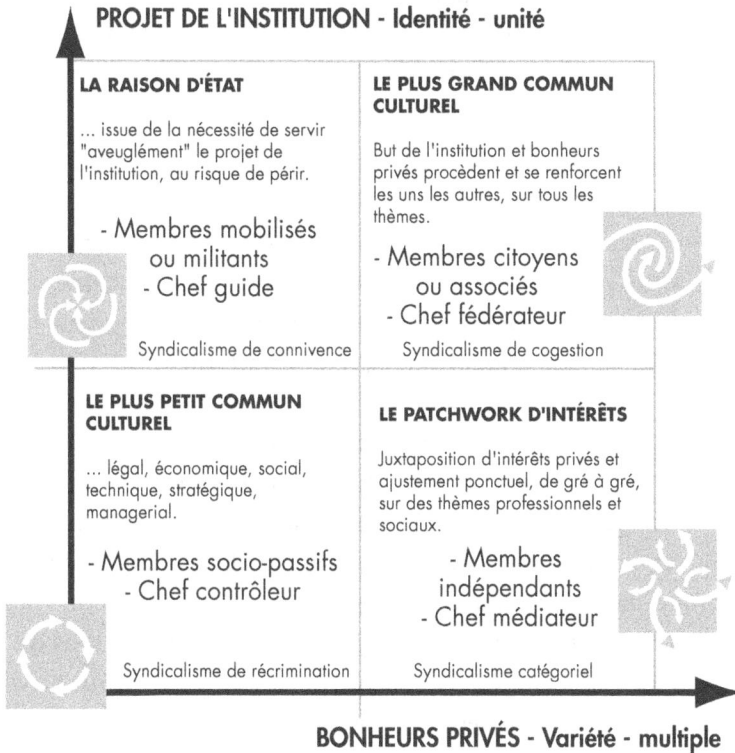

PROJET DE L'INSTITUTION - Identité - unité

LA RAISON D'ÉTAT	LE PLUS GRAND COMMUN CULTUREL
... issue de la nécessité de servir "aveuglément" le projet de l'institution, au risque de périr. - Membres mobilisés ou militants - Chef guide	But de l'institution et bonheurs privés procèdent et se renforcent les uns les autres, sur tous les thèmes. - Membres citoyens ou associés - Chef fédérateur
Syndicalisme de connivence	*Syndicalisme de cogestion*
LE PLUS PETIT COMMUN CULTUREL	LE PATCHWORK D'INTÉRÊTS
... légal, économique, social, technique, stratégique, managerial. - Membres socio-passifs - Chef contrôleur	Juxtaposition d'intérêts privés et ajustement ponctuel, de gré à gré, sur des thèmes professionnels et sociaux. - Membres indépendants - Chef médiateur
Syndicalisme de récrimination	*Syndicalisme catégoriel*

BONHEURS PRIVÉS - Variété - multiple

- **Au-dessous** du seuil minimal de satisfaction des intérêts privés, l'organisation perd sa raison d'être et **se dissout d'elle-même** à plus ou moins brève échéance. C'est le cas des nations en décadence, des associations à l'abandon, des entreprises en pré-dépôt de bilan, des familles au bord de la dislocation. Par conséquent, toute organisation se situe nécessairement **au-dessus** de ce seuil, de façon plus ou moins sensible.

- **Proche du seuil,** c'est le cas **du Plus Petit Commun Culturel,** pauvre en satisfactions privées et communautaires : minimum légal de rétribution, de conditions de travail, de formation, d'échanges, etc. Le bien commun se maintient par habitude (ou par paresse...), il engendre peu de synergie collective, laisse se développer la passivité des acteurs et suscite un terrain propice aux partis et aux syndicats d'opposition. Sa stratégie sociale de base est celle des grandes oreilles* qui garantit, en principe, un climat paisible. Un responsable peut avoir financièrement intérêt à gérer ce type d'organisation administrative si le but de l'institution se limite à la productivité, et si le corps social se contente du respect des règles de gestion du personnel.

▨ Largement au-dessus du seuil, tiré par le principe de variété-multiple, apparaît **un patchwork d'intérêts**, empirique, volatil, qui naît du libre jeu des intérêts privés. Ceux-ci finissent par trouver un équilibre provisoire, comme dans l'économie de marché. C'est le niveau de base des sociétés démocratico-capitalistes dépourvues d'une forte idéologie nationale, niveau auquel ont accédé directement les pays de l'Est, après la déroute du communisme ; c'est le cas des entreprises *à l'américaine*, **sans fondement culturel solide**, davantage centrées sur le haut niveau professionnel des collaborateurs que sur un réel projet collectif. Quoique volatil, ce bien commun-là n'est pas sans utilité et peut servir de vecteur à l'apprentissage de la vie communautaire par les moyens de la transaction (2e mode) et les méthodes de l'organisation individualiste. Mais il est **hémiplégique**, dans ce sens **qu'il sert une** *moitié* **de l'entreprise** – le corps social et le bonheur privé de ses membres – au détriment de l'autre – l'institution, son projet, ses objectifs stratégiques, économiques, etc.

▨ Comme le précédent, **le bien commun de raison d'État** est hémiplégique. Il tire *a priori* les aspirations des individus vers les idéaux (bons ou mauvais) de l'institution. **La Vérité est détenue par l'institution** : « Point de salut hors des valeurs défendues et les pratiques recommandées par ses dirigeants perçus comme *investis* du droit de parler au nom de tous. » Il est aussi naïf de croire que la raison d'État ne sert pas malicieusement les intérêts de tel ou tel responsable qu'il est peu raisonnable d'en nier le caractère éminemment politique. Il est des circonstances, graves généralement, où les membres du groupe, dupes innocentes ou militants convaincus, doivent *s'abandon-*

ner corps et biens à quelques raisons transcendantes, que seule l'histoire sera en mesure de valider. Le 3e mode trouve ici son emploi et ses limites, comme du reste, tout ce qui relève de l'organisation tribale.

▨ Enfin, **le Plus Grand Commun Culturel** apporte une synthèse difficile mais combien performante. Il est exemplaire dans la plupart des familles et souvent dans les associations et clubs sportifs, asymptotique dans les nations, mais fréquent dans les entreprises polycellulaires organisées de telle sorte que chaque acteur se sente appartenir à **deux unités** de travail, l'une locale (l'atelier...), l'autre plus globale (l'usine...). C'est ce à quoi tend la stratégie de double appartenance[241]. C'est aussi le domaine de l'auto-organisation, de la concertation où règne la relation d'or*, et où les 2e et 3e modes sont judicieusement combinés.

Pour tirer pleinement parti des aspirations du corps social, le bien commun doit se faire l'écho des bonheurs privés.

24

Renforcer la relation dedans/dehors

« Le corps humain, la conscience, la vie sociale
d'une nation ou d'une entreprise résistent
à l'entropie à proportion de leur capacité à être
des systèmes récursifs à la fois ouverts et clos »
(E. Morin).

Une organisation n'est pas suspendue entre le temps et l'espace. Elle entretient avec son environnement un flux de relations qui la fonde, lui donne son identité et lui garantit sa performance. « Ce n'est pas l'employeur qui paie les salaires, c'est le client » (H. Ford).

■ Le *dedans* définit la tendance d'une organisation à tirer le meilleur parti de ses ressources matérielles et immatérielles internes en vue d'une plus grande implication des acteurs et d'une appropriation plus grande de l'entreprise, de ses enjeux, de sa culture, de son projet. Ainsi, l'institution juridique et le personnel confondus *se* prennent en charge collectivement, jusqu'au point où le *sens partagé* devient *conscience de soi* ou *Nous*. Ce dedans-là est égocentré sur une sorte de Moi collectif, c'est pourquoi il est quelquefois appelé plus simplement *Ego*, s'opposant ainsi au dehors désigné sous le nom d'*Eco*, synonyme d'environnement (E. Morin)[1]. **Le dedans est faible** pour les employés intérimaires qui se considèrent comme en transit dans l'entreprise, mais **il est élevé** si tout le personnel se mobilise pour résister à une OPA inamicale lancée par un concurrent. Un atelier, un établissement, une société possède chacun son propre *Ego* qui tend à une forme de clôture culturelle et affective. L'échelle d'évaluation du dedans[111] se superpose partiellement à celle de l'appropriation du sens qu'on retrouve chez de nombreux auteurs.

Le dehors **est ouverture au monde des clients, des fournisseurs, des médias, de la finance, de l'administration…** Il représente la tendance d'une organisation à s'arracher d'elle-même à son inertie foncière, à s'intéresser et à réagir au *désordre* ambiant, à anticiper les évolutions extérieures, à tirer le meilleur profit des richesses économiques, sociales, professionnelles de l'environnement, bref à **communiquer dans les deux sens avec l'espace-temps global. Le dehors est faible** quand les missions à l'étranger sont réservées au seul directeur commercial qui a l'exclusivité des décisions pour le choix des nouveaux modèles, mais **il est élevé** quand un employé de banque fait part à son directeur de l'installation dans le quartier d'une nouvelle agence de voyages et propose une stratégie commerciale appropriée. L'échelle d'évaluation du dehors apprécie **le degré de réactivité** aux mouvements et changements perçus alentour.

Bien entendu, chaque unité professionnelle de base possède un **dehors de proximité** constitué des autres services, ateliers ou usines avec lesquels elle doit coopérer et qui, de proche en proche, donnent accès au véritable dehors — le marché — **global et hypercomplexe**. On sent ici le besoin de développer des **réseaux internes en prise sur l'extérieur** et d'accroître la capacité individuelle des experts susceptibles de *réintégrer dedans* les informations puisées *dehors*. L'emploi de la transaction, comme mode de management, permet de mieux gérer ces va-et-vient et les luttes d'influence qui en découlent. D'où la nécessité pour tout responsable d'institution d'inscrire son action dans un champ d'éner-

---

1. Il faudrait citer toute l'œuvre d'Edgar Morin : voir notamment *La Méthode* : t. 1 Seuil, 1977, *La Nature de la nature* ; t. 2 Seuil, 1980, *La Vie de la vie* ; t. 3 Seuil, 1986, *La Connaissance de la connaissance* ; t. 4 ; *Les Idées*, Éditions du Seuil, 1991.

gie qui optimise la relation entre le dedans et le dehors, l'un et l'autre considérés **moins comme des états que comme des forces en tension.**

▓ Trop de clôture s'oppose au changement, trop peu disloque l'organisation. Mais trop peu de clôture et d'ouverture confine l'organisation dans une logique d'inertie.

▓ Plus est grande la *surface d'échange* entre le dedans et le dehors, mieux l'organisation est capable de mobiliser son dedans par le dehors afin de mieux maîtriser le dehors par le dedans, *par conséquent plus son autonomie est élevée.*

▓ Par un jeu de réduction fractale, cette autonomie se traduit pour chaque acteur, à son niveau, par une réaction plus grande en temps réel aux événements extérieurs, et ce, en harmonie avec le projet commun.

Plus le dehors croît, plus la réactivité à l'environnement se manifeste au niveau hiérarchique le plus bas, d'où : décentralisation des décisions, liberté d'initiatives et de création. Les économistes ne sont pas les derniers à avoir pressenti le phénomène. Dans la théorie de Pareto, plus un organisme s'ouvre sur son environnement, plus ses membres tendent globalement à s'enrichir, peut-être au détriment d'une minorité de laissés-pour-compte.

D'une façon générale :

▓ C'est le *dedans* qu'il faut renforcer pour accroître l'esprit de corps autour d'un projet et développer des valeurs comme le dévouement, la confiance mutuelle ou l'amour désintéressé pour le métier.

▓ C'est sur le *dehors* qu'il faut ouvrir l'entreprise pour accroître sa compétitivité industrielle et commerciale, susciter des occasions de changement et développer des valeurs comme le goût du risque et de l'innovation.

**EGO - Clôture sur le dedans
Identité - unité A=A**

d-Méta-sens enrichi
et promu :
réappropriation des
choses et exportation
du sens (projet)

d

c-Sens affectif partagé :
attachement
social aux choses

c

b-Sens rationnel importé
sens connu : contrôle
logique des choses

b

a-Proto-sens
sens perçu ou subi :
acceptation physique
ou passive des choses

a

**ECO - Ouverture
sur le dehors
Variété - multiple - A ≠ B**

1   2   3   4

1-Réactivité de proche en proche
suit le mouvement ou lui résiste :
le dehors détaché de l'individu

2-Réactivité programmée
accompagne le mouvement :
le dehors géré par des programmes

**3-Réactivité locale
spontanée**
conduit le mouvement et
engage le changement :
le dehors maîtrisé
au présent

4-Proactivité individuelle
précède le mouvement
et force le changement :
le dehors construit par
anticipation

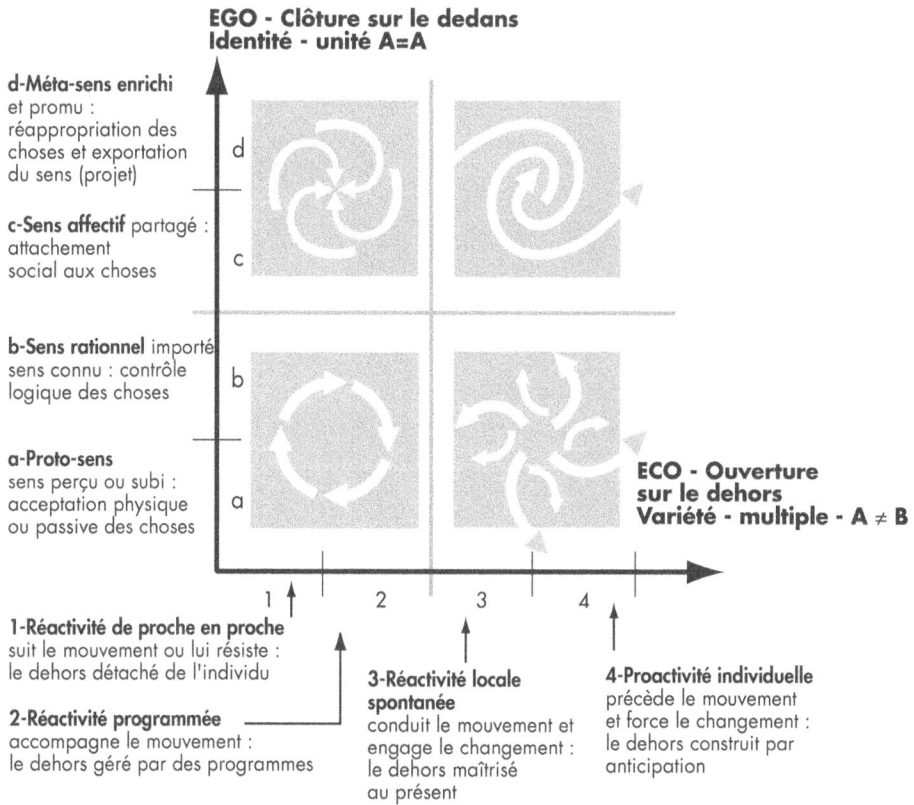

Le tableau dedans/dehors révèle la plupart des concepts et des outils de la sociodynamique.

25

Rééquilibrer la relation centre/périphérie

« Seules les actions de caractère catalytique
devraient être conduites par le centre »
(E. Morin).

Les relations institution/ corps social et dedans/ dehors nous ont fourni les deux premières clés pour comprendre l'organisation. À son tour, l'approche centre/ périphérie pose le problème fondamental des **rapports entre l'identité immatérielle du tout** (groupe, entreprise...) **et la liberté des parties**, c'est-à-dire des sous-ensembles locaux, hiérarchiques, fonctionnels ou transversaux adhérant totalement ou partiellement à l'identité du tout. Les salariés de base !

Les unités locales, bien entendu, n'ont de raison d'être que par rapport au *centre*, dit-on communément, support du droit, tuteur des fondements, décideur final, considéré ici dans sa **dimension immatérielle** : son identité juridique, sa culture professionnelle et son projet. Si **l'Unité d'action voulue par la direction vient à manquer, l'organisation** en effet **se disloque**. Mais, d'un autre côté, **le centre est peu de**

chose sans la périphérie. Pourtant l'impérialisme du centre est long-temps apparu comme une recette universelle d'efficacité.

Il faut distinguer quatre catégories d'événements-forces posés par les unités périphériques :

- **Dans un système géométrique**[85], ces événements peuvent résulter d'une pure transmission obtenue par le choc, la poussée, l'émanation d'autres forces situées à un niveau supérieur. La valeur énergétique ajoutée est pratiquement nulle, du moins en termes de réactivité, d'innovation, d'implication. Ce système dit de *basse tension* **concerne les activités à faibles enjeux ou tellement rodées** que la mainmise culturelle du centre peut se faire légère, au profit d'une forte pression exercée par les procédures matérielles.

- Elle est tout aussi légère dans le cas d'un **système turbulent où la périphérie est livrée à son libre jeu**. Cela suppose une sorte d'indif-férence du centre vis-à-vis des parties. Il y a risque de dérapage : les parties auront tendance à diverger quels que soient les contrôles et les arbitrages du centre. De plus, **le centre lointain s'enrichit peu des alliances contractées par les parties**. En revanche, à leur niveau, les acteurs individualistes sont en principe **autoactifs** ; ils apportent une forte valeur ajoutée grâce aux initiatives stratégiques et tactiques **réintroduites dans le système**.

- Dans le cas d'un **système homogène, le centre et la périphérie se confondent** à tel point que ni l'un ni l'autre ne sont capables de tirer profit de leurs différences professionnelles, sociales, culturelles.

- Il n'en va pas de même dans un **système complexe haute tension**, où justement, **centre et périphérie s'enrichissent mutuellement**, dans le cadre d'une appropriation distancée (malgré tout…) de leur autorité et spécialité respectives.

- Tout centre se prend pour le cercle. Tout centre se prend pour le centre de tous les cercles. Tout centre tend à renforcer indéfiniment son pouvoir et son influence au détriment de la périphérie. Tout centre tend à deve-nir opaque pour les hommes qui siègent à la périphérie. Corollaire :

toute périphérie tend à se marginaliser… et les hommes à devenir passifs
(-> B1*).

▓ Tout ce qu'un regroupement gagne au centre *en économie d'échelle* est
perdu à la périphérie *en implication des acteurs*.

▓ L'organisation haute tension, asymptotique, coûteuse en investissements managériaux et fragile, mais hautement performante, résulte
d'une forte implication de la périphérie dans les visées du centre, et en
retour, d'un fort enrichissement du centre par la périphérie.

▓ On centralise au moyen de la prudence d'un *plan*, on délègue et diver-
sifie grâce à l'audace d'un *projet*. Un conseil : décentraliser les moyens,
recentrer la culture.

On comprend **l'intérêt du centre** (et de tous ceux qui disent parler en
son nom) **à accroître sa mainmise sur la périphérie**, au risque
d'impérialisme. Celui-ci se traduit ou bien par une forte adhésion
morale dans le contexte d'une **fédération active**, ou bien par un renoncement à tout esprit critique dans le cadre d'un **despotisme éclairé**.

> Pratiquement, afin de renforcer la participation de la périphérie au sein de l'organi-
> sation, et en s'inspirant du principe de subsidiarité*, on peut :
>
> – lister par ordre décroissant les impératifs de structure, de flux, de culture et de
>   management que les responsables du centre revendiquent pour le bien du tout :
>   les grands choix financiers, juridiques et stratégiques, et la nomination des
>   *grands cadres* ;
> – lister par ordre décroissant, les tâches que les sous-ensembles périphériques
>   seraient capables et voudraient assumer dans de bonnes conditions : la produc-
>   tion, la qualité, les ressources humaines, le commercial, l'administration, etc.
> – arbitrer dans une perspective sociodynamique.

étape

26

Consolider les fondements, pierres d'angle de l'organisation

> « Les arbres aux racines profondes sont ceux qui montent haut »
> (F. Mistral).

Toute société ou organisation est fondée sur des **forces profondes**, invariantes à moyen terme, peu sensibles aux perturbations de surface, plus ou moins **actives** et plus ou moins bien **orientées stratégiquement**. Certaines entreprises jeunes, de type individualiste, gérées selon les méthodes du 2ᵉ mode, au service d'un bien commun volatil, très sensibles à la relation dedans/ dehors... possèdent des fondements légers, fragiles, qui peuvent être aisément remis en cause. Inversement, des organisations plus anciennes, tribales ou mécanistes prennent appui sur des fondements lourds, permanents, peu réactifs aux pressions externes.

Nous appellerons **fondements l'ensemble des dispositions fortes de la culture, qui inspirent le management, justifient la structure et maintiennent les flux**. On peut dire que les fondements de la France sont constitués par l'ensemble des tendances lourdes de la majorité des Français qui vivent en communion avec son Histoire, ses valeurs et le

115

fonctionnement démocratique du pays, qui aiment sa géographie, sa cuisine, la variété de son patrimoine culturel et industriel, et qui rechignent, au fond, à changer de systèmes sociaux, éducatifs ou fiscaux. Tous les acteurs connaissent *par cœur* les fondamentaux et s'y réfèrent à chaque occasion ; le non-respect d'un fondamental s'apparente à une faute professionnelle. Au sein de l'organisation, les *fondements* s'opposent donc aux *mouvements*, ces derniers constituant bien entendu la partie du champ où l'action peut s'exercer le plus facilement.

Les fondements d'une organisation nous intéressent en ceci qu'ils représentent sa force d'inertie, pour le meilleur ou le pire. Y figurent l'ambition originelle de l'organisation, sa vocation professionnelle, son métier, sa capacité à maîtriser le présent et le futur, son imaginaire collectif, son subconscient culturel, le tout traduit en comportements positifs observables dans la vie quotidienne. Le métier de constructeur automobile pratiqué à Sochaux depuis quatre-vingts ans par la même famille Peugeot provinciale, protestante et rigoureuse, pèse fortement sur tous les choix financiers, technologiques, sociaux... Il faut avoir travaillé chez Michelin ou dans un magasin Auchan pour sentir agir en sous-œuvre cette macroforce incontournable, référence des références, qui jette l'exclusive sur toute attitude hors normes. D'une façon générale, c'est **le métier exercé d'une certaine façon** qui tient lieu de référence, c'est à la **vocation particulière** (historique, professionnelle, stratégique...) que revient la fonction d'assurer la permanence des fondements.

▪ La propension à l'excellence ou la décadence d'une organisation est inscrite dans ses fondements.

▪ Une action est d'autant plus fluide qu'elle épouse les tendances fondamentales de l'organisation, *à l'exception* des changements qu'on voudrait leur appliquer.

▪ Renoncer à ses fondements, c'est changer d'identité, mais s'opposer à leur évolution, c'est calcifier l'organisation à jamais.

▪ Garder la haute main sur l'essentiel et sous-traiter le secondaire.

Voici deux applications, parmi d'autres :

— **Dresser la liste des *fondamentaux***, c'est-à-dire de toutes les forces incontournables, par exemple : localisation du siège social, production haut de gamme, stratégie de distributeur, contrôle de gestion à l'estime, fort crédit aux concepteurs, valeur d'innovation, style de management personnalisé, etc.
Le suivi des fondamentaux par l'ensemble des acteurs est un facteur de cohérence et de cohésion. La modification de tel ou tel point fondamental est une épreuve collective à conduire avec prudence. S'y consacrent surtout les changements par refondation[315], cette dernière incluant la méthode dite par immersion.

— **Structurer l'organisation autour des fondements, sous-traiter le reste.** Le partenariat d'entreprise (organisé en réseaux d'alliances clients/ fournisseurs et facilité par la téléaction informatisée) permet à l'entreprise de concentrer son énergie sur sa vocation profonde, laquelle ne se délègue pas.

Consolider les fondements de l'entreprise sans nuire à ses capacités de changement.

27

Tendre vers une certaine
forme d'autonomie politique

« L'une des manières fécondes de conduire une action
collective consiste à susciter un système d'*unités autonomes
emboîtées*, sorte de fédération ou de confédération de PME »
(**H. Dubreuil**).

L'un des facteurs les plus importants des fondements d'une organisation
réside dans la nature et la valeur de son **autonomie**. On la définit
comme **la propriété** émergente et remarquable d'un champ d'énergie
qui lui permet de se constituer en un système capable de se déterminer,
plus ou moins librement par rapport à ses fondements et à l'espace-
temps externe, donc **à maîtriser la relation dedans/ dehors**.

Le *concept d'autonomie* paraît sortir tout droit d'un manuel présentant quelques lois
mystérieuses de la nature. On y consacre des colloques scientifiques, sous le nom
voisin d'**auto-organisation***. Il n'est pas nécessaire de posséder une grande
science physique pour constater que la conduite de l'action collective semble assu-
jettie à des forces qui nous rappellent, à bien des égards, les effets des interactions
gravitationnelles. On peut penser que *liaison physique, attraction, concentration,
rotation, constitution de forme, structuration, effets de taille...*, sont les produits de
la gravité, mais aussi des lois de la mécanique quantique. Il semble que la nature

opte souvent pour cette forme privilégiée dans les systèmes cosmiques et atomiques : la pseudo-sphère.

Dans la société des hommes, on retrouve cette même disposition nommée **individuation** par familles, cités, entreprises, associations, nations... Les grands empires se fractionnent et les trop petites unités se regroupent. **Il doit bien exister aussi des constantes sociales qui règlent l'économie de taille, de forme et de fonction des organisations.** Les méthodes de concentration/ déconcentration et de centralisation/ décentralisation n'en sont que des conséquences.

Or, l'individuation conduit à l'autonomie qui consiste à maintenir un équilibre stable entre les champs d'énergie internes et externes, ou si vous préférez, de maîtriser la relation dedans/ dehors. Est **autonome, justement, une organisation qui se gouverne selon ses propres lois,** lois qu'elle s'impose à elle-même en fonction des menaces et opportunités extérieures.

Contrairement à l'indépendance absolue – qui n'est pas de ce monde –, **l'autonomie est toujours relative** et fonction de la plus ou moins grande capacité de l'organisation à **être à la fois ouverte et fermée.** La performance de l'action sera, de ce fait, différente, renforcée ou diminuée. À observer les tableaux précédents, il apparaît :

1. que les organisations tribales et individualistes disposeront toujours d'une autonomie hémiplégique (du grec : *à moitié frappé*) ; les tentatives de *phalanstères*, inspirées de Fourrier, nous donnent un exemple raté de l'autonomie hémiplégique individualiste, où chacun en fin de compte n'en fait qu'à sa tête, et où par conséquent tout effort collectif est illusoire ;

2. que l'organisation mécaniste sera toujours en décalage organique par rapport aux valeurs du dedans et aux exigences du dehors ; elle pourra difficilement se prévaloir d'une quelconque autonomie, sans le concours des autres modes d'organisation ;

3. **que seule l'auto-organisation tend asymptotiquement au plus haut niveau d'autonomie.**

Bien entendu, les sous-ensembles de l'organisation – atelier, chantier, établissement – n'ont pas tous la même autonomie, comprenez qu'ils ne sont pas tous *calés* dans le même quart-champ des schémas. L'organisation prend souvent la forme d'un échafaudage d'autonomies diverses emboîtées les unes dans les autres comme des poupées gigognes, un peu à l'image du monde physique lui-même. Le fait pour chaque acteur ou sous-ensemble d'appartenir **à la fois** à une structure plus petite et à une structure plus vaste confère à l'univers et à toutes les organisations sociales **leur cohérence intrinsèque**, écrit A. Koestler dans un ouvrage au titre évocateur : *Janus*. « **L'autonomie emboîtée en continu**, poursuit-il, **semble être le seul moyen inventé par la nature pour optimiser la performance locale.** » Elle est la chance donnée à chacune des strates de l'entreprise d'accéder à la globalité dans une relative liberté. « La marche vers l'autodétermination est le critère de la croissance » (A. Toynbee). La décadence est une marche dans le sens opposé. Dans cette perspective, on mesure l'intérêt de la stratégie d'appartenance*.

On peut s'interroger sur les conséquences du double mouvement culturel qui apparaît dans le monde. Le premier tend à renforcer de vastes autonomies ethniques et politiques, le second à développer la fragmentation des sociétés en micro-autonomies locales, clubs ou bandes. À la limite, ces deux tendances poussent à la rivalité de deux hémiplégies opposées (!), sorte de chaos dont on ne sait quel type de *schizophrénie sociale* il peut engendrer. L'entreprise éclatée en multiples tâches assurées au domicile de ses membres ou organisée en réseaux n'échappe pas à la règle. L'usage de l'informatique crée un lien matériel irremplaçable mais probablement aux dépens de l'optimisation des relations sociodynamiques. L'autonomie purement culturelle ne peut qu'en souffrir, au profit d'un autre type d'hommes encore plus mercenaires et d'une organisation encore plus turbulente.

C'est par extension, bien entendu, qu'**une organisation** à buts lucratifs, porteuse d'un projet industriel ou commercial, **peut être comparée à une cité à caractère politique**. La sociodynamique des organisations voit dans le concept de *cité* un modèle utile pour qui veut entreprendre une action collective performante, c'est-à-dire à coûts modérés. La puissance de l'action en dépend. Dans ce contexte, **il importe que l'entreprise-cité soit aussi une « entreprise-citoyenne »**, soucieuse de « développement durable », autrement dit qu'elle remplisse vis-à-vis de la nation des services (écologiques, économiques, éducatifs, sociaux, fiscaux...) de même nature que ceux assurés par les citoyens.

▓ L'entreprise-cité n'est pas un vain concept, mais l'acte symbolique par lequel des hommes libres et une institution se reconnaissent solidaires d'un destin (économique...) autonome commun.

▓ Un chef est tout autant responsable de l'institution qu'animateur du corps social. Il importe qu'il se hisse de lui-même au niveau du *gouvernement d'une cité* et non d'une fraction, voire d'une faction. Dans le cadre de leur statut, cette règle s'applique également aux délégués du personnel et cadres syndicaux.

▓ Il faut raison garder et n'adopter une attitude *politique* que si elle sert légitimement, dans un temps prévisible, autant les hommes que l'institution. Elle n'a aucune justification dans un environnement hyper instable où, pour sa survie, l'institution se voit contrainte de licencier une partie de son personnel.

Oui, appliquée à la conduite d'une organisation commerciale, l'entreprise-cité (même citoyenne !) risque de *piéger* les salariés de bonne foi qui ne comprendront jamais que les rigueurs budgétaires et les dures lois du marché conduisent **l'institution à sacrifier quelquefois leur métier, leur emploi, leur rémunération, leur appartenance**... *L'abus de projet* consiste à vouloir imposer des valeurs politiques à des hommes ayant fait le libre choix de se considérer comme de simples prestataires de services.

Dans le droit fil de son appartenance à la cité, il est dans la vocation d'une entreprise de devenir *citoyenne*.

28

Être trois fois légitime

« Ainsi moi leur clé de voûte, je suis le nœud
qui les rassemble et qui les noue en forme de temple.
Et comment m'en voudraient-ils ? Des pierres s'estime-
raient-elles lésées d'avoir à soutenir leur clé de voûte ? »
(A. de Saint-Exupéry).

Bizarrement, au terme de cet itinéraire, il nous faut revenir au **chef qui** (à lui tout seul !) **assure souvent la fonction symbolique suprême de l'organisation.** Sa légitimité est donc l'un des facteurs déterminants de la sociodynamique de l'action ; sans elle, tout va à vau-l'eau. La légitimité d'un acteur, d'une institution ou d'une action dépend de trois facteurs, les deux premiers intervenant en situation, le troisième se manifestant plus tard dans toute son étendue.

■ Être légitime, c'est être reconnu comme ayant accédé à un *sommet politique* qui confère le privilège de parler et d'agir au nom de l'institution, du corps social et de la raison universelle. L'absence de légitimité sur l'un de ces points provoque un désengagement sociodynamique du corps social.

▨ Sans légitimité des élites, pas de sociodynamique spontanée des non-élites.

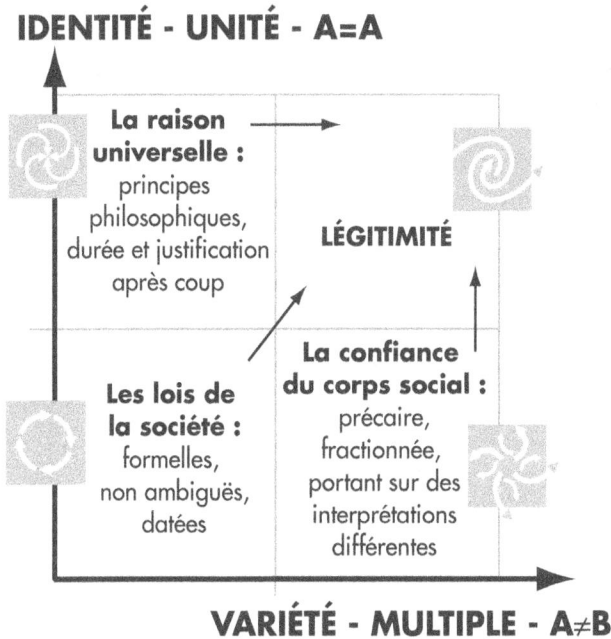

La légalité établit une conformité à la loi, ici et maintenant. C'est elle qui fonde l'institution et lui donne autorité pour conduire sa mission. C'est elle qui rend juridiquement responsable un PDG des accidents du travail et des infractions à la législation sur les sociétés. Par voie de délégation de pouvoir, c'est elle aussi qui définit les responsabilités de tous ceux qui assument un poste hiérarchique ou fonctionnel au sein de l'organisation de l'entreprise. Le droit public ou interne sanctionne une légitimité purement historique et géographique.

▨ Il en va de même de la confiance qui émane du corps social ou de la clientèle. Il s'agit du sentiment vague par lequel les membres de l'organisation *se fient* à l'autorité d'une institution ou plutôt à son chef. Ce crédit d'intention* plus affectif que vraiment rationnel n'est jamais unanime. Il peut reposer sur des interprétations différentes et cacher des arrière-pensées. Il est surtout sujet aux changements d'humeur des individus : les partis politiques en démocratie en savent quelque chose. Du jour au lendemain l'autorité du chef monte et descend sur les courbes des organismes de sondage. Mais attention à ce propos incendiaire de Nietzsche : « Moi l'État, je suis le peuple. » Le totalitarisme ou son contraire la démagogie sont les masques grotesques de la légitimité.

À l'inverse, **la raison universelle intervient maladroitement au moment de l'action ;** seul le temps pourra dire si Ravaillac avait quelque légitimité à assassiner Henri IV, si H. S. Truman était bien inspiré en ordonnant l'usage de la bombe atomique contre le Japon, si l'Occident a raison de ne prendre aucune mesure sérieuse pour diminuer l'effet de serre. Ce troisième facteur s'inscrit dans le long terme, **en appelle aux grands principes moraux de l'humanité et tente de justifier après-coup... ce qui a réussi !** Ainsi, les tenants de la légitimité de la dynastie capétienne tirent leur meilleur argument du fait qu'elle assura le pouvoir pendant dix siècles. Par respect pour la raison universelle, nos élites contemporaines se disent défenseurs ou promoteurs de l'Homme, et de ses valeurs incontournables comme la République, la Liberté, l'Emploi... Ils accaparent ainsi toutes les capacités de l'homme politique.

La légitimité ne constitue pas un principe superflu. Bien que difficilement identifiable avec rigueur, elle **donne à l'action une perspective juridique, sociale, morale, historique,** d'une telle ampleur que tous les *grands chefs* s'emploient à l'établir à leur profit.

> Ch. de Gaulle a connu toutes les formes de légitimité : en 1940, la confiance d'une partie des Français sans la légalité ; en 1944, la confiance et la légalité ; en 1946, il renonce à la seconde, mais conserve la première ; en 1958, il se retrouve investi de l'une et de l'autre. Croyant avoir perdu la confiance en 1969, il renonce définitivement à la légalité... et acquiert la légitimité historique que confère la raison universelle.

> Les partis politiques dans la nation et les syndicats dans l'entreprise, n'ayant pas de responsabilité institutionnelle directe, fondent leur action sur le droit et la

confiance de leurs stricts adhérents : une légitimité assumée partiellement dont on saura plus tard si elle est *trois fois légitime*. À cet égard, on peut s'interroger sur la légitimité de certains salariés de l'Éducation nationale ou de la SNCF qui s'arrogent le droit de parler *au nom* du service public. N'est-ce pas plutôt la tâche *légale* du Parlement ? De plus, les usagers ne sont-ils pas mieux placés pour apporter ou non leur *confiance* ? On aura remarqué également que la confiance des salariés des entreprises vis-à-vis de leurs patrons a baissé ces dernières années : souvent, leur honnêteté personnelle est niée, leur compétence stratégique ridiculisée, leur professionnalisme managérial méprisé, leur attachement au corps social jugé purement factice. Ils sont censés ne jamais obtenir de justification historique.

Or, sans légitimité des élites, que peut-on espérer de la sociodynamique de la France ?

4

itinéraire

29

Faire de la chaîne des actes une action positive

« L'acte est toujours vierge, même répété »
(R. Char).
« Ce sont des paroles courageuses,
mais l'action aurait parlé plus fort »
(W. Churchill).

Issue de la composition des tensions personnelles, sociales et fonctionnelles à l'œuvre dans l'organisation, **l'action collective est une sorte de tension globale volontariste destinée à en améliorer les performances.** Elle se manifeste par un jalonnement *d'actes-événements* connectés entre eux, reliés au projet. Le jeu des acteurs (2e itinéraire) s'exerce au sein d'une organisation (3e itinéraire) sous la forme d'actes et d'actions. Observons maintenant la logique de leur mise en œuvre.

Vous avez l'intention d'embaucher un nouveau directeur financier ou de diversifier votre production. Des impératifs doivent être pris en compte et des obstacles surmontés. Le champ des incontournables et des aléatoires, des possibles et des souhaitables, se présente sous la forme d'un terrain en friche. Tout y est relatif et multiple, *en puissance* d'acte. La décision est l'**acte** par lequel le multiple devient Unité et pose un ordre nouveau au beau milieu du désordre ancien. Dans l'embrouillamini des événements qui marquent la vie, la volonté de l'acteur intervient par réduction ou création d'un *goulet* **si étroit qu'il ne laisse passer qu'un seul acte ou événement.** Mais une fois posé, l'acte se disperse à nouveau, se corrompt, s'affadit dans les multiples résistances d'interprétation et d'exécution. Malgré tout, **la chaîne des actes-événements constitue l'action.** L'ensemble de l'opération se résume en un passage du multiple à l'Unité puis de l'Unité au multiple... et ainsi de suite.

Le mot *acte* dérive du verbe *agere* qui signifie pousser en avant, agir, faire. Le monde étant essentiellement **une énergie physique et spirituelle,** il est dans sa nature d'être *en puissance d'actes.* Lui sont opposées, les idées de retenue et d'inertie. L'acte est concret, dynamique, mesurable comme une demande en mariage ou une déclaration de guerre. À la différence de l'action, **l'acte est considéré objectivement.** Un acte médical, de vente ou de justice, les Actes des Apôtres ou d'un congrès sont **des événements ou des faits,** saisis de l'extérieur par un observateur qui s'efforce de les prendre pour tels.

Il en découle ceci : **seuls les entreprenants existent**, car seuls ils font exister des événements qui seraient demeurés à l'état de possibles. De plus, le fait de poser un acte, donc de prendre une décision suivie d'effets, est à la fois une opération pointue, s'exerçant concrètement dans un contexte précis, et une participation objective à une action plus générale. Voilà pourquoi **tout chef responsable se doit de situer ses actes dans une perspective globale** et par conséquent d'être un peu philosophe. L'acte est souverain. « Accomplis chaque acte de ta vie comme s'il devait être le dernier » (Épictète). C'est par lui, efficace ou raté, grand ou dérisoire, tenant souvent « à un cheveu » (Napoléon) que **se construit l'action**.

Prise dans un sens plus étendu que l'acte, l'action désigne l'ensemble des opérations :

- de pensée : culture*, éthique*, connaissance*,
- de vouloir : volonté*, politique, style*, stratégie*,
- et d'exécution : tactique*,

qui créent une chaîne (voire un réseau) d'actes-événements concourant à la réalisation d'une œuvre. Conséquence : **toute action commencée doit être conduite à terme** ; seul un événement contraire de force majeure peut remettre en cause une décision raisonnable.

La sociodynamique de l'action résulte d'une chaîne d'actes bien calibrés, portés par un projet enthousiaste.

30

Miser sur la force immatérielle de l'action

> « La connaissance et l'action résultent d'un va-et-vient entre, d'une part, la *matérialité* des faits et, d'autre part, *l'abstraction* de la pensée »
> **(A. Comte).**

Antique et solennel problème que celui de la distinction entre **la matière**, c'est-à-dire la substance dont sont faits les objets perçus par nos cinq sens, et **l'esprit** qui nous en donne une représentation mentale et un sens ! Même la *forme* des objets perçus n'appartient pas à la matière : au sens strict, la forme est l'opération immatérielle (disent les scolastiques) par laquelle la matière brute ou indéterminée s'individualise ou se détermine dans un objet particulier. Les forces matérielles sont *assujetties* à une fonction : seules les forces immatérielles sont susceptibles *d'action volontaire*. On n'a jamais vu un haut-fourneau ou une procédure de gestion prendre spontanément une initiative.

Tel est aussi le cas plus général de l'action définie ici comme **l'unité des opérations immatérielles** (affectives, rationnelles...) **qui** *prennent forme* dans le champ d'énergie de l'organisation, lui-même composé

de multiples forces immatérielles et matérielles. Voyons, respective-
ment, leurs caractéristiques et modes d'action :

■ **Caractéristiques des forces matérielles et immatérielles :**

a) **Les forces matérielles sont immédiatement sensibles.** À l'échelle
macroscopique où nous les considérons, **elles sont inertes ou passives,** c'est-à-dire incapables par elles-mêmes d'accroître leur intensité
ou de prendre une autre direction que celle qui leur a été indiquée par
un acteur. Touchées de plein fouet par le deuxième principe de la thermodynamique, leur énergie ne peut que se dégrader, et, par frotte-
ments divers, perdre en intensité. Que ce soit une structure de
production ou un circuit informatique, un statut du personnel ou une
procédure de sécurité, toutes les forces matérielles sont corruptibles
dans le temps. Ne possédant aucune capacité d'autoréaction aux changements externes ni aucune disposition d'adaptation aux perturbations internes, elles sont toujours en retard et en retrait par rapport à
l'action dynamique du management et même à l'état plus statique de
la culture.

Malgré tout, les évolutions erratiques du marché peuvent donner
l'illusion un instant que telle implantation industrielle ou tel partenariat commercial a anticipé heureusement le cours des choses. **Pour
le meilleur ou pour le pire, les forces matérielles dépendent
totalement ou de la volonté des hommes ou des hasards de la
vie.** Dans le langage sociodynamique, elles sont toutes structure ou
flux.

b) Ce n'est pas le cas des **forces immatérielles dont le prototype est
le projet** vers lequel est orientée toute l'action. Ce projet appartient
au monde de la pensée. Qui a déjà vu – ce qui s'appelle vu – le projet
de César quand il lui vient à l'idée de construire un pont ? Ce que
nous voyons, ce sont des légionnaires musclés, des échafaudages et des
madriers... Et pourtant personne ne doute que c'est bien la *volonté* de
César qui est à l'origine du pont. « L'essentiel est invisible pour les
yeux » (Saint-Exupéry). Voilà pour le **management, macroforce
autoactive qui pilote toute action.** La **culture** est également une

macroforce **immatérielle permanente**, moins décisive, mais qui influence pourtant discrètement tous les actes du management.

▨ **Modes d'action des forces matérielles et immatérielles :**

Les analogies physiques peuvent nous aider à mieux saisir leurs façons d'obtenir un effet. Depuis de Broglie, on sait que l'énergie est à la fois matérielle et immatérielle ou, si l'on veut, particule et onde.

– **D'abord la particule.** Sorte d'onde refroidie et hyper concentrée, **la particule peut être comparée à un grain d'énergie matérialisée.** Les photons, électrons, nucléons et les deux centaines de particules éphémères qui peuplent le vide quantique forment notre monde *en relief* qui prolonge et actualise le monde *en creux* des ondes. Dans le monde en relief, la propagation de l'énergie s'effectue de **proche en proche,** par **chocs, percussions, poussées, attractions et répulsions,** selon les principes de la mécanique classique.

– **Ensuite l'onde.** Observez la formation des ondes qui se propagent à la surface de l'eau dans une cuvette que vous touchez du doigt en son centre. L'eau paraît se déplacer par cercles concentriques vers les bords. Il n'en est rien. Un bouchon placé sur le plan d'eau sera perturbé dans son équilibre, mais sa position dans la cuvette ne sera pas modifiée. L'eau ne s'accumule pas non plus sur les bords de la cuvette. Comprenez qu'il n'y a pas transport de matière liquide. Ce qui est transmis ainsi de proche en proche, c'est de l'énergie. Or, cette énergie est proprement impalpable, comme dans la physique quantique. Bien entendu, si personne n'a jamais vu la volonté-onde de César, tout le monde a pu constater cet *effet d'onde* sur les attitudes, les décisions, les pratiques de ses légionnaires. Le projet-onde, propagé par **émanation, contagion et exemplarité** a bien été un révélateur direct d'initiatives. De même, la culture se transmet pour l'essentiel au moyen d'une communication à peine matérialisée, tel un train d'ondes qui émanent par *paquets* (ou quanta) de chaque événement. **La communication, la formation, l'exemplarité, les attitudes synergiques et antagonistes, les modes de décision, la stratégie de projet..., entretiennent un courant de forces immatérielles.**

– Privilège de l'onde : **l'effet tunnel**, propriété d'une onde de se propager en milieu hostile (un isolant), là où une particule matérielle serait stoppée ! D'où une **économie de travail** : quand elle obtient un effet, la stratégie de changement par rhétorique est particulièrement bon marché. La prééminence de l'immatériel figure en bonne place dans *Le Monde de Sophie* : « L'esprit peut traverser des portes d'acier. Aucun tank ni aucun bombardier ne peuvent détruire quelque chose qui est fait d'esprit » (Jostein Gaarder).

Les forces matérielles et immatérielles sont en inter-relations rétroactives[86] et récursives, mais seules les secondes sont susceptibles de piloter leur propre perfectionnement. À défaut de piloter, le *placebo* possède un effet curatif certain sur les fonctions biologiques du corps.

C'est le bon pilotage des forces immatérielles qui engage la sociodynamique de l'action.

31

Entreprendre, c'est exister

« Le commencement vaut la moitié du tout » **(Platon)**.
« Un hareng décidé entraîne le banc » **(K. Lorentz)**.
« Si tu poses un pied dans la pirogue, mets-y tout le corps »
(proverbe malgache).
« Les affaires sont un mélange de guerre et de sport »
(A. Maurois).

Entreprendre, c'est prendre *entre* : pour un seigneur du Moyen Âge, il s'agissait de **s'emparer** d'une ville, au milieu du pays de son adversaire. Le sens en est resté d'**une tension ayant pour objectif la conquête d'un espace, d'un pouvoir**, d'une audience, d'une idée, d'un marché... Entreprendre, c'est prendre l'initiative de se saisir d'une chose désirée, matérielle ou immatérielle ; *stratégiquement*, c'est engager consciemment, avec optimisme, une action dans le but de réaliser un projet ; *philosophiquement*, c'est s'accomplir, prendre sa part au mouvement de l'histoire, être un acteur du monde. Entreprendre, c'est « *ex-sistere* », autrement dit *se tenir hors de soi*, se projeter en avant : *exister* !

Au sens fort, les individus passifs ou indifférents, les non-acteurs et les B1, n'existent pas. Seuls existent vraiment **les entreprenants créateurs d'espace et de temps** qui imaginent un *drapé nouveau* pour le monde. Ainsi faut-il comprendre **l'éthique sous-jacente de la socio-dynamique qui cherche l'accomplissement de tous les acteurs**, lesquels sont placés dans les conditions leur permettant de devenir entreprenants ou entrepreneurs, chacun à son niveau.

On a du mal à comprendre le peu d'empressement manifesté par la classe politique pour développer *l'esprit d'entreprise*, expression personnelle du besoin d'exister et vecteur social, créateur de richesses et d'emplois.

À défaut d'être sûr de l'emporter, l'entrepreneur possède l'optimisme des gagneurs et l'enthousiasme des optimistes.

Entreprendre, c'est aussi prendre l'initiative d'un commencement, celle-ci pouvant être *sublimée* dans une idée, un projet, un grand dessein, ou, au contraire, émerger du foisonnement de multiples tentatives locales.

- Dans le premier cas qui relève de **l'animation** (3e mode), **c'est grâce au « coup de génie » d'un maître charismatique** qu'ont pu apparaître les œuvres de Moïse, Mahomet, Jules Verne, Pasteur, l'abbé Pierre, mais aussi, bien entendu, celles d'H. Ford, de J. Desforey ou de Bill Gates... Révérence parler, ces hommes-là sont à comparer... à Dieu lui-même qui prit l'initiative du big bang, commencement d'une entreprise qui dure toujours. Les fondements actuels de leurs œuvres demeurent fortement inspirés des valeurs initiales, comme s'ils avaient fondé une sorte de communauté culturelle hors temps.

- Dans le second cas, les **initiatives foisonnantes** (2e mode) **sont le fait d'hommes indépendants et imaginatifs qui, par un jeu d'essais et d'erreurs**, tentent des opérations limitées en décalage par rapport aux principes en vigueur. Experts, chercheurs, vendeurs, hommes de relation publique, ils affectionnent les initiatives de chantiers, les coups commerciaux et les missions désespérées. L'environnement d'une organisation individualiste leur est favorable.

137

Il n'en va pas de même avec les organisations mécanistes. Fondées ou entretenues par un 1er mode *top down* (->imposition*), **elles permettent des initiatives, mais discrétionnaires,** unilatérales et obscures qui laissent le corps social à l'écart, d'où le développement du phénomène B1*. L'initiative exclusive du chef et la routine sont des formes abâtardies de la sociodynamique.

perspective

Susciter des initiatives foisonnantes.

32

Maîtriser la volonté, ce tigre dans le moteur

« Ils peuvent parce qu'ils pensent qu'ils peuvent »
(Virgile).

La volonté ou détermination introduit un *tigre dans le moteur* **de l'action** ou du changement. Elle est cette énergie primordiale et néces-saire, investie par un acteur avant et pendant l'action et sans laquelle aucune entreprise ne serait possible. **Elle est endogène** (donc autogéné-rée par le décideur lui-même) **et finalisée**, c'est-à-dire arc-boutée sur le projet, faute de quoi la volonté ne serait que rêverie. Elle est trop person-nelle pour être facilement transmissible d'un décideur à l'autre, ce qui la rend unique en son genre, *sui generis*, moteur particulier et irrempla-çable de l'action[1].

La volonté est une force personnelle immatérielle, automotrice, d'origine affective, éclairée par la conscience, orientée par la culture, contrôlée par la raison, qui s'organise au sein de notre système neuronal pour assurer la réalisation d'un projet. La neurobiolo-gie moderne établit avec beaucoup d'arguments et de prudence que

---

1. Claude-M. PRÉVOST, *La Volonté*, « Que sais-je », PUF, 1994.

l'acte volontaire se structure dans le **troisième sous-système neuronal** de notre cerveau, dit *associatif* ou de *supervision*[1].

1. Le premier sous-système, le plus technique, se voit confier les **fonctions sensorielles qui assurent les régulations neurobiologiques**. Très ouvert sur le dehors, il est hyper-spécialisé en nombreux *sous-sous-systèmes*.

2. Le deuxième, assez détaché du premier, **assure une fonction d'activation**. Il est étroitement lié aux états de vigilance du moi et de motivation (->affectivité*). À l'inverse du sous-système précédent, il est fortement égocentré.

3. Enfin, le troisième sous-système neuronal s'étend sur les vastes régions frontales du cortex cérébral, nommées *associatives*. Peu spécialisé en effet, il assure **les fonctions d'intégration et d'unification** de toutes les informations (visuelles, olfactives, tactiles ou motrices) qui circulent dans le cerveau. Il permet la représentation d'un objectif, l'invention de stratégies appropriées, l'évaluation des résultats, la correction des erreurs. **Il se consacre à l'organisation du comportement et de son orientation vers un but.**

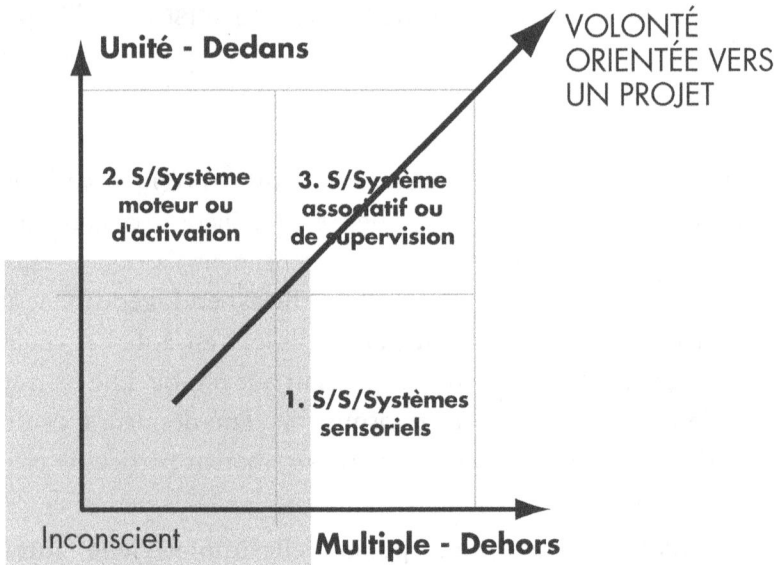

Bien que partiellement localisés et spécialisés dans des tâches différentes, ces sous-systèmes complémentaires se fondent les uns dans les autres

---

1. Jean DELACOUR, *Biologie de la conscience*, « Que sais-je », PUF, 1994.

en continu. Les informations qui les relient, quelles qu'elles soient, sont traitées en parallèle dans un grand nombre de régions du cerveau en même temps. De plus, ces sous-systèmes ont une partie consciente et inconsciente. Pourtant, **cette trinité forme un tout dynamique complexe** et partiellement holomorphe, que le paradigme Unité/multiple tente maladroitement d'illustrer (voir schéma ci-avant).

> Quand on sait que chaque sous-système fonctionne par *assemblées démocratiques* de millions (ou de milliards) de neurones qui se font et se défont au gré des événements, on demeure confondu par la capacité inouïe du cerveau de poser des actes... unitaires ! D'autant que le poids et le rôle de l'inconscient restent peu clairs. **Les attitudes et les valeurs refoulées** (Freud), **compensées** (Adler) ou **déplacées** (Jung) ne peuvent que perturber le libre jeu de la volonté.

Le travail de ces trois sous-systèmes est plus ou moins satisfaisant. La *pusillanimité* est un manque d'audace, une crainte du risque, un défaut de maîtrise de la volonté ; l'effort n'est pas poussé jusqu'à son terme. La *velléité* renchérit : c'est le vouloir lui-même qui est faible ou passager ; l'intention n'aboutit pas à une décision. Ces **déficiences de la volonté** témoignent du sentiment d'un *manque* :

■ **Pour les sous-sous-systèmes sensoriels, il s'agit d'un manque d'information concernant la situation à maîtriser** : se croyant insuffisamment informé, le décideur mesure mal les risques d'échecs et les chances de succès. Il sous-estime les moyens disponibles et majore les résistances possibles. La faisabilité le tyrannise. La logistique de l'action lui paraît au-dessus de ses forces. Le doute technique le paralyse. Les remèdes à ce type d'inhibition doivent être trouvés dans le suivi méthodique d'une démarche rationnelle comprenant : diagnostic sociodynamique, méthodes d'aide à la décision, technique et évaluations des scénarios, appréciation des enjeux et des pouvoirs, etc.

■ **Pour le sous-système d'activation, il s'agit d'un manque de tonus personnel**, dû à une fatigue momentanée ou à une lâcheté foncière ; le mal est ici plus grave puisqu'il témoigne d'un manque d'assurance *existentielle*, touchant à l'incapacité d'agir dans des situations jugées toujours trop complexes pour être maîtrisées. Face à une vague déferlante, l'Unité du moi (ou identité) étant insuffisamment armée pour résister, l'action part en quenouille. L'affectivité est bloquée, l'initiative amortie, la réaction sans ressort. L'issue est rapidement considérée comme découlant des lois fatalistes de la nécessité. Il n'y a guère de remède à cela, si ce n'est *oser* et se préparer à oser au moyen d'un affermissement du caractère obtenu **dans l'action elle-même, par une riposte instinctive** à la violence du monde.

▦ **Pour le sous-système associatif, le déficit porte sur un manque de créativité stratégique** qui résulte d'une incapacité à inventer un *drapé* opérationnel approprié à la conduite d'une action dans une situation complexe. **Myope** devant les changements qui affectent le monde, **maladroit** dans l'art de combiner tous les facteurs de l'action, **pauvre** en imagination pure, **sans vision globale**, le chef ne sent pas la nécessité de piloter un projet collectif et se rabat sur le suivi d'une batterie d'objectifs centrés sur le fonctionnement à court terme. Foin de la véritable performance et de la propension à l'excellence ! La solution est peut-être à trouver dans le travail d'équipe, la mise au point d'une table de tendances, la simulation des scénarios et l'apport non conformiste d'experts extérieurs affranchis des mécanismes de pensée internes à l'organisation.

D'une façon générale, l'ascèse des dirigeants est un exercice de renforcement de la volonté, d'une haute efficacité. Elle commence par la pratique du *silence intérieur* qui ouvre des espaces inouïs de potentialité. Les Jésuites en ont fait une démarche sûre.

Selon que la dialectique de ces trois sous-systèmes est plus ou moins bien assurée, le facteur « Volonté ou V » intervient, au sein de la formule de la puissance* comme un coefficient multiplicateur neutre, positif ou négatif dans l'évaluation d'un scénario. Symboliquement, **le facteur V** intervient *au carré*, une première fois pour insuffler son dynamisme à la puissance, une seconde fois pour piloter l'art de l'action : « Celui qui ne sait pas ajouter sa volonté à sa force n'a point de force » (Chamfort). C'est dire que, si le facteur V est déficient, l'action a peu de chance d'être performante.

▦ **Le niveau V = 1 suffit à administrer le fonctionnement quotidien de l'entreprise**, à gérer correctement des affaires ordinaires, mais sans apporter aucune valeur ajoutée ou retranchée. Le facteur V = 1 convient bien au changement par réglage. Il est adapté aux organisations mécanistes, hors les situations exceptionnelles.

▦ La conduite de toutes **les affaires extraordinaires** (par exemple, un changement par réforme ou rénovation) **et le pilotage des organisations holomorphes** exigent un facteur **V > 1**. Derrière ce V > 1, il faut déceler le **cran** du chef, sa **force d'âme**, son **opiniâtreté**, rehaussés d'un zeste d'**obstination**. Il faut prévoir que les résistances seront surmontées, les faiblesses stratégiques

© Éditions d'Organisation

dépassées, et que le manque de moyens sera partiellement résolu. Il faut tout à la fois imaginer le pire et penser que la volonté du chef ne faillira pas.

▨ À l'inverse, la cause de bien des échecs tient au fait d'un facteur **V < 1**. Les décideurs (ou le décideur) manquent d'information, de tonus et de créativité stratégique. **Timorés, craintifs, trop attachés aux habitudes**, on peut penser qu'ils ne surmonteront pas les obstacles. Ils différeront les bonnes décisions. Ils communiqueront sans ardeur. On prévoit que, non seulement ils ne porteront pas la réussite, mais qu'ils affadiront l'espérance. Ils s'intéresseront d'une façon tatillonne aux séquences de l'action, ou bien ils laisseront les choses aller leur train. Dans le premier cas, ils chercheront **à faire croire** qu'ils s'investissent dans le projet, dans le second, à faire comprendre qu'**ils n'y croient plus**.

▨ Un autre indice de la faiblesse du facteur V est à trouver dans la peur du chef de perdre son statut. Sans le dire ni se l'avouer, le décideur craint que les conséquences de l'action ou du changement ne perturbent, à son détriment, l'équilibre de pouvoir. Saura-t-il maîtriser une nouvelle redistribution des influences ? Pourra-t-il résister à un basculement de puissance qui le déposséderait tout à fait ? N'étant pas sûr de l'issue, il sabote le parcours. Il espère ainsi on ne sait quel événement capable de l'assurer ou de le rassurer. D'une façon générale, nous avons beaucoup à souffrir de ces pseudo-chefs, plus acrobates qu'artistes, qui prennent leur statut socioprofessionnel pour une garantie de compétence et leur agitation médiatique pour une manifestation de volonté.

Au contraire, **tout chef devrait tendre vers cet état absolu de volonté où l'esprit vainc seul la matière**, où l'énergie spirituelle maîtrise les forces matérielles, où la puissance se ramène à un simple *je veux*. Bien entendu, Dieu seul possède cette capacité : « Tu n'as qu'à vouloir pour exercer ta puissance », lui dit l'auteur du Livre de la Sagesse... Plus simplement, on s'enquerra de ce proverbe indien : « Pour celui qui veut, le mélia deviendra sucre... »

Veiller à ce que les chefs aient une détermination : V > 1.

33

Soigner la décision, initiatrice d'un acte événement

> « On ne prend guère une décision,
> c'est la décision qui vous prend »
> **(A. Siegfried).**

Acte impérial mais action potentielle, la décision introduit dans le champ d'énergie de l'organisation une force qui en modifie l'intensité et la morphologie. **La décision « juste » est plus une affaire de sensibilité que d'arithmétique** ; ce n'est pas une raison pour se priver des méthodes rationnelles qui évitent les fautes manifestes de jugement.

Un acteur balance entre faire une chose ou ne pas la faire, puis **se résout** ou **se détermine**. Dans le premier cas, l'acteur se fait une espèce de violence, dans le second, il agit de son plein gré. La décision considérée comme un acte volontaire relève en principe de ce second terme. Entreprendre, c'est *se décider* à aller de l'avant. La décision est l'acte de *couper*, mieux, de *détacher en coupant*[1]. L'acteur se fait décideur, dès lors qu'il tranche entre plusieurs voies. Chaque carrefour de l'action impose un

---

1. J.-L. LE MOIGNE, *Les Systèmes de décision dans les organisations*, PUF, 1974.

choix qui devient cet acte par lequel l'homme et l'histoire se font. Une suite de décisions peut être anticipée, lors de la préparation d'un scénario, mais seul compte le choix ultime effectué en situation.

Après avoir balancé entre plusieurs partis, on **se décide**, le plus souvent **par inclination ou par facilité, peu par raison**. « Il y a un grand nombre de décisions où le jugement n'intervient pas. On décide sans évidence, par lassitude, avec précipitation, pour terminer un examen qui ennuie ou pour faire cesser une incertitude qui tourmente ; on décide enfin par volonté, et non par intelligence » (J. Joubert). Or, cette volonté est une tension de nature affective ; elle s'est structurée par apprentissage, elle se nourrit de représentations imaginaires, elle fait un tri partisan parmi les éléments de diagnostic, elle tend à survaloriser les variables qui renforcent le projet personnel. C'est pourquoi les méthodes sophistiquées d'aide à la décision ne sont utiles que pour éviter les trop grandes erreurs d'appréciation ; elles sont loin de pouvoir permettre d'établir une procédure sûre (->rationalité*)[1]. « Quand je délibère, les jeux sont faits » (J.-P. Sartre). À cela s'ajoute une raison de commodité : la combinaison non programmable des événements à venir rend **la prévision incertaine et milite en faveur d'un choix égocentré pour la solution dans laquelle le décideur se sent** *le plus à l'aise.*

De toute façon, et quelles que soient les méthodes, la décision résulte d'un va-et-vient serré entre le but et les moyens, le sûr et les doutes, la raison et les réalités, le présent et les futurs possibles... Elle achève un débat sur les termes de l'enjeu qui compare la valeur des coûts et des gains mise en cause par l'action. De plus, **cet exercice doit nécessairement anticiper la réaction probable des autres acteurs** (-> scénario*). Selon que la décision de muter un collaborateur ou de modifier les horaires de travail est vécue de telle ou telle façon, la réponse sociale ne sera pas la même. Elle se manifestera par plus ou moins de coopération ou d'hostilité. Du point de vue des collaborateurs ou subordonnés, la décision peut être ressentie comme ayant été prise d'une manière unilatérale, négociée ou unanime. Dit autrement, la

---

1. A. ERALY, *La Structuration de l'entreprise – La rationalité en action*, Éditions de l'Université de Bruxelles, 1988.

décision est prise par un seul, par une majorité numérique (ou de pouvoir), ou par tous.

■ **Unilatérale** (1ᵉʳ mode), **la décision engage le seul décideur qui a reçu un mandat de l'institution pour la bonne exécution d'une mission**. Celui-ci investit non seulement son autorité légale, mais d'une certaine façon son *honneur* professionnel. Pour cette raison et par sécurité, l'affectivité à l'œuvre dans la décision passe sous **le contrôle de sa raison** et se soumet aux règles de l'art. Diplômé, expérimenté, sûr de soi ou simplement *content de soi*, le décideur limite sa consultation à quelques collaborateurs susceptibles de lui fournir les informations nécessaires au bon choix. Par voie de conséquence, l'acte unilatéral devenu solitaire est suivi dans l'exécution par une structure pyramidale de caractère administratif et conduit à une organisation de type mécaniste. Le style de management dominant est l'imposition.

■ **Négociée** (2ᵉ mode), **la décision résulte d'une sorte de marchandage entre les acteurs qui jouent mutuellement de leur pouvoir, de leurs alliances, de leurs attitudes pour faire pencher la balance du côté de leur projet**. Même si la décision est prise formellement par le responsable de plus haut niveau, la décision apparaît comme résultant d'un échange entre les acteurs. Du moins pour l'apparence, ce mode suppose une sorte d'égalité de partenaires réunis en groupes de travail *autour d'une table*, afin de débattre sur les bons choix. La démocratie fonctionne ainsi. Ce type de décision induit une forme d'organisation individualiste. Le mode de management dominant est la transaction. La méthode Delphi combine les caractéristiques des 2ᵉ et 3ᵉ modes.

■ **Unanime** (3ᵉ mode), **la décision est censée se prendre dans un élan consensuel ou une harmonie de volonté** qui peut masquer quelques arrière-pensées pour les uns et des manipulations ou de l'humour pour les autres : « J'ai entendu vos points de vue. Ils ne rencontrent pas les miens. La décision est prise à l'unanimité » (Ch. de Gaulle). Mais enfin, dans certaines circonstances, face à un danger ou à l'occasion du lancement d'un grand projet, la décision peut être naturellement collective et enthousiaste. On comprend aisément qu'il s'agit là du mode de décision privilégié des *communautés* à forte identité, où le **sentiment d'appartenance est élevé** et qui appelle une organisation de type tribal. Le mode de management dominant est l'animation.

CAS GÉNÉRAL

IDENTITÉ - Unité

CAS : MÉTHODE "DELPHI"

Recherche d'une position acceptable par tous

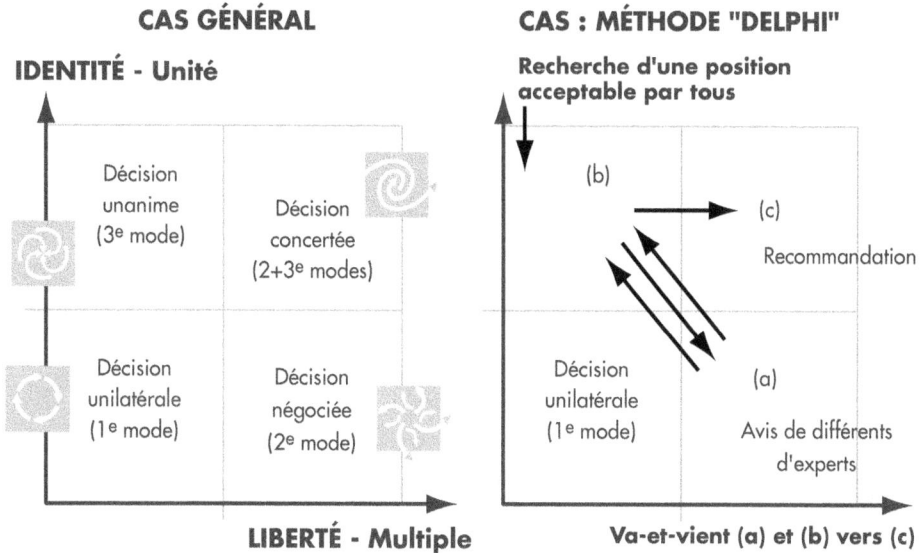

LIBERTÉ - Multiple

Va-et-vient (a) et (b) vers (c)

Cette typologie relève du principe de complétude (->rationalité*), lequel impose l'emploi d'un référentiel qui *épuise à son niveau* les divers aspects d'un problème, ici, les manières de décider. Traduisez : **il existe trois manières de décider et trois seulement, et, bien entendu, une infinité de combinaisons intermédiaires.** Chacun des modes de décision a ses avantages et ses inconvénients. C'est pourquoi ils sont souvent employés de façon concomitante, ou à la suite, dans le but de profiter de leurs atouts. La décision **concertée**, enfin, **résulte d'une combinaison des moyens des 2ᵉ et 3ᵉ modes** (le 1ᵉʳ mode se fait discret) ; le chef paraît s'effacer devant les débats qu'il contrôle de loin, et, même si *le dernier mot* lui revient, il n'en abuse pas (->vide contrôlé*).

34

Faire de la rationalité, un régulateur de l'action

« Le sommeil de la raison engendre des monstres » **(Goya)**.
« Science sans conscience n'est que ruine de l'âme »
(Rabelais).
« La raison peut nous avertir de ce qu'il faut éviter ;
l'intuition dit ce qu'il faut faire » **(J. Joubert)**.

Si les concepts étaient sûrs... disons à 80 %, on serait en droit de s'en remettre les yeux fermés à la rationalité, mais ce serait au détriment de l'imagination, de l'art, de l'amour... **La conduite de l'action ne s'intéresse à la rationalité que pour la cohérence qu'elle introduit dans la recherche des buts et des moyens et la prise de décision.** Ce n'est déjà pas si mal... La sociodynamique ajoute que la rationalité est un apport précieux pour accroître **la cohésion** des acteurs autour d'un projet et la synergie des valeurs au sein d'une culture. **Le discours rationnel est parfois si lumineusement évident qu'il entraîne une conviction affective incontournable.**

▓ Les vérités de raison se présentent sous la forme de principes qui prétendent à l'universalité, lieu suprême où A = A. Le **principe**

© Éditions d'Organisation

d'identité, par exemple, nous conduit à cette idée qu'il existe quelque part une ou des vérités de Raison qui sont nécessaires partout et toujours, et qui ne sont pas tributaires, par conséquent, des faits contingents (Leibniz).

- Du principe d'identité, découle **le principe de substance** qui fonde toute organisation. Tout ce qui nous entoure suppose l'existence de quelque chose qui possède une substance matérielle ou immatérielle (substance : *qui se tient dessous*). Disciple de la physique, la sociodynamique pose que la substance unique de l'entreprise est **énergie**. Tout ce qui change suppose une transformation survenant dans les accidents ou les attributs de la substance : un changement dans les habitudes de consommation doit être interprété comme une transformation intervenant dans le système de forces.

- C'est dans l'ordre logique que le principe d'identité s'est acquis le plus de notoriété, sous le nom de **principe de non-contradiction** : la même chose ne peut pas à la fois être et ne pas être. Vous ne pouvez pas agir contradictoirement, par exemple embaucher un directeur financier et ne pas l'embaucher, *vouloir* la guerre *et* la paix. Ne pas respecter ce principe, c'est impossible, ou stratégiquement loufoque, incohérent, vice gravissime de l'action.

- Le **principe du tiers exclu** renchérit : pour deux propositions contradictoires, si l'une est vraie, l'autre est fausse, il n'y a pas de troisième hypothèse. Si vous avez obtenu l'exclusivité de la vente d'un produit à un client, vous ne pouvez pas le servir, lui et son concurrent, sous peine de procès.

Mis en relief par Leibniz, **le principe de raison suffisante** fait florès : tout ce qui *est* a sa raison d'être ; tout a une raison déterminante pour être ce qu'il est, par suite, tout est susceptible d'être expliqué, donc est intelligible, rationnel.

- Plus techniquement, on retrouve là le vieux mais toujours dynamique **principe de causalité**. Celui-ci, à défaut de donner une raison à la chose, lui trouve une origine mécanique. Tout événement ou situation a une cause. Mieux : tout commencement a une cause, car sans cause, le commencement et le changement seraient sans raison. Pas d'entreprise sans projet, cause de toutes les actions subordonnées. Tout acte est surdéterminé par de multiples actes antérieurs. Chaque phénomène doit être rattaché à d'autres et ne peut être traité comme un commencement absolu. Lors de la constitution d'un scénario, anticipant les effets néfastes de votre intuition, c'est le principe de causalité qui écarte les enchaînements douteux d'événements, afin de les articuler d'une façon plus probable. Qui dit cause, dit activité et dynamisme ; l'idée de *nouveau* est impliquée dans celle de causalité. Cependant **la causalité mécaniste locale** a ses limites. On lui oppose aujourd'hui **la causalité complexe** qui opère au sein d'un monde où se combinent les jeux du hasard et les lois de la nécessité. Si l'action peut être conduite d'une façon autoritaire dans le premier cas, dans le second, il est souvent plus sage de recourir aux méthodes plus élaborées de l'auto-organisation.

– Le principe de causalité semble s'appliquer au sein d'entités (physiques, humaines, sociales...), lesquelles sont assujetties au **principe d'immanence**. Au-delà de sa définition générale et obscure (tout est intérieur à tout), ce principe est capital pour conduire des actions de communication, de formation et d'implication des acteurs dans une œuvre commune. L'esprit humain adulte ne connaît que ce qu'il a déjà virtuellement en lui. « Un au-delà de la pensée est impensable » (E. Leroy). La chose, ou la vérité, n'est agréée et assimilée que si le sujet manifeste un certain besoin à son égard, soit intellectuel ou logique, soit moral, c'est-à-dire s'il est préparé à la reconnaître. « On ne saurait rien aimer ou haïr qui ne soit déjà connu » (L. de Vinci). Conséquence : fondements et projet d'entreprise doivent être *immanents*, c'est-à-dire *endogènes* au corps social. C'est en se référant à ce principe qu'on explique pourquoi la culture est revêche aux évolutions brutales et pourquoi les changements par rhétorique sont souvent peu efficaces.

De cette expression, « tout ce qui agit, agit pour une fin », Aristote a tiré le fameux **principe de finalité**. « Être feu, c'est être ordonné à l'action de consumer, être oiseau, c'est être ordonné à l'action de voler » (J. Maritain). L'entreprise est ordonnée à l'action de satisfaire les impératifs d'une institution et les attentes d'un corps social.

– En découle **le principe de perfection** qui ordonne l'action vers un absolu de performance. Appliquées à l'univers, la finalité et la perfection ne sont pas encore démontrées ; il est patent du moins que ces principes animent tous les acteurs et notamment les chefs. Ne pas les sceller dans les fondements de l'entreprise, c'est se satisfaire de relatif.

– À son tour, **le principe d'économie de moyens** se déduit du précédent. En toute circonstance, la nature minimise l'action, comprenez qu'elle recherche l'action nécessaire la plus petite possible pour produire un effet. L'appréciation des enjeux globaux de l'action est tributaire de cette recherche opiniâtre des moyens minimaux à investir en échange de gains maximaux. Cette loi anti-gaspillage est respectée attentivement dans les actions qui relèvent des 1er et 2e modes, mais elle est **généreusement oubliée** dans les organisations tribales conduites selon les méthodes du 3e mode.

On voit que ces principes de raison ou ces hypothèses physiques sont multiples et variés. Chaque philosophe et scientifique est en droit d'en formaliser un ou plusieurs ; Archimède, Pascal, Carnot, Heisenberg, Popper... ne s'en sont pas privés. Tous ces principes sont provisoirement acceptables, à la condition qu'ils soient complémentaires, voire opposés ou contraires, jamais contradictoires. Ainsi, la sociodynamique applique deux principes complémentaires, contraires mais non contradictoires : **le principe d'incomplétude** qui nie pouvoir épuiser la connaissance de tous les plis de la nature et **le principe de complétude** qui s'efforce à l'inverse d'embrasser *toute la connaissance* d'un sujet sur chaque pli particulier, par exemple, dedans/dehors, bien commun/bonheur privé, institution/corps social, synergie/antagonisme, etc.

L'intérêt pratique de ces principes tient au fait qu'ils doivent peu aux éclats de l'imagination et beaucoup aux rigueurs de l'intelligence. Mais qu'on ne s'y trompe pas, **la démarche rationnelle n'est pas dynamique par elle-même : l'action intellectuelle est une action comme les autres, mue par l'affectivité de l'acteur, ici sa curiosité et sa soif de comprendre.** L'*eurêka !* d'Archimède ou les conséquences de la chute de la pomme observée par Newton témoignent du génie fulgurant de deux raisons titillées par un appétit de savoir, tension intime et moteur de l'action. Cependant une fois exprimées, certaines de ces vérités deviennent éblouissantes. Elles s'imposent comme des évidences universelles, à tel point qu'**elles mobilisent en retour l'affectivité des scientifiques** et par extension celles de tous les hommes de bon sens.

La raison rassure les acteurs et rend l'action plus crédible.

étape

35

Trancher un enjeu

« Ce que j'ai perdu sur le poisson salé,
je l'ai gagné sur le hareng saur »
(proverbe anglais).

Tout acteur a le souci d'évaluer ce qu'il met *en jeu* dans la relation. Une décision raisonnable suit en effet un parcours mental qui a pour but (entre autres choses) de comparer la valeur des facteurs principaux de l'action : opportunités/ menaces, moyens mobilisables/ résistances à l'action, avantages/ inconvénients, impact marginal/ lourd, projet à long terme/ objectif à court terme, issue certaine, probable, possible, imprévisible, etc. Ces facteurs peuvent être appréciés au moyen d'une matrice mettant en évidence des situations typiques, par exemple : alerte ! prudence ! espoir ! chance !

Leur valorisation porte notamment sur la distinction entre les **facteurs opérationnels** ou tactiques, donc négociables, et ceux qui relèvent **des fondements** politiques de l'organisation et pour lesquels aucune concession n'est en principe possible. Tout gain se paie par un coût de pouvoir, de temps, d'attitudes, de volonté, de position stratégique, d'amour-propre... l'art consistant, bien entendu, à payer le moins cher possible, autrement dit : **gains > coûts**.

Les amateurs d'action classique (où siège l'Unité) **sont des hommes de principe qui engagent des actions risquées sur le long terme.** Ces acteurs sont **maximalistes**, en ce sens qu'ils se risquent à supporter un coût élevé, dans l'espérance d'un gain lui-même élevé. Ces casse-cou sont plutôt repérables dans les organisations tribales où la passion pour le projet peut faire perdre aux acteurs un certain bon sens. Ces hommes volontiers aprioristes, peu sensibles aux critiques, sous-évaluent les coûts. Le 3e mode se prête peu à une rigoureuse évaluation des enjeux.

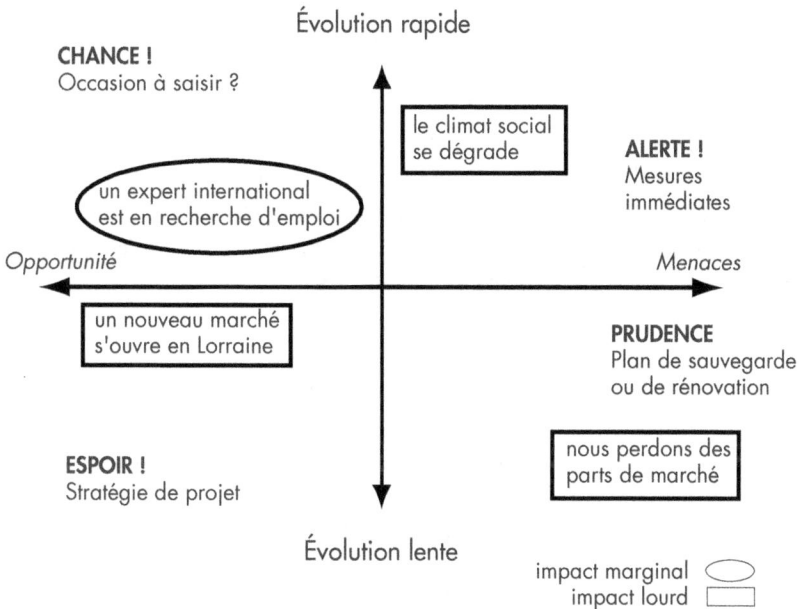

Les **minimalistes** adoptent la démarche inverse. **Par souci d'économie et crainte des risques, ils opèrent plus volontiers dans les eaux des organisations mécanistes conduites selon les méthodes de l'imposition** (1er mode) ; chefs ou B1, les minimalistes surestiment les coûts. Minimaliste qui craint, maximaliste qui ose. Dans cet exercice d'appréciation, le 3e mode est souvent victime d'un unanimisme naïf et le 1er mode souffre d'un manque de débats contradictoires, deux handicaps qui masquent ou déforment les problèmes, tels qu'ils se présentent avec leur poids respectif.

Il n'en va pas de même de la transaction (2e mode), plus empiriste, plus marketing, qui privilégie le diagnostic positiviste, qui valorise la décision négociée et s'ouvre volontiers sur le dehors. **C'est l'une des caractéristiques des organisations individualistes que d'apprécier systématiquement les enjeux**, afin d'en jouer avec habileté et d'en tirer rapidement le plus de bénéfices. Mais c'est aussi la fonction des actions baroques (ou domine le multiple) que de libérer des initiatives judicieusement calculées, où s'équilibrent dans un même mouvement la ligne droite et la ligne courbe, la force et la faiblesse, l'occasion saisie ou ratée, et ce, de deux façons :

— Ou bien en faisant des paris audacieux à court terme. Ces *coups* médiatiques, financiers, artistiques, militaires... relèvent bien de l'esprit baroque qui anime les **hommes de chance**, cette chance dont Machiavel avait fait la *fortune* des hommes politiques de son temps.

— Ou bien par le moyen d'une stratégie prudente qui consiste à fractionner les enjeux globaux en séquences plus faciles à évaluer et à gérer. À vouloir d'un saut franchir un fossé trop large, on tombe dans le trou : d'où une préférence pour les actions à échéances courtes, mieux proportionnées aux capacités du groupe. C'est le fait des **hommes de manœuvre**.

Les gains à long terme visés par un grand projet justifient la plupart des sacrifices supportés à court terme.

On ne peut jamais être sûr de l'enjeu, mais selon que vous êtes maximaliste ou minimaliste de tempérament et plus ou moins puissant*, selon que vous avez choisi tel ou tel scénario et que vous êtes plus ou moins habile tactiquement dans la négociation, **l'objectif optimal** peut être plus ou moins atteint, voire amélioré. Pour cela, deux grandes méthodes habituelles peuvent être combinées : **diminuer les coûts, accroître les gains**. Après les avoir évalués grossièrement – en petits et grands coûts et gains – il est bon de les positionner sur deux axes croissants d'appréciation orientés *tête-bêche, l'un au-dessus de l'autre*. Apparaîtront plus clairement – à chaque extrémité – les enjeux à caractère négatif et/ou positif.

L'appréciation des enjeux sociodynamiques mérite autant d'attention et d'intérêt que celle des enjeux économiques.

36

Maximiser la puissance, première condition de réussite

« Toute puissance est faible, à moins que d'être unie »
(La Fontaine).
« Je ne dois pas frapper un ennemi à terre.
D'accord. Mais alors, quand ? »
(Lucien Guitry).

Le choix d'un enjeu avantageux dépend d'un premier facteur : l'idée que l'on se fait de sa puissance. **La puissance d'une armée** avant le combat est **cette énergie *en attente d'action*** qui va s'investir dans la bataille. La puissance est potentielle. Pour Aristote, il manque à la puissance d'être *en acte...*, ce qui ne va pas tarder, si l'acteur en décide ainsi. Tirée de la formule plus générale de l'efficacité*, celle de la puissance s'exprime ainsi :

PUISSANCE DE L'ACTION =
Volonté (*donc attitudes* + *et* −) × Pouvoirs × Temps

1. **La volonté. Issue du besoin puis du désir et de la tension intime de l'acteur vers un projet,** cette énergie devenue intentionnelle s'est scindée en deux attitudes contraires ou complices, la synergie et

l'antagonisme. La carte des attitudes* est le support de base de la puissance. Cette volonté, mi-affective mi-rationnelle, constitue le véritable moteur de l'action. C'est la volonté qui va sélectionner et mettre en œuvre les pouvoirs réputés efficaces. Aucune action d'envergure n'est possible si la volonté est dérisoire (-> indice de volonté[142]).

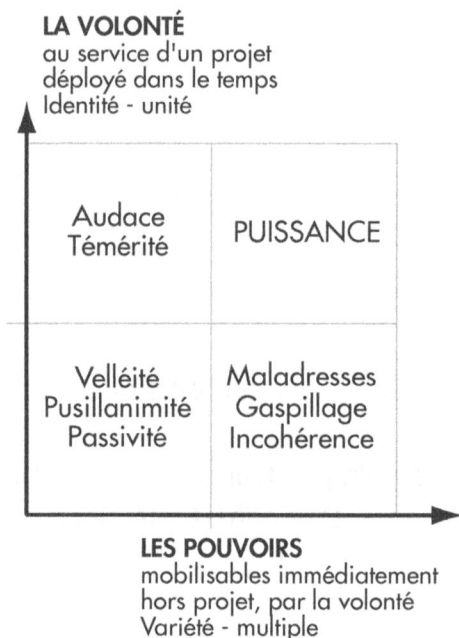

LA VOLONTÉ
au service d'un projet
déployé dans le temps
Identité - unité

Audace Témérité	PUISSANCE
Velléité Pusillanimité Passivité	Maladresses Gaspillage Incohérence

LES POUVOIRS
mobilisables immédiatement
hors projet, par la volonté
Variété - multiple

2. **Les pouvoirs*.** Mais la volonté à son tour ne pèse pas lourd sans une batterie de pouvoirs appropriés, **pouvoirs d'influence ou d'allocation de ressources, utilisés en soutien pour les alliés ou en entrave contre les adversaires.** Les pouvoirs mobilisables immédiatement par la volonté nous sont partiellement connus par **l'indice de pouvoir***, ou IP.

3. **Le temps*.** Ces pouvoirs sont immédiatement disponibles ou à venir. Ils peuvent croître ou diminuer en nombre et **changer en valeur.** Par conséquent, **le temps modifie le rapport de puissance des protagonistes.**

Ces trois facteurs contribuent à l'élaboration d'un profil d'attitudes. Chaque profil rassemble donc *tous* les facteurs de la puissance mutuelle (la synergie, l'antagonisme et le pouvoir, dont le temps) de deux acteurs individuels ou collectifs, A et B. Leur décryptage est l'affaire d'une bonne interprétation sociodynamique, assortie d'une *vision globale* du profil. La *taille graphique* des acteurs se rapproche de l'indice de pouvoir (IP). Les pouvoirs respectifs sont représentés d'une manière d'autant plus foncée qu'ils sont utilisés en entrave, et d'autant plus claire qu'ils sont employés en soutien. Avec un peu d'entraînement, la lecture des profils rapportés ci-après est riche d'enseignement :

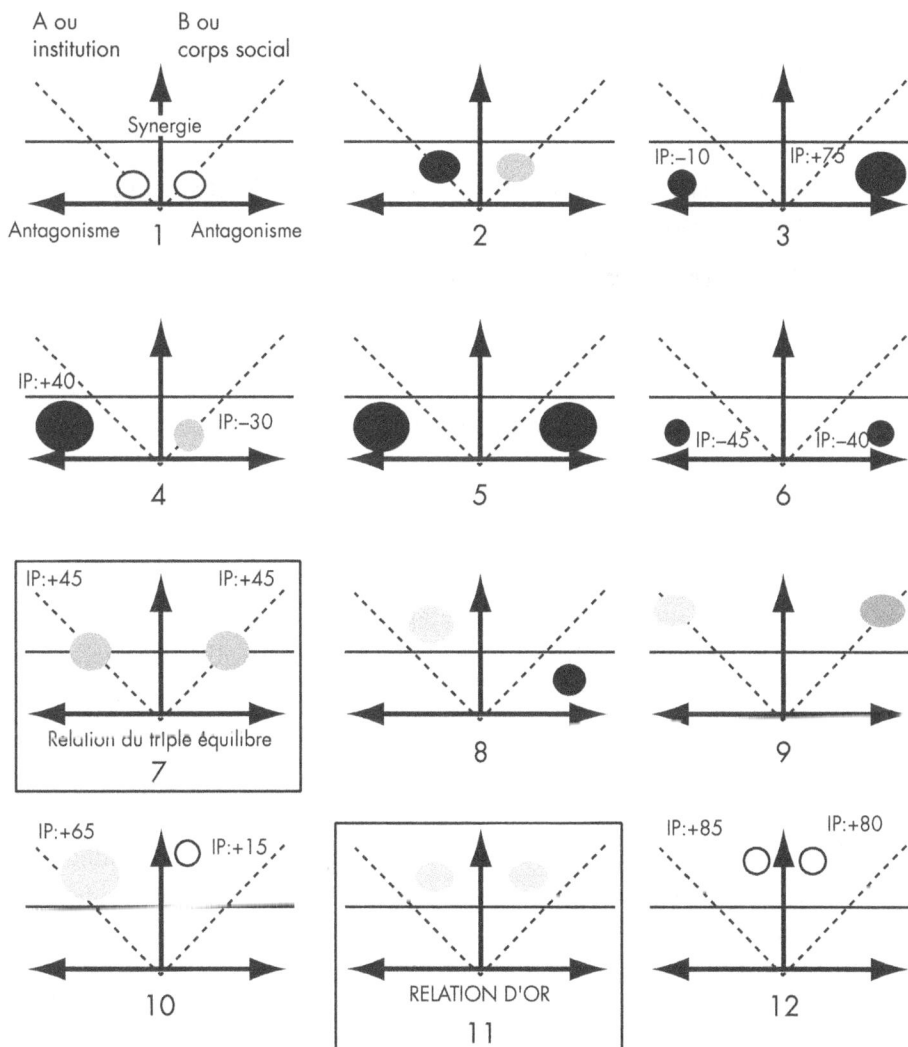

P1 — Indifférence réciproque, ce qui n'exclut pas un minimum de civilité (par ex. : rencontre fortuite dans une salle d'attente).

P2 — Relation administrative purement formelle ; peu de performance.

P3 — Profil paradoxal : dans le cadre d'un affrontement dur, l'institution dispose d'un IP momentanément très inférieur (par ex. : prise d'otages).

P4 — Institution despotique face à un corps social soumis.

P5 — Équilibre de la terreur ou guerre totale.

P6 — État de faiblesse ou d'épuisement de deux adversaires.

P7 — Relation acheteur/ vendeur où s'équilibrent exactement les trois facteurs de la puissance : la synergie, l'antagonisme et le pouvoir. Figure emblématique du 2°mode.

P8 — Relation schizophrène asymétrique : « Je t'aime, tu me détestes » (par ex. : rapports parents-adolescent). Nécessite un rééquilibrage.

P9 — Relation déchirée symétrique (par ex. : rapports difficiles qui tournent au divorce).

P10 — Relation paternaliste.

P11 — Relation d'or*, idéale en théorie, vers laquelle les acteurs devraient tendre s'ils étaient raisonnables.

P12 — Relation amoureuse, etc.

Tous ces profils répondent à leur manière à la loi universelle d'action et de réaction et sont commentés à l'étape rééquilibrage*. Ils sont à établir avant et après tout événement important (nouvelles méthodes de production, menaces sur l'indépendance de l'entreprise...) et toutes les modifications touchant à l'emploi, au travail, aux rétributions... Au cours de la vie d'une organisation, ces profils sont à réactualiser fréquemment. Ils interviennent comme des indices supplémentaires pour juger de la propension des acteurs concernés à s'engager dans une stratégie de changement ou à renoncer : « Un bon général doit non seulement connaître le moyen de vaincre, mais aussi savoir quand la victoire est impossible » (Polybe).

■ S'il est vrai que la puissance est souhaitable et la pusillanimité détestable, l'audace portée par un projet vaut mieux qu'un excès de prudence : avec le temps, elle a des chances de combler son déficit de pouvoir.

■ La puissance collective d'une organisation croît géométriquement à proportion du développement de celle de chacun de ses membres, *à la condition qu'ils partagent le même projet*.

■ L'effet positif de chacun des modes de management requiert la présence d'une forte *puissance embarquée*. Celle-ci s'affiche différemment selon les modes : avec *autorité* dans l'imposition (1er mode), *habileté* dans la transaction (2e mode) et *enthousiasme* dans l'animation (3e mode).

Mais la puissance n'est pas tout. **Pour être efficace, il lui manque les qualités de l'art* : le discernement, l'imagination, la prudence, le sens de l'harmonie, le goût de la composition...** De plus, pour être performant*, il lui faudra du... tact !

Visualiser la puissance relative de deux acteurs sous la forme d'un *profil de leur relation*, rend plus aisée la recherche de la solution appropriée.

37

Compter sur le temps pour transformer attitudes et pouvoirs

« Si tes projets portent à un an, plante du riz ; à vingt ans, plante un arbre ; à plus d'un siècle développe les hommes » **(proverbe chinois)**.
« Les idées qui bouleversent le monde marchent à pas de colombes » **(Hegel)**.

« Multiplié » par le pouvoir et la volonté, le temps apparaît comme le troisième facteur de la puissance.

Commençons par le temps des *débuts* : vous êtes peut-être celui par qui le temps de l'entreprise a eu un commencement historique et mythique à la fois. Depuis lors, **le temps de l'entreprise coule par intervalles successifs qui distinguent et relient tous les actes qui composent votre action**. La sensation de la durée serait nulle, autrement dit *il n'y aurait pas de temps* si nous ne percevions pas des écarts de durée entre les événements qui structurent l'action. L'entreprise joue ici un rôle fondamental, celui de susciter des événements porteurs de sens, donc des

© Éditions d'Organisation

intervalles de temps ressentis de telle ou telle façon par chacun des acteurs. Tout chef est une sorte de démiurge dans la mesure où le projet qu'il conduit engendre un chapelet d'événements qui fonde une durée, laquelle est *histoire*. Il n'est pas excessif de dire que tout acte originel et original appartient au temps des dieux.

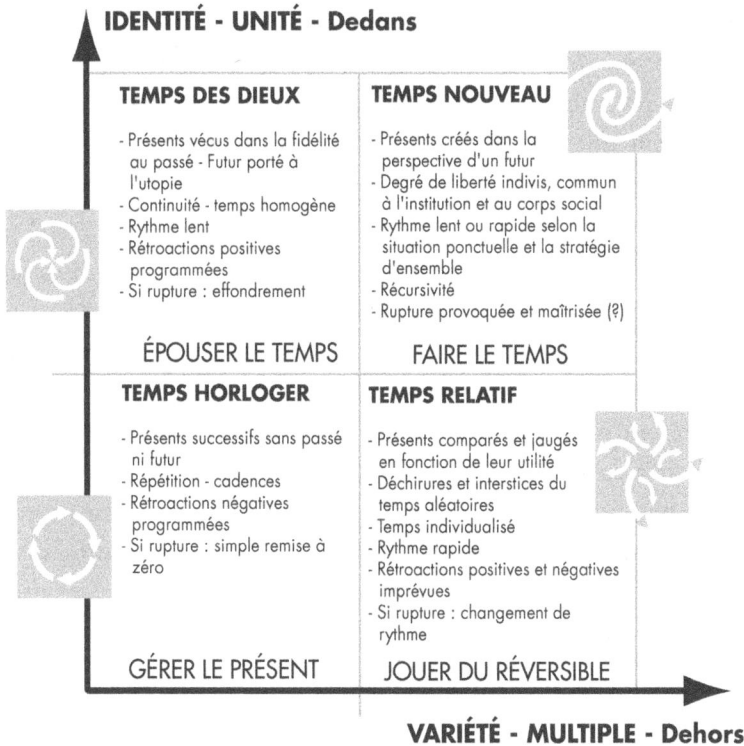

IDENTITÉ - UNITÉ - Dedans

TEMPS DES DIEUX	**TEMPS NOUVEAU**
- Présents vécus dans la fidélité au passé - Futur porté à l'utopie - Continuité - temps homogène - Rythme lent - Rétroactions positives programmées - Si rupture : effondrement	- Présents créés dans la perspective d'un futur - Degré de liberté indivis, commun à l'institution et au corps social - Rythme lent ou rapide selon la situation ponctuelle et la stratégie d'ensemble - Récursivité - Rupture provoquée et maîtrisée (?)
ÉPOUSER LE TEMPS	FAIRE LE TEMPS
TEMPS HORLOGER	**TEMPS RELATIF**
- Présents successifs sans passé ni futur - Répétition - cadences - Rétroactions négatives programmées - Si rupture : simple remise à zéro	- Présents comparés et jaugés en fonction de leur utilité - Déchirures et interstices du temps aléatoires - Temps individualisé - Rythme rapide - Rétroactions positives et négatives imprévues - Si rupture : changement de rythme
GÉRER LE PRÉSENT	JOUER DU RÉVERSIBLE

VARIÉTÉ - MULTIPLE - Dehors

Ce temps ressenti peut être successif, répétitif, sériel. C'est **le temps horloger**, les mêmes événements se répétant inlassablement dans une sorte de présent continuel. **C'est le temps du travail de série qui convient aux organisations mécanistes**, lesquelles s'accommodent assez bien d'un faible niveau d'implication des acteurs. Du reste, les B1 parce qu'ils ne sont pas entrepreneurs ne créent aucun temps par eux-mêmes, travaillent dans le temps des autres et sont, de ce fait, assujettis au projet des autres. Les rétroactions sont intégrées dans le système.

▨ Le **temps relatif** est une caractéristique des organisations individualistes où les acteurs sont portés à tout *peser*. **Chaque événement est l'occasion d'une évaluation et d'une comparaison avec des événements précédents ou l'idée qu'on se fait des événements à venir.** On dira : « Ça va de mal en pis » ou, au contraire, « Enfin un bon indice ». Cette grande sensibilité aux variations du temps prédispose les acteurs à être réactifs aux événements non programmés et à anticiper au coup par coup avec vivacité. L'innovation trouve là un terrain favorable. La gestion des conflits et des crises suppose également une forte capacité des acteurs à profiter des circonstances et des *déchirures* dans le temps, pour tricoter différemment les forces en présence.

▨ À l'inverse, **le temps des dieux** est homogène et lent. Il est étroitement **associé à un événement central** et fondateur (lancement d'un nouveau produit, entrée en fonction d'un nouveau patron…) qui joue le rôle d'un caillou jeté dans la mare : à mesure que l'onde s'étend, tous les autres événements en découlent. Bien qu'ils s'en défendent, les membres militants d'une *tribu* culturelle, politique ou professionnelle sont ainsi plus tournés sur leur propre histoire passée et idéalisée que sur le présent ou un futur réaliste. Le temps est comme suspendu, figé dans une culture fortement partagée par tous (->synergie*, ->engagé+4). Le projet prend la figure du destin. On comprend que ce temps-là convient bien aux organisations tribales.

▨ Mais l'événement fondateur peut ne pas être placé au centre, ni même se situer à l'origine : il peut au contraire se placer dans l'avenir. Les autres événements sont arc-boutés sur un point du futur, événement en *puissance*, qu'il s'agit d'actualiser. La marche vers cet événement final porte le nom de projet-défi. Il alimente par récursivité (->système*) tous les événements secondaires qui y conduisent. Le **temps nouveau est ici réellement « fondateur de présent » par anticipation du futur.** De ce fait, il renforce la cohérence culturelle, la cohésion sociale et la congruence des forces de structure et de flux. On ne s'étonnera pas de trouver le temps nouveau agissant au sein des auto-organisations, là où la complexité de l'action est la plus élevée.

Prendre appui sur le concept de temps nouveau, c'est **miser sur l'évolution et le progrès**. C'est anticiper les développements multiples nés de l'imbroglio des relations. C'est peut-être agir aujourd'hui à contretemps pour être demain dans le fil du temps. Dans un langage plus technique, c'est combiner les attitudes et les pouvoirs pour qu'ils produisent leurs effets en temps voulu. Pour toutes ces raisons, c'est dans le cadre du temps nouveau que les responsables se sentent le plus à l'aise pour gérer leur propre emploi du temps.

À la condition d'avoir une forte volonté ou conviction engagée dans un projet pertinent, tout acteur qui mise sur le temps renforce son pouvoir.

Puisqu'il nous faut agir dans le temps, mieux vaut le *faire* que le subir. D'où l'intérêt de pratiquer la méthode des scénarios* qui fait du temps un paramètre (ou un pouvoir) comme les autres.

Plus que l'espace, c'est le temps qui rend les situations si complexes et les scénarios d'action si difficiles à formaliser. Car le temps est la véritable inconnue : « Il a des secrets pour tout modifier que le génie lui-même ne trouve pas » (Talleyrand). Il déploie le jeu imprévisible des acteurs dans leurs relations imprévisibles. Il permet l'apparition de pouvoirs nouveaux en riposte précisément à des pouvoirs nouveaux.

Par conséquent, dans la formule de la puissance, c'est le temps qui donne sa véritable valeur et dira si la volonté tendue vers un projet est à la hauteur de l'enjeu. Pour la même raison, c'est le temps qui sanctionne les bonnes ou mauvaises tendances de l'organisation à se doter d'une morphologie avantageuse pour sa performance. *A fortiori*, **c'est le temps qui structure sa propension à l'excellence**. Dans cette perspective, on comprend le rôle capital tenu par la stratégie du jeu de go*. Pour la construction de *territoires* de structure, de flux ou de culture, **le management s'emploie à jalonner l'espace et le temps** au moyen d'innombrables événements modestes, bien connectés entre eux et reliés discrètement au projet.

Tous les styles de management ne sont pas également aptes à *faire* du temps nouveau. L'imposition (1er mode) ne s'y prête guère. Seule une combinaison de transaction (2e mode) et d'animation (3e mode) est susceptible de créer une dynamique de dépassement. La réversibilité du temps relatif et la récursivité du temps nouveau assurent ici la régénération permanente de l'organisation.

Si vous êtes porteur d'un projet, mieux vaut miser sur le temps que tenir l'espace.

38

Développer l'art de l'action, seconde condition de réussite

« En art, il n'y a pas de règles, il n'y a que des exemples »
(J. Gracq).

Synonyme ici de capacité d'articuler habilement une variété de forces, **l'art de l'action résulte du produit d'une *volonté* par un *style*.** Celui-ci utilise une composition des trois modes de management, assortie d'une batterie de savoir-faire spéculatifs (appelés stratégies) et pratiques (appelés tactiques). Le tout sous l'influence normative d'une culture ou éthique. Après sa première apparition dans la formule de la puissance, la volonté intervient ici une seconde fois dans la formule :

ART DE L'ACTION =

Volonté × Style (*modes de management + stratégies + tactiques*) **× Culture**

À proprement parler, l'art ne s'enseigne pas. Aucun calcul ou démarche n'a pu générer l'instant zéro d'aucune grande création. Le flash originel est *sui generis*. Il apparaît solitaire et unique. Les raisonnements du marketing et les rigueurs de la gestion interviendront plus tard. L'art se joue des *plis* de l'organisation comme un grand couturier qui confère à son étoffe, par fronces et pinces, la forme ou morphologie voulue. Le management (comme la politique, l'éducation, la guerre...) est *l'art du drapé*. C'est **l'art de plier le champ de la réalité en une draperie nouvelle plus en accord, ici et maintenant, avec son projet, les autres et le monde.**

Ainsi ont été **imaginés**, puis **décidés, managés** et **organisés en action**, le « Club Med », les systèmes *peer-to-peer* de téléchargement de musique *via* Internet, les Ticket- Restaurant, les ordinateurs de poche, l'outplacement, le travail enrichi, l'organisation matricielle, la visioconférence, etc. À l'instant de leur création, toutes ces inventions ont froissé et défroissé l'étoffe originelle pour, en fin de compte, la draper autrement. Le pli représente à la fois, *l'espace* à partir duquel s'exerce une action (politique, artistique, sociale...) particulière et *un point de vue* sur *le tout du drapé*. C'est pourquoi chaque pli peut devenir **une aire d'observation, de jugement et d'action cohérente** portant par exemple sur les méthodes de contrôle de gestion, le niveau d'autonomie, la façon dont le bien commun est traité, le style de management...

L'art, nous dit G. Deleuze, est une affaire de *variété de sensations*, traduite en *affects* qui inspirent des formes nouvelles. **L'acteur-inventeur *sent* de quels plis habituels il peut user et quels plis nouveaux il peut créer.** La variété des sensations montre combien sont multiples les hypothèses et originales les solutions. Cependant, on peut penser que l'art de l'action **s'inspire d'une démarche :**

- **pérégrinante**, d'abord, par les va-et-vient continuels qu'elle engage entre les multiples réalités locales ;
- **synoptique**, encore, par les regards simultanés qu'elle jette sur la variété des situations rencontrées et les vues, perspectives générales, qu'elle dégage ;
- **transversale**, également, par son parti pris de tout relier à tout, acteurs, structure et flux dans un réseau de communication sans frontière ;
- **syntaxique**, oui, par le penchant naturel de l'esprit humain à relever des rapports et des lois entre les multiples sous-champs dont l'organisation est composée ;
- **holographique**, sans doute, par ce double souci de saisir le réel, à la fois dans ses parties et dans le tout, de retrouver la forme du tout dans chaque partie, comme dans la géométrie fractale ou la structure des hologrammes ;

- **biodégradable**, nécessairement, humblement, car surexposée à la critique des faits et des jugements, donc corruptible sans honte comme toutes les démarches écologiques ;
- **utilito-pragmatique**, évidemment, par cette volonté de rendre les actions toujours plus pertinentes, c'est-à-dire bien en rapport avec le problème posé, et efficaces, c'est-à-dire atteignant la cible au plus près ;
- **performante***, toujours, c'est-à-dire soucieuse d'élégance dans l'usage des moyens ;
- **innovante, imaginative, créatrice**, enfin, par ce talent incommunicable des artistes à imaginer des formes d'action inédites qui marquent le mouvement du monde.

L'art de l'action est moins une affaire d'unisson de toutes les forces qu'une œuvre d'harmonie originale de toutes les potentialités. Dans ce jeu, la volonté assure la fonction motrice. Mais **c'est le style d'action qui lui confère sa pertinence, son originalité, son esthétique et pour tout dire son charme.**

39

Adopter le "bon" style, signature de l'action

L'art du management se manifeste selon **trois modes exclusifs, distincts et solidaires** : l'imposition*, la transaction* et l'animation*, chacun d'eux étant appliqué séparément quand la situation le requiert, leur mise en œuvre intégrée dans **un style** relevant de la forme accomplie de cet art.

Le style n'est pas un habit du dimanche, ni un *jean* à usage universel. Il **relève davantage de l'harmonie de la forme que de la rigueur du texte**.

1. **Le texte ou fond** porte sur la relation *apparemment objective* que le chef ou n'importe quel acteur entretient avec la situation, la décision à prendre et sa mise en application : c'est la *sténographie* de ce qu'il dit et fait.

2. **La forme** assure une fonction aussi importante. La façon de donner, dit-on, a plus de valeur que le don. Le comportement, le ton du discours, le sourire, l'écoute... révèlent (voire trahissent) un *tréfonds* plus authentique que le fond, lequel peut être fictif ou en trompe-l'œil. Pour un chef, **la *manière* de conduire un projet a un effet déterminant sur les autres acteurs qui jugent les signes de la forme plus authentiques que les ingrédients de l'action** propre-

ment dite. Le style n'est donc pas à rapporter directement au chef, mauvais juge de lui-même, mais au *ressenti* des subordonnés. Ceux-ci se font une idée toute personnelle de la façon dont ils sont gouvernés, et ce, à partir des multiples situations où le responsable est intervenu.

Les deux tableaux suivants reprennent les principales caractéristiques de chacun des modes constitutifs du style.

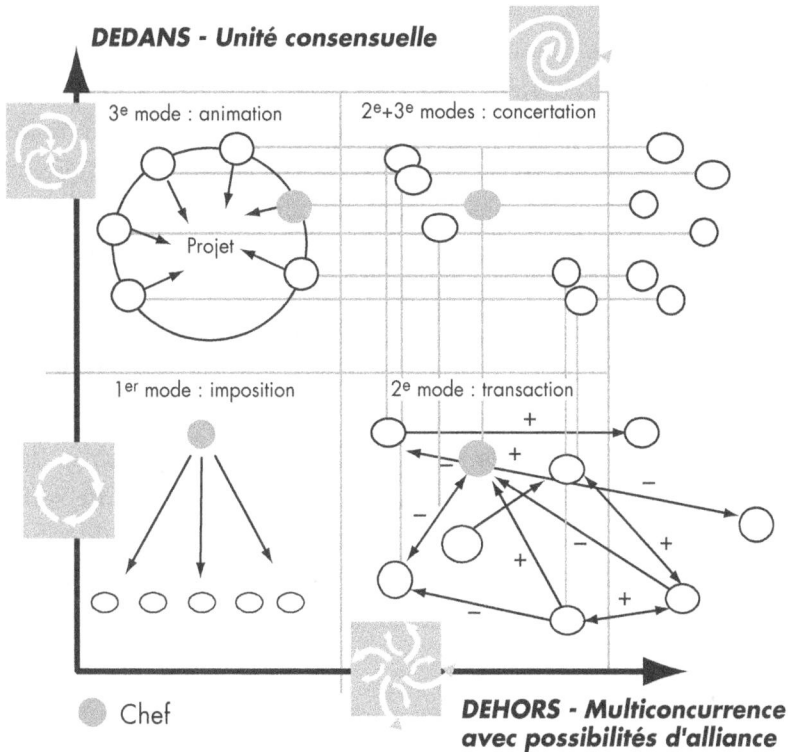

DEDANS - Unité consensuelle

3ᵉ mode : animation

Projet

2ᵉ+3ᵉ modes : concertation

1ᵉʳ mode : imposition

2ᵉ mode : transaction

● Chef

**DEHORS - Multiconcurrence
avec possibilités d'alliance**

▨ Tout acteur doit exercer avec talent un *style* de relation particulier, adapté à chaque situation et à chacun de ses partenaires. Tout responsable doit enrichir son style de management par de bonnes stratégies et tactiques. Il doit en user avec l'élégance des grands artistes.

▨ On reconnaît un acteur *mal dans sa peau* au fait qu'il joue maladroitement d'un style en décalage par rapport à la situation.

◼ *Un mode de management pouvant en cacher un autre*, la transaction (2e mode) sert souvent à masquer les traits autoritaires de l'imposition (1er mode) et les élans trop patriotiques de l'animation (3e mode).

Le style est d'abord une *manière d'être* propre à chacun de nous. « Le style, c'est l'oubli de tous les styles » (J. Renard). Mais **le style dit *naturel*** n'est pas toujours le mieux adapté à toutes les situations. Allez donc conduire un licenciement collectif en 3e mode ou provoquer un sursaut collectif et enthousiaste, si vous avez des penchants autoritaires (1er mode) ! Vous y parviendrez malgré tout, mais plus ou moins bien, dans la mesure, où vous êtes partiellement *flexible*, c'est-à-dire capable d'adapter provisoirement votre style à la situation. Vous n'êtes pas négociateur mais, pour le temps d'une transaction immobilière, vous contraindrez votre nature à optimiser l'enjeu. Donc, vous utilisez tous les modes, mais avec plus ou moins d'aisance et plus ou moins souvent. À terme, l'opinion de vos collaborateurs sur votre façon de conduire l'action collective, toutes situations confondues, définit votre style.

Afin de mieux maîtriser la variété des mixages possibles des **trois modes**, on peut user d'un gadget qui ramène le style à **une somme de trois pourcentages**. Mais ce pourcentage, au lieu de l'établir sur 100 le sera sur 9 dans le cadre d'un nombre de trois chiffres, le premier indiquant la part de 1er mode, et ainsi de suite.

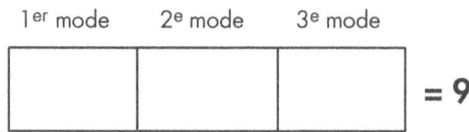

1er mode	2e mode	3e mode	
			= 9

Il est clair par exemple que le style 7.2.0. – autoritaire modéré – convient bien aux situations courtes et difficiles dans lesquelles ni la mobilisation des acteurs ni les débats démocratiques n'apporteraient un supplément de performance.

Chaque style a ses partisans et ses détracteurs : le sociologue italien du début du siècle, Pareto, se plaignait que les nations européennes fussent trop souvent dirigées par des *renards* – 1.7.1. – et non par des *lions* – 4.1.4. – dont W. Churchill et Ch. de Gaulle sont restés des figures exemplaires. Le paternalisme (3.0.6.) et le fascisme (6.0.3.) ont en commun de faire l'impasse sur le 2e mode.

L'IMPOSITION
(moi sans les autres)

Situation propice
- Défense des principes fondamentaux
- Gravité et urgence
- L'écart de pouvoir est favorable au chef (A)
- Antagonisme > synergie

Caractéristiques
- Faire exécuter des instructions au moyen du pouvoir
- Décision unilatérale
- Légitimité de droit
- Réponse au besoin de "recevoir"

Attitudes associées
- Fermeté, détermination, clarté
- Courage, insensibilité aux critiques

Règles d'action
- J'impose, j'affirme, je veux convaincre et s'il le faut je passe en force, je détermine les degrés de liberté de l'autre
- J'explique, je contrôle
- Je sanctionne les résultats

Avantages
- Mieux maîtriser les situations courtes
- Manifester la règle, la justice, la continuité
- Conforter les indécis, faire basculer les hésitants
- Impressionner les récalcitrants, les contraindre à la soumission

Inconvénients ou risques
- Négliger les risques d'échecs : le rapport coûts/gains n'est pas pris en compte ; en cas d'échec les coûts sont élevés
- Radicaliser la position des adversaires et les liguer contre soi
- Tarir toute initiative, développer le conform sme, démobiliser les bonnes volontés

LA TRANSACTION
(moi et les autres)

Situation propice
- L'autre est coopérant et possède des idées, des moyens, de l'énergie... utiles à A
- Les pouvoirs sont équivalents
- Antagonisme = synergie

Caractéristiques
- Rechercher des solutions acceptables
- Décision négociée
- Légitimité de médiation
- Réponse au besoin "d'échanger"

Attitudes associées
- Souplesse, diplomatie, écoute
- Opportunité, habileté
- Rationalité de la relation socio-économique
- Pragmatisme, réalisme

Règles d'action
- J'écoute, je suscite des alliances, je crée des relations d'intérêt mutuel
- Je recherche un point d'entente médian
- Je diffère, je biaise, je coupe la poire en deux

Avantages
- Optimiser le rapport coûts/gains
- Favoriser les échanges
- Renforcer les alliances
- Ouvrir des espaces de dialogues et d'initiatives

Inconvénients ou risques
- Céder sur des points que le premier mode aurait obtenu à meilleur compte
- Fragiliser davantage les indécis
- Apparaître mou et peu fiable
- Perdre ses objectifs de départ
- Créer un climat turbulent, source de désordre

L'ANIMATION
(moi avec les autres = nous)

Situation propice
- Défi à relever ensemble
- Confiance réciproque
- L'écart de pouvoir n'est pas pris en compte par le chef et ses partenaires
- Synergie > antagonisme

Caractéristiques
- S'engager avec les autres vers de nouvelles frontières
- Décision "unanime"
- Légitimité de confiance
- Réponse au besoin de "se donner"

Attitudes associées
- Enthousiasme, foi et passion partagés
- Optimisme, goût de l'effort
- Esprit d'équipe
- Cohérence, idéal commun

Règles d'action
- J'ouvre le chemin, je promeus des valeurs universelles
- Je m'engage à fond dans un projet commun
- Je fais en sorte que "les choses se fassent par elles-mêmes"

Avantages
- Créer un climat chaleureux et enthousiaste
- Développer un fort sentiment d'appartenance
- Libérer des énergies collectives considérables
- Relever des défis impossibles

Inconvénients ou risques
- Oublier ses intérêts propres
- Piéger, et se faire piéger par l'impérialisme de certaines valeurs
- S'engager dans certains excès
- Négliger les difficultés de mise en œuvre et les exigences de la durée

À l'inverse, le mutualisme proudhonien tend à gommer les effets du 1er mode (0.6.3.).

Le style 2.3.4. celui de l'éducateur, fait partie des **styles médians** qui apportent une garantie d'équilibre pour un management au quotidien. **Tous ces styles sont à utiliser dès lors que la situation le requiert.**

Pour un chef, il est bon de **faire le plein du style** en toutes circonstances, donc de se montrer capable d'utiliser complètement les moyens de conduire une action.

Les **faux chefs** en revanche ne parviennent jamais à exceller dans un style = 9 : le total des trois modes sera 6, 4 ou 3 ! À ce jeu, le bon Louis XVI a perdu la tête, incapable qu'il était d'utiliser les armes du 1er mode, les manœuvres du 2e et les valeurs du 3e !

Revenons sur la *forme* qui en dit souvent plus que la parole. Chaque mode induit un type de comportement particulier, une posture qui *parle* toute seule. Par exemple, dans une relation de proximité :

- 1er mode : position *verticale* affirmée, sobriété de gestes, parler clair à rythme lent, discours court et rationnel utilisant des arguments de fait techniques et juridiques, emploi du *je* pour signaler l'engagement personnel ;

- 2e mode : position *naturelle* du corps, gestes destinés à soutenir un parler tour à tour incisif et hésitant ; discours d'opportunité construit à mesure de l'apparition des différents arguments ; emploi du « je », « tu » et « vous » pour affirmer une relation de partenariat ;

- 3e mode : corps et gestes en *mouvement*, animés par l'émotion ; parler chaleureux à rythme rapide ; discours long et affectif utilisant des symboles ; emploi du *nous* pour signifier la tendance au consensus.

Bien entendu, si les qualités requises par les trois modes peuvent être cumulées, voire combinées en situation chez le même acteur, sa performance personnelle n'en sera que meilleure.

40

Travailler l'approche stratégique, qui combine les moyens

« Il n'y a pas de stratégie pour celui
qui ne sait pas lire une carte »
(Général Jomini).
« La stratégie, ce n'est pas courir plus vite la même course
que les autres, mais définir et courir la sienne »
(Michael Porter).

Le niveau politique montre le but, le niveau stratégique désigne le chemin... et la tactique part en campagne. La stratégie assure donc le **pont opérationnel** entre les visées de la politique générale de l'organisation et la tactique chargée de l'exécution. Elle ne remet pas en cause le projet de l'entreprise ; elle le sert au contraire par l'invention originale d'une combinaison de moyens qui rendra l'action plus performante. J.-P. Charnay en fait l'art du **remodelage d'une situation**[1].

---

[1]. J.-P. CHARNAY, *Essai général de stratégie*, Éditions Champ libre ; voir aussi Général BEAUFRE, *Stratégie de l'action*, A. Colin ; THUCYDIDE, *Histoire de la guerre du Péloponnèse*, Bibliothèque de la Pléiade.

Œuvre d'un état-major de préférence spécialisé, la stratégie sociodynamique opère dans le cadre d'un protocole d'action :

- Elle assure l'établissement du bilan sociodynamique (carte des partenaires, profils de relations, etc.).
- Elle construit plusieurs scénarios* d'action, les évalue, les compare, puis, sous le contrôle du niveau politique, fait le meilleur choix (->décision*).
- Elle confie les missions tactiques aux responsables de l'exécution ; elle les forme, les informe, les soutient, leur apporte les moyens complémentaires.
- Elle assure la logistique générale.
- Elle contrôle et coordonne les différentes missions, éventuellement les modifie, les suspend, les prolonge, les réoriente dans une autre direction.
- Elle apprécie la progression de l'action à chaque carrefour, évalue les résultats globaux par rapport aux critères de succès espérés ; elle conseille au niveau politique de nouvelles actions.

▨ Un seul fil bien tiré démêle un écheveau de laine : c'est au stratège de trouver la *macroforce locomotive* susceptible d'entraîner toute l'action.
▨ Trop de pouvoir nuit à la sagacité stratégique.

L'action résultant d'une combinaison de forces matérielles et immatérielles, tout chef est nécessairement stratège ou apte à discerner les bons et moins bons scénarios, donc les styles de management et de changement les plus appropriés. C'est ainsi que les modes de management peuvent être considérés comme des **macrostratégies** susceptibles d'optimiser la manière de conduire une action collective. Chaque style se manifeste par un jeu de stratégies qui lui donne sa consistance. L'idée de combinatoire attachée au concept de stratégie se retrouve dans l'origine même du mot *stratège*, homme politique chargé de démêler les relations extérieures confuses des cités grecques antiques : à lui de conduire la diplomatie et de diriger les armées, donc d'utiliser les arguments de la rhétorique et les moyens de la puissance.

Par facilité pratique, il est convenu de compléter la liste des stratégies par des *techniques* d'action éprouvées ou des *démarches* formalisées, réutilisables dans des situations voisines. Le tout est à puiser dans une sorte de *strathèque* qui se renouvelle sans fin au gré de l'imagination des acteurs :

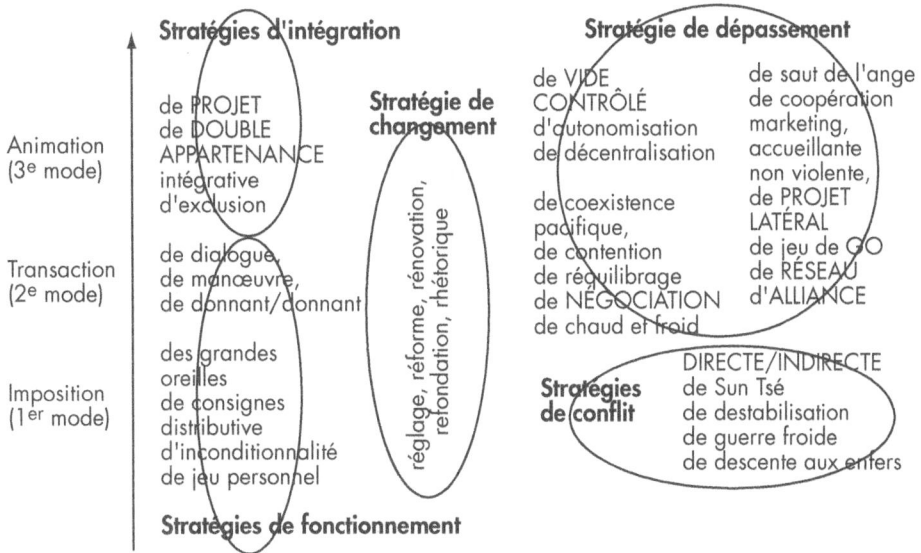

	Stratégies d'intégration		**Stratégie de dépassement**
Animation (3e mode)	de PROJET de DOUBLE APPARTENANCE intégrative d'exclusion	**Stratégie de changement**	de VIDE CONTRÔLÉ d'autonomisation de décentralisation	de saut de l'ange de coopération marketing, accueillante non violente, de PROJET LATÉRAL

Dans la foulée, un autre sens (légitime !) est souvent donné au concept de stratégie, celui d'une riposte calculée du *dedans* aux pressions du *dehors*. Généralement, aujourd'hui (notamment dans le langage pragmatique anglo-saxon), la stratégie de l'entreprise est la **démarche générale par laquelle une organisation répond à son environnement et sert sa clientèle**. La relation dedans/ dehors joue un tel rôle pour fortifier l'identité de l'entreprise que la stratégie de marketing devient quasiment synonyme de politique générale ! Et ce n'est que secondairement qu'il est question de politique financière ou sociale, comme si le mot *politique* avait régressé au sens d'une sous-stratégie spécialisée. Pour la sociodynamique, elle conservera la fonction que lui a donné C. von Clausewitz[1], celle assurée par un chef d'état major dépendant d'une *chancellerie, laquelle assume le pouvoir politique, donc aussi (ou surtout ?) la conduite d'un corps social...*

La stratégie ne perd pas de vue que le but de l'action est le mouvement par les hommes.

---

1. C. VON CLAUSEWITZ, *De la guerre*, Éditions de Minuit, 1995.

41

Affiner la tactique, qui assure l'action de proximité

« L'authentique, le grand talent trouve
ses plus hautes joies dans l'exécution »
(Goethe).
« Agissez en primitif, pensez en stratège » **(R. Char)**.

L'art du metteur en scène et celui du stratège d'entreprise ont pour point commun de réunir *hors public* (donc avant le spectacle) les conditions de succès du scénario*. **Le talent** du comédien, dès qu'il apparaît sur les planches, face au public, est proche de celui du tacticien aux prises avec les réalités techniques du terrain. « C'est dans l'arène que le gladiateur prend conseil » (Sénèque).

Tout projet d'action s'accomplit là, au moyen d'**une suite d'actes physiques, concrets, impériaux, qui se dressent dans le temps et l'espace comme des jalons incontournables.** À proprement parler, l'action est immatérielle et invisible. Seul l'acte posé en situation est susceptible d'actualiser l'énergie potentielle contenue dans le projet. Or, si l'acteur joue mal, si le chef rate son discours de lancement du plan de réforme, si le négociateur échoue à faire signer un compromis, tout est à recommencer. La politique dresse ses tréteaux à l'abri des auvents de la philosophie. La stratégie se dissimule derrière les impératifs de la politique. À tous les niveaux de l'action, il est commode de se mettre à couvert. Seule la tactique qui opère en bout de chaîne n'a plus rien à cacher. **En bout de chaîne, tout se télescope : la proximité physique des hommes, l'instantanéité des événements, l'imprévisibilité de la plupart des ripostes... et le projet qu'il faut conduire malgré tout.**

> Chez les Grecs, la tactique consistait à placer et à déplacer les hommes de troupes sur le terrain avant et durant l'affrontement. C'est devenu l'art individuel ou collectif de **se comporter physiquement au contact** de partenaires adversaires, alliés ou amis. **Les relations de contact** sont capitales. « La tactique ruine la stratégie ; la bataille d'ensemble gagnée sur la carte est perdue en détail sur les coteaux » (P. Valéry). Cette vérité se confirme plus encore au sein de l'entreprise où la plupart des actions nécessitent des rapports étroits et durables de proximité. Les contacts de travail, les réunions d'information, les comités d'études, les cercles de qualité, les conseils de direction, les séminaires de formation, les séances de négociation sociale ou commerciale, les congrès... donnent lieu à **un jeu de comportements réciproques** entre les acteurs qui, outre leur portée opérationnelle, ont une valeur de signaux.

La stratégie sociodynamique s'intéresse surtout aux *attitudes*, lesquelles se manifestent concrètement par des *comportements tactiques* qui sont d'authentiques **signaux à décoder en situation**, auxquels il faut répondre dans l'instant. Témoin souvent involontaire de l'attitude, **le comportement** d'un acteur en dit plus long que l'on ne croit sur son niveau réel de compétence, la rectitude et la cohérence de ses intentions. Malgré vous, votre comportement révèle, voire *trahit*, votre moi profond. Cela est particulièrement vrai pour le chef, plus observé que tout autre.

C'est pourquoi le chef-tacticien est, ou bien :

1. **un homme profondément authentique** : sa personnalité est assise, il est bien dans sa peau, contrôle sans peine ses réactions dans les situations imprévues et communique autour de lui une confiance sereine dans l'issue de la relation ;

177

2. **ou bien un grand comédien** : sa personnalité authentique devient secondaire, elle s'efface devant un système de comportements appris et joués en situation comme un rôle de théâtre.

Dans les deux cas, les interlocuteurs doivent être témoins des mêmes qualités générales :

- **la rigueur dans la préparation logistique de l'exécution** : pas de tacticien qui bâcle les détails, en panne de matériel, en manque de document ou d'information sur le contenu des dossiers ;
- **la présence physique personnelle** : pas de tacticien transparent, sans consistance, qui semble avoir hâte d'en finir ou qui cherche à se dérober ;
- **la force et le courage** : pas de tacticien fragile, irritable, apeuré, qui craint les coups et dont les positions sont mal défendues ;
- **la ténacité** : pas de tacticien velléitaire incapable de pousser le projet jusqu'à son terme et qui baisse les bras au moindre obstacle ;
- **la responsabilité** : pas de tacticien qui traite les dossiers *par délégation administrative* comme s'il n'était pas directement concerné ;
- **la finesse, l'humour :** pas de tacticien insipide ou médiocre qui récite son texte par cœur, qui ne marque pas ses distances personnelles avec la situation ;
- **l'adaptabilité, le goût de la manœuvre** : pas de tacticien incapable de pratiquer un changement de pied ; pas d'acteur buté qui réagit avec un temps de retard et laisse passer les bonnes occasions ;
- **l'esprit de riposte, l'aptitude au rebond** : pas de tacticien qui ne sache prendre appui sur chaque obstacle pour rebondir plus loin ;
- **le sens de l'événement** : pas de tacticien qui ne soit pas un peu comédien, capable de dramatiser une situation ou de faire un *coup de théâtre*, etc.

L'art tactique fait de la stratégie un succès ou un échec.

5

itinéraire

42

L'inertie, force de maintenance et de sauvegarde

Les quatre itinéraires précédents nous ont permis d'inventorier les éléments constitutifs de l'action, autrement dit les *sites et monuments* qui entrent dans la composition du paysage sociodynamique. Les itinéraires 5, 6, 7 et 8 nous ouvrent un nouvel espace de découverte, celui des quatre *ensembles paysagés*, ou quarts-champs, qui nous présentent quatre manières de conduire une action collective et de bâtir une organisation. À commencer **par l'organisation mécaniste inspirée des principes de moindre effort et d'inertie.**

L'un des principes généraux de l'univers, dû en particulier à P. L. Maupertuis, postule qu'en toute circonstance, **la nature minimise l'action**, comprenez **qu'elle recherche l'action nécessaire la plus petite possible pour produire un changement**. Et Newton d'ajouter que la nature ne fait rien en vain ; or, *beaucoup* est vain si *peu* suffit. Ce principe relève de cette **physique du moindre effort où l'équilibre est stable lorsque l'énergie potentielle est à son minimum** (loi de Bernoulli). Le moindre effort conduit au moindre coût financier, social, organisationnel, technique... Pas de dépenses superflues. La matière première utilisée en production sera réduite au strict nécessaire. La qualité de service est obtenue par l'économie de moyens. Et si le copilote peut assurer la fonction de mécanicien, pourquoi maintenir un équipage à trois ?

Avec l'inertie dans *le repos* **et dans** *le mouvement,* **nous plongeons dans les vieilles traditions mécanistes**[1]. Après la mécanique des chocs des atomistes primitifs (Leucippe et Démocrite) est apparue la mécanique des sphères célestes mues par un Premier Moteur lointain, le Dieu d'Aristote. Pour Descartes, « l'univers est une machine où il n'y a rien à considérer que des **figures** (propriétés géométriques ou matière inerte) ou des **mouvements** (transport de matière d'un lieu à un autre) ». Tout se fait par contact ; pas d'action à distance. Il existe une loi de conservation de l'énergie, idée qu'on retrouve dans le *conatus de Spinoza, simple persévérance de l'être.*

Nous voilà dans le règne des rouages et du primat de l'espace ! Plus tard, Newton admet l'action à distance des corps, mais il n'en défend pas moins l'idée d'une horloge universelle, laquelle séduit tant Voltaire. Plus près de nous, sous d'autres formes, l'approche mécaniste est devenue la référence scientifique, tant en chimie, avec les *affinités* mesurables entre les substances, qu'en énergétique des gaz de Laplace ou dans la physiologie mécaniste initiée par Borelli. Le mécanisme devient tout à fait moderne avec la cybernétique de Wiener et ses boucles rétroactives, et la biologie moléculaire de Jacob et Monod. Enfin, le mécanisme s'enrichit d'une théorie générale des systèmes avec Von Bertanlaffy. Sur le plan économique, la démarche interventionniste de Keynes nous rappelle **que le mouvement doit être entretenu de l'extérieur** par quelqu'un ou quelque chose, ici, l'État. Souvenez-vous de Platon qui recommandait aux philosophes de redescendre dans la caverne pour imposer aux hommes, au besoin par la violence, un ordre *géométrique* calqué sur celui des Idées.

Ni classiques ni baroques, **ces actions de maintenance et de sauvegarde des acquis** sont posées *à l'écart, en arrière, à rebours*, ou bien apparaissent *une deuxième fois*, en grec *ana*. « **Anaction** » est le mot juste et désigne les opérations de consolidation, de répétition et d'administration auxquelles on a toujours recours pour assurer le fonctionnement quotidien de l'organisation, mais aussi sa sécurité et sa protection dans les situations d'exception, notamment conflictuelles.

Ce principe triomphe dans les organisations à dominante mécaniste. Elles présentent **un univers convenu** où l'Un et le multiple, l'identité et la variété ne sont pas des propriétés intrinsèques des choses ou des acteurs, mais leur sont importées modérément de l'extérieur. Ainsi, non seulement les rouages d'une pendule ne possèdent aucune capacité à se

---

1. R. BOIREL, *Le Mécanisme*, « Que sais-je ? », PUF, 1982.

mouvoir par eux-mêmes, mais le ressort qui les anime ne peut assurer sa fonction motrice que s'il est remonté périodiquement par une main diligente, laquelle, à son tour...

Sans initiative propre, artefact des actions classique, baroque et holomorphe, l'anaction ne se conçoit que comme l'énergie passive ou du moins captive d'un système géométrique[85]. Celui-ci constitue la **réserve énergétique** culturelle, administrative, juridique, technique... de tout ce qui se fait dans l'entreprise. **C'est la** *quille* **du bateau qui en maintient la stabilité, la** *salle des machines* **qui assure le mouvement permanent du navire, mais aussi (et peut-être surtout)** *le camp de base* **de toute expédition.** Son patrimoine est composé des structures matérielles permanentes : statut de la société, localisation, gros instruments de production, position commerciale, fonctionnement interne, statut du personnel, etc. ; mais aussi de tous les circuits et procédures plus ou moins figés qui animent les structures. Quant aux **forces immatérielles de culture, elles s'articulent autour d'une valeur incontournable :** l'ordre. Le mode de management privilégié est l'imposition (1er mode).

Ici, A = B : une idée, une règle, un homme... en vaut un autre. Justification de toutes les actions de *statu quo*, les principes de moindre effort et d'inertie assurent les fonctions fondamentales de maintenance dans le temps et de sauvegarde dans l'espace. À cet égard, bien que peu attachée aux hautes valeurs de l'entreprise, l'organisation mécaniste n'en défend pas moins *mécaniquement* ses propres fondamentaux. Sa faiblesse viendra de son penchant pour le management unilatéral et l'approche frontale des problèmes.

Le *principe d'inertie* **possède peu de vertu sociodynamique, mais beaucoup de valeur pratique.**

43

Exercer l'imposition
à bon escient

« On ne plaisante pas avec la Préfecture » **(J. Lancelot).**
« Dans une armée, la discipline pèse comme un bouclier,
non comme un joug »
(A. Rivarol).
« Multilatéraliste, quand on peut
Unilatéraliste, quand on doit. »
(M. Allbright).

Mode *primordial* de management, l'imposition est la manière la moins contestable permettant à une institution de conduire une action de plein droit, à faible coût immédiat. Mode de management privilégié des organisations mécanistes, l'imposition constitue *le socle* du style général de conduite des hommes. Ici, l'action d'un chef s'exerce verticalement, de haut en bas, par pression sur des acteurs subordonnés à qui sont prescrits les objectifs, les voies et les moyens d'une tâche sanctionnée par un contrôle. **Les ordres ou consignes du responsable sont justifiés par sa position hiérarchique qui lui confère, au minimum, une autorité de droit formelle. À défaut de droit, le 1er mode** peut s'exercer de la même manière par l'emploi d'un pouvoir de coercition et donner lieu à une relation despotique. Par conséquent, les relations professionnelles ascendantes et horizontales sont peu favorisées ou rares.

La décision est donc unilatérale et solitaire, mais n'exclut pas la consultation préalable de subordonnés ou d'experts qui compléteront l'information et aideront à sélectionner le bon choix. Premier et dernier maillon de l'action, **le chef investit toute sa rationalité dans la décision, son exécution et son contrôle**. De ce fait, la décision unilatérale gagne souvent en cohérence. Les choix sont clairs, la responsabilité, bien établie, **les exécutants, libérés de tout devoir d'implication affective**. Le seul effort demandé est celui qui contribue à l'accomplissement de la tâche. Beaucoup d'acteurs se satisfont de l'imposition, à laquelle ils répondent par une *soumission consciente et libre,* pour les uns, ou *passive* (B1*), pour les autres.

L'imposition convient aux situations bien balisées et banalisées, telles que la production de séries, soumises à des procédures et des process rigoureux. Mieux, elle devient un mode opérationnel précieux dans les situations d'exception à fort enjeu qui menacent les fondamentaux de l'organisation et requièrent une réponse instantanée (-> *conflit** et souvent *crise**). Quand un péril interne ou une menace externe l'exige, un chef investi, expérimenté et mieux informé s'avère souvent *le moins mal placé* pour faire les choix appropriés. Quotidiennement, le chef assure surtout la fonction de ressort permanent qui transmet son énergie par choc ou par poussée à tous les rouages placés en aval. Que le chef s'efface durablement et la pendule s'arrête. On comprend que **l'imposition ait des penchants administratifs et soit suremployée dans ce qu'il est convenu d'appeler la bureaucratie.**

Par culture, mais aussi par facilité, **le 1er mode est naturellement privilégié par l'institution et ses représentants** qui trouvent dans son exercice des satisfactions d'amour-propre : c'est le plaisir d'*être obéi*. Toute technostructure managériale doit faire un effort pour s'engager dans les voies plus démocratiques de la transaction.

Sur le plan des attitudes, **l'imposition stricte se manifeste par un antagonisme froid**, à base de jeu personnel* (moi sans toi, malgré toi, éventuellement aux dépens de toi) ou d'**antagonisme chaud**, à base de procès d'intention* (moi contre toi). Dans ce dernier cas, l'imposition devient une machine de guerre usant de stratégies* directes ou indirectes. Elle bascule dans le conflit et appelle à la rescousse tous les pouvoirs disponibles. Sur le plan éthique, le 1er mode se justifie dans la mesure où il tente, comme les autres modes, de concilier les impératifs de l'institution et les attentes du corps social. Il assume cette fonction sans zèle mais, sans se faire prier, **il défend des valeurs d'équité, de continuité, de sécurité, de respect des standards, d'économie de moyens**, valeurs fondamentales pour tout le monde. La circulation automobile tournerait vite au chaos sans la rigueur d'un *code de la route*, auquel tout conducteur se soumet de bon gré. Ainsi, pratiquer l'imposition résolument, c'est répondre par avance à des besoins impérieux non négociables. D'où la pratique des grandes oreilles*.

▨ Beaucoup d'acteurs ne le sont vraiment que s'ils sont *pris en main* par un chef exerçant son autorité en 1er mode.

▨ La justification *sociodynamique* de l'imposition dépend de l'irréprochabilité quasi absolue des chefs à *bien faire ce qu'ils ont à faire* sur tous les plans : stratégique, financier, technique, social, etc., donc de leur capacité à répondre spontanément au besoin fondamental des agents, celui de *recevoir de fait* : sécurité, justice, salaire et conditions de travail satisfaisantes. Faute de quoi, ils poussent le corps social à la passivité (-> B1*) ou à la révolte.

▨ Plus les experts accaparent l'information, le jugement et la décision, plus les non-experts se replient dans leur sphère privée et plus la démocratie politique s'affaiblit et l'auto-organisation s'éloigne.

▨ « Imposer à bon escient » exige un alliage rare de force et de discernement.

L'imposition comporte malgré tout des inconvénients majeurs. Elle **récolte ce qu'elle a semé : de l'acceptation passive** ; elle rassure les B1, mais elle *en fabrique*. Elle est à l'origine d'un désintérêt collectif pour le projet. Elle restreint les débats d'idées, elle étouffe les initiatives, elle freine les élans affectifs. De plus, **elle suscite chez une minorité une attitude antagoniste symétrique**, voire une hostilité déclarée. Les opposants bloquent la machine. Un certain syndicalisme peut tirer profit de cette attitude et, sans l'avouer, préférer ce type de management et d'organisation à tout autre. En un mot, et si elle est employée sans le concours des autres modes, **l'imposition est incapable de *pousser* les acteurs de bonne volonté à franchir la *ligne bleue* de l'initiative***.

L'usage de l'imposition peut s'avérer nécessaire même s'il court-circuite momentanément le *mouvement par les hommes*.

étape

44

Accompagner l'imposition de la pratique dite des « grandes oreilles »

Chacun des trois modes de management répond à sa manière à l'éthique* de la sociodynamique qui cherche, entre autres, à concilier les impératifs de l'institution et les attentes du corps social. **L'imposition** n'échappe pas à la règle : elle **cherche à obtenir une bonne efficacité de l'action par une bonne exécution des tâches,** laquelle n'est possible que si l'on a répondu, au minimum, à certaines attentes des subordonnés. Traduisez : « Satisfaits sur l'essentiel, les salariés seront moins tentés de rechigner à la tâche. » À cela, la pratique des grandes oreilles ajoute un autre objectif, celui de rendre **l'image sociale de l'institution** plus acceptable pour l'ensemble du personnel.

Par cette pratique, **le chef se met à l'écoute des attentes justifiées, explicites ou implicites du corps social** afin d'y répondre d'une façon appropriée et par anticipation *d'un cheveu,* avant qu'elles ne se transforment en revendications agressives et en baisse de productivité. Ici, le mot *justifiées,* ou justes, ne relève pas du registre juridique ou culturel mais polémologique (de *polemos* : la guerre) donc de rapport de force : est juste ce que vous donnerez plus tard, sous la contrainte. Dans ce cas, pourquoi ne pas le faire aussitôt que possible ; l'institution en tirera au moins le bénéfice du geste.

À quoi bon céder plus tard, et plus cher, ce qu'on peut concéder en partie tout de suite, et moins cher ? La justice n'attend pas d'être contrainte pour être juste.

Ce procédé n'est pas généreux, mais sage. Il résulte d'un calcul économique à moyen terme qui le situe d'une certaine façon dans la famille des stratégies de composition chères au 2e mode : en anticipant quelque peu, l'institution optimise par avance le rapport gain/coût (-> enjeu*). Au lieu de donner d'elle une image négative, cupide, mesquine et économisant sur tout, l'institution administre la preuve de sa synergie apparemment désintéressée : « Tu ne m'as rien réclamé explicitement, mais moi, de ma propre initiative, par simple esprit de justice, j'améliore tes conditions de travail ou je t'accorde une prime non statutaire. » C'est pourquoi cette stratégie relève plus encore du 1er mode : **la « réponse appropriée » est octroyée par l'institution, directement, sans véritable négociation à des salariés pris pour des... assujettis.**

En préalable à la mise en œuvre de cette pratique, il est bon de tenir à jour une sorte de baromètre du climat social, qui indique l'évolution des points pré-litigieux. La technique de **gestion des tensions sociales** constitue, à cet égard, un bon outil.

Nous nous contenterons ici d'**une technique commode de visualisation** des tensions antagonistes au sein d'une unité de travail. Seules sont prises en compte les relations entre un acteur A (chef d'atelier ou responsable de personnel) et un acteur individuel ou collectif B (agents de production, cadres, syndicat). Les deux partenaires de la relation sont correctement identifiés, ainsi que les différents points d'application sur lesquels portent les tensions, à l'initiative de A ou de B. Les flèches grisées indiquent l'évolution probable de l'antagonisme de chaque acteur.

Le suivi régulier de ces grilles établies par les responsables de proximité permet :
1. de tenir à jour **une sorte de baromètre du climat social** sur tous les problèmes pouvant donner lieu à un litige ;

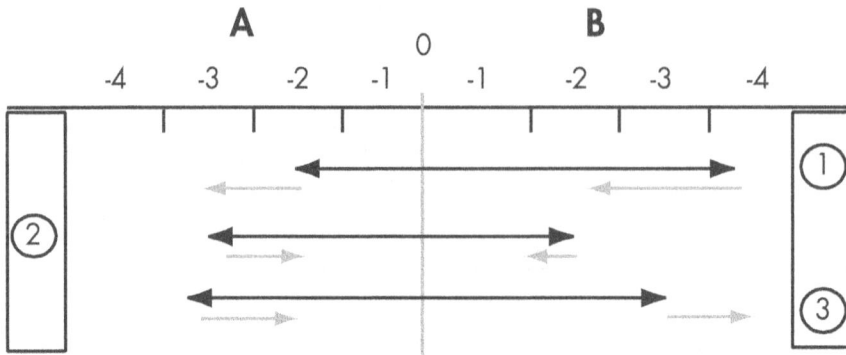

Points d'application : 1. demande d'une prime de pénibilité
2. mise en place de nouvelles méthodes de fabrication
3. refus de licenciement d'un délégué

2. de s'interroger pour chaque cas sur **l'évolution possible, probable ou certaine des tensions mutuelles** ;
3. **de classer** par catégorie et de **hiérarchiser** les tensions pour donner à chacune d'elles l'importance et la solution qu'elle mérite ;
4. de conduire avec plus de pertinence la pratique des grandes oreilles ;
5. **d'apprécier les risques d'accumulation antagoniste**, jusqu'au point où le moindre incident suscite un véritable conflit, voire une crise.

Heureusement, ces attitudes antagonistes sont partiellement compensées par un jeu positif de tensions synergiques. Les avantages de ce procédé n'effacent pas pour autant les difficultés de mise en œuvre et notamment le fait que ses bénéficiaires peuvent prendre **la mauvaise habitude de tout attendre d'une institution maternelle**. Certaines stratégies des 2e et 3e modes s'imposent en parallèle ou en complément.

perspective

Pourquoi ne pas étendre la pratique des *grandes oreilles*, à toutes les initiatives... synergiques ?

© Éditions d'Organisation

45

Bien gérer le conflit, forme exacerbée de l'imposition mutuelle

« Vous ne pouvez pas éviter la guerre,
si l'autre la veut à tout prix »
(Napoléon).
« Il y a des victoires qui exaltent, d'autres qui abâtardissent ;
des défaites qui assassinent, d'autres qui réveillent »
(Saint-Exupéry).

L'action conflictuelle (grève, OPA inamicale, procès commercial ou prud'homal...) s'affiche comme l'un des cas limites de la sociodynamique. Elle fait dans le négatif ce que les stratégies de projet ou l'auto-organisation mettent en œuvre dans le positif. Abordons succinctement l'analyse du conflit, les méthodes de gestion et un cas particulier.

1. L'analyse. Le conflit est une relation entre deux acteurs principaux (ou protagonistes) dans laquelle **l'un d'entre eux (appelé agresseur) prend l'initiative de rompre un certain état d'équilibre sociodynamique.** L'agression se manifeste par **une attitude résolument plus**

antagoniste que synergique, confortée de préférence par un rapport de pouvoir avantageux, et portant sur un **litige** exprimé en termes de **revendications** jugées inacceptables par l'agressé. Bien entendu, deux acteurs peuvent se prétendre simultanément agressés, le concept de *rupture d'équilibre* devenant sujet à caution ou prétexte pour en découdre. Les luttes de pouvoir au sein de l'entreprise, les affrontements politiques, les rivalités commerciales, les conflits sociaux, les guerres interethniques ou inter-États posent cet éternel problème : comment l'emporter sur mes adversaires, voire mes ennemis ?

TROIS RELATIONS CONFLICTUELLES

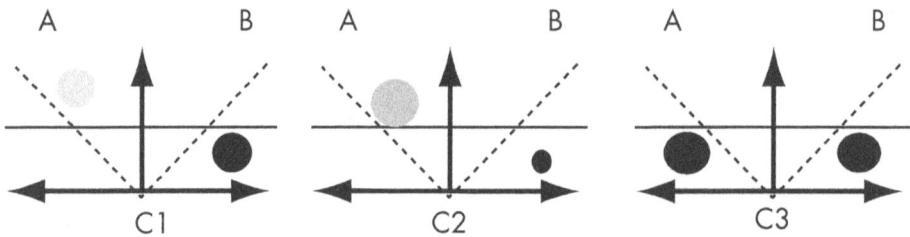

ÉVOLUTION D'UN CONFLIT vue par B

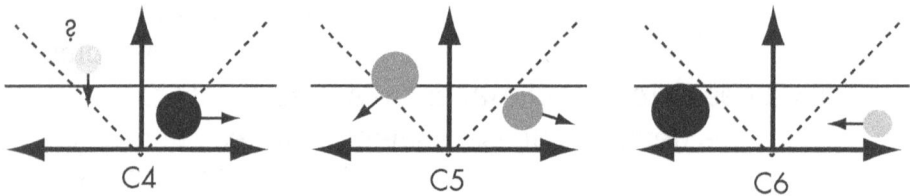

La lecture d'un conflit se fait à partir du **profil de puissance*** ; celui-ci intègre les trois paramètres de toute relation : l'**antagonisme**, qui éloigne les acteurs l'un de l'autre, la **synergie**, qui les rapproche malgré tout, et le **pouvoir** (dont le temps), qu'ils peuvent investir dans leur rapport pour soutenir leurs revendications réciproques.

— Dans le conflit C1, les deux acteurs ont autant de pouvoir l'un que l'autre, mais A a choisi une stratégie synergique face à B qui a opté pour une stratégie antagoniste. Le premier n'est pas en conflit avec le second qui veut la guerre. L'issue est certaine : **à égalité de pouvoir**, le plus antagoniste est mieux placé pour l'emporter.

— Dans le conflit C2, l'attitude antagoniste de B étant insuffisamment soutenue par son pouvoir, l'issue paraît moins évidente.

— Le conflit adopte sa forme typique dans le conflit C3 : les deux acteurs, également antagonistes et disposant d'un pouvoir équivalent, vont devoir s'affronter **jusqu'à leur mutuel épuisement** ou jusqu'à ce que l'un d'eux commette une faute tactique grave, ou encore jusqu'à ce qu'un événement non programmé vienne renforcer le pouvoir de l'un des protagonistes.

— Les trois autres profils nous racontent une histoire, celle d'un agresseur B qui s'engage malencontreusement dans un processus conflictuel vis-à-vis d'un acteur A, qu'il juge bienveillant et sans réel pouvoir sur lui. Le profil C5 montre que la synergie de A avait été surévaluée et que son pouvoir était sous-estimé, à moins que des renforts imprévus ne soient intervenus. Prenant conscience que le rapport de pouvoir lui est favorable, A met en œuvre une stratégie plus vindicative. Message reçu par B, qui devient conciliant, retrouve son attitude initiale et devra négocier dans des conditions défavorables (C6).

■ Dans le bilan énergétique de l'entreprise, tout conflit est déficitaire s'il n'est pas l'occasion d'un changement positif de l'organisation ou d'un accroissement à terme de la synergie globale.

■ Le conflit assurant la fonction de trancher le litige en faveur de l'acteur avisé ayant établi le diagnostic le plus juste, les travaux permettant d'évaluer le rapport de puissance ne sont jamais superflus.

■ Pour un acteur raisonnable, l'affrontement est vain si l'issue prévisible est défavorable.

■ Pour un responsable d'institution, céder sous la pression aujourd'hui, c'est donner à penser qu'il est maladroit ou faible et s'inclinera encore demain pour les mêmes raisons. La méthode de Gandhi : dès le déclenchement du conflit, adopter la position la *plus généreuse possible pour l'adversaire* et n'en déroger à aucun prix.

■ Le conflit s'achevant lorsque les deux protagonistes admettent implicitement le même rapport de puissance, chaque acteur s'efforce d'induire chez l'autre une perception de la relation qui lui soit favorable : d'où fausses informations et bluff.

■ Une situation polémologique n'est jamais désespérée. « Quand tout est perdu, il reste encore quelque chose à faire » (extrait du *Pont de la rivière Kwaï*). Pour retourner une situation : changer le terrain d'affrontement (social, juridique, moral, économique, etc.), mieux utiliser les pouvoirs existants, en trouver d'autres, se découvrir de nouveaux alliés, profiter de la courbe du temps, accroître son antagonisme, négocier, tenter un *saut de l'ange**...

2. **Les méthodes.** On en conviendra, l'action conflictuelle nécessite une plus grande élaboration stratégique que pour toute autre relation, d'autant que les enjeux sont souvent plus élevés. Cette stratégie tend **à maintenir le déséquilibre en faveur du plus fort ou, contradictoirement, à obtenir un rééquilibrage en faveur du plus faible.** Elle comprend quatre étapes :

- **une étape philosophico-politique** au cours de laquelle chaque acteur s'interroge sur sa propre identité : suis-je menacé dans mon être ? puis-je améliorer mon statut ou renforcer ma place au soleil ? quelle revendication exprimer ?

- **une étape d'analyse polémologique** qui porte sur l'appréciation *a priori* du profil de puissance, à partir duquel chaque acteur évalue ses chances de l'emporter dans un affrontement ou dans une négociation. Rappelons que les attributs de la puissance (pouvoirs et attitudes) sont *potentiels* et résultent d'une appréciation subjective d'un acteur. La grande question est de savoir si le temps joue ou non en faveur d'un renforcement de la puissance. Bref, le jeu en vaut-il la chandelle ?

- **une étape d'élaboration d'un parcours stratégique** où chaque acteur imagine (et simule éventuellement) les séquences arborescentes de scénarios* dans lesquels figurent tous les événements conflictuels, les ripostes, les réactions aux ripostes, mais aussi les actions des alliés et des tiers. Procéder à l'évaluation des pouvoirs à l'occasion des événements importants. Ne pas négliger le cas d'événements imprévus, tel un accident ou un attentat. En fin de compte, le scénario le plus performant est adopté. Mais n'ai-je pas négligé certaines branches importantes ? Ai-je bien anticipé les bonnes décisions aux grands carrefours du conflit ? **À quel moment ai-je intérêt à négocier ?** *En cas de malheur*, quelle est l'issue de secours **?**

- **une étape de conduite tactique sur le terrain**. Pratiquement, une bataille se gagne ou se perd sur les coteaux, pas dans les états-majors ; c'est dire l'importance des comportements *in situ*, notamment au cours des discussions et négociations bilatérales, multilatérales ou publiques, donnant lieu à médiation, arbitrage, intervention de tiers. Ma communication est-elle convaincante ?

Le grand problème de la gestion d'un conflit est à l'évidence le suivant : **à quel moment négocier ?** Reprenons la suite des événements :

1. le conflit s'engage quand l'un des acteurs (A par exemple) établit un *rapport de puissance erroné* censé lui donner l'avantage face à B ;

2. le conflit se poursuit tant que la projection dans le temps des événements reste positive pour A ;

3. le conflit se termine quand A se soumet à l'évidence et accepte d'ouvrir la négociation finale ; dans ce cas, il se contente de tirer les conclusions pratiques du *profil de puissance réel*.

Autrement dit, **le conflit se déclenche sur une différence de diagnostic et se termine sur un accord tacite**. Et si les protagonistes font la même erreur initiale, le conflit se termine par **épuisement** des deux acteurs. Mais poussés par leur affectivité, les acteurs sont rarement raisonnables. À cela, ils ont une excuse : la difficulté à établir un profil de puissance objectif qui tienne compte de l'évolution de tous les facteurs dans le temps. La connaissance de cette évolution permettrait notamment d'indiquer le moment le plus avantageux pour engager la négociation finale. En effet, la plupart des conflits suivent la courbe du temps présentée plus loin :

- La négociation, en N0, n'est pas à proprement parler une négociation, ni le moment d'un conflit, mais plutôt celui où il convient d'appliquer le procédé des grandes oreilles. Résoudre les tensions, ici, évite de devoir les traiter plus tard, dans de plus mauvaises conditions.

- Le conflit amorcé en N1 (par l'emploi de pouvoirs simplement pesants[294]) peut encore être contenu si de faibles concessions sont accordées.

- En N2, la guerre est déclarée par l'emploi de pouvoirs contraignants. Puisque la courbe du temps lui est provisoirement défavorable, l'acteur A peut avoir intérêt à engager ici une négociation marginale afin d'éviter les désagréments d'un conflit de longue durée.

- Sur le *plateau* en N3, la courbo du temps s'avère à terme défavorable pour B : celui-ci peut encore espérer réduire ses préjudices par un bon usage du bluff. Au terme du conflit, en N4, B ne voit son salut que dans la mansuétude ou la crainte de A de devoir subir après coup un *solde conflictuel* ingérable : chaos, haine...

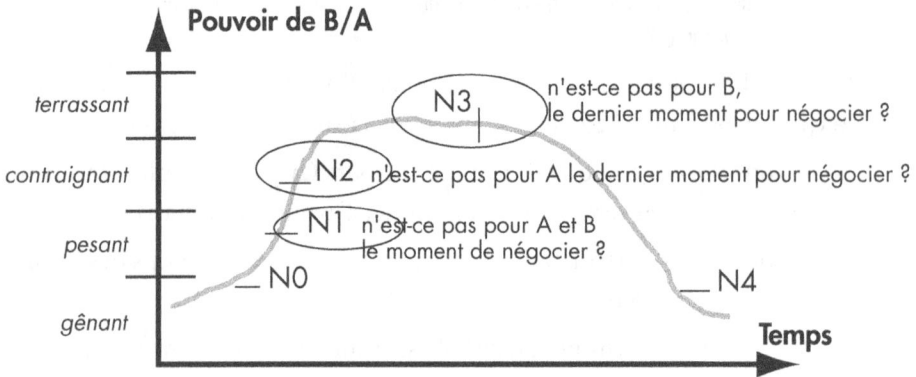

3) **Le cas de l'imprévisibilité conflictuelle.** À la gestion de certains conflits sociaux ou ethniques s'ajoute une difficulté particulière qui tient à l'accroissement de l'incertitude conflictuelle. **L'identité du camp adverse est floue** (syndicats ou groupes ayant des intérêts différents, maturation politique inégale chez les salariés, leaders peu formés à la gestion des conflits, etc.). Trois conséquences majeures :

– le conflit est **imprévisible** et **l'embrasement des forces agressives est toujours une surprise** ;

– les **revendications** sont sectorielles, disparates, inconséquentes et mal ciblées ;

– **la légitimité juridique ou sociale des mandataires est limitée,** précaire, donc mal établie. Ces chefs occasionnels, sans expérience polémologique, ont une détermination impulsive qui les pousse à poser des actes incongrus ou irrationnels. Étant eux-mêmes menacés de marginalisation d'un moment à l'autre, leurs jeux personnels les y aidant, **ils se lancent dans la surenchère.**

Ces caractéristiques se rapprochent de celles d'une crise*, phénomène où domine la complexité. **Le conflit semble se dérouler en dépit des principes fondamentaux de la raison,** voire du bon sens, qui commandent la mise en œuvre de toute action. Les principes de non-contradiction, de causalité, d'optimisation des efforts en fonction d'une finalité accessible paraissent suspendus ! En fait, l'irrationalité, l'inconséquence, l'imprévisibilité ne sont ressenties telles que pour les dirigeants de l'institution. **Chaque groupe du camp adverse se sent**

poussé à agir en fonction d'une autre rationalité, purement locale ou catégorielle, voire individuelle. Et ce d'autant plus que les membres du corps social possèdent aujourd'hui des connaissances économiques, juridiques, politiques, etc., pour raisonner certes, mais autrement. Toutefois, le point faible de cette ambiguïté tient à ce que **les faits de réalité finissent toujours par avoir raison** et que le point de vue d'une partie ne peut avoir raison sur la vision du tout.

La riposte peut se manifester sous la forme d'une stratégie à trois branches :

1. **prévenir le débordement d'incertitude** par une gestion anticipative des tensions sociales, publiques ou cachées (-> grandes oreilles). Plus les partenaires sont imprévisibles, plus il est nécessaire d'identifier les frustrations, les attentes, les jeux de pouvoir qui finiront par apparaître au grand jour ;

2. **répondre** à la fragmentation réelle et à l'irrationalité apparente par **une rigueur rationnelle sans faille.** Cette rigueur est destinée à ramener le conflit, le plus tôt possible, dans les eaux traditionnelles où la navigation est possible. De toute façon, **la logique du rapport de puissance finissant par s'imposer,** c'est la loi du marché qui aura le mot de la fin. Et cette loi vaut aussi bien pour les *patrons* que pour les salariés.

3. **globaliser les problèmes,** les étendre aux *dimensions planétaires*, les lier entre eux de telle sorte que toutes les revendications soient saisies dans leurs implications sociales, certes, mais aussi financières, commerciales, techniques, éthiques... « La demande est locale ? Faire remonter le débat au niveau où **l'enjeu commun est perdu ou gagné pour tout le monde.** » Cet axe stratégique, dit *de surplomb**, a pour triple but de faciliter l'émergence des vraies questions, de présenter la réalité dans sa complexité, donc irréductible au simple, et de se faire reconnaître soi-même comme le mieux placé pour dégager le métapoint de vue (ou solution globale) quasi inévitable et avantageux pour toutes les parties prenantes.

La sociodynamique des conflits constitue le cas limite où le mouvement par les hommes s'accomplit ou... se délite.

197

étape

46

Survol des stratégies d'imposition, toujours un peu rudes

Comme les autres modes, l'imposition se décline en multiples stratégies (méthodes, procédés, pratiques ou techniques) qui en soutiennent le mouvement. Outre la pratique des grandes oreilles, il convient de noter :

- **la méthode des consignes professionnelles : les process, les qualifications, les horaires, les délais sont consignés dans des manuels ou des notes de services** et confirmés par voie orale. Ils sont élaborés par des services spécialisés et donnent lieu à contrôle ;

- **la méthode de communication distributive : la seule information importante est descendante et sélective** ; la consultation des tiers est fréquente mais pas systématique ;

- **la pratique de jeu personnel*** (dans la communication individuelle) : **les subordonnés sont seulement considérés comme des *objets*,** sans procès d'intention ; les contacts sont corrects mais conventionnels ;

- **la stratégie d'inconditionnalité** (vis-à-vis des alliés) : la coalition opère comme un *seul homme* ; les autres sont rejetés ou ignorés.

198

© Éditions d'Organisation

Les stratégies directes et indirectes apportent leur soutien à l'imposition, notamment dans sa forme conflictuelle.

- **La stratégie directe opère par affrontement, de plein fouet, en ligne de bataille et à découvert.** Elle mise sur le choc obtenu par une concentration de forces ou de pouvoir exercée rapidement sur des points vulnérables du dispositif de l'adversaire, voire en son point le plus fort, car « s'il cède ici, il est battu partout ». Cette stratégie n'exclut pas, bien entendu, les habiletés tactiques locales que Napoléon imaginait et appliquait avec brio ; mais elle tend plutôt à privilégier le mouvement des *gros bataillons* précédé et accompagné par une forte puissance de feu. C'est une stratégie expéditive au service d'un acteur cherchant à profiter d'un excédent de pouvoir momentané, **mais elle peut aussi s'avérer périlleuse pour l'acteur imprudent** qui ne possède pas les *moyens de sa politique*. De toute façon, elle exige un fort investissement de moyens en argent, en hommes, en ressources économiques, en réserves sociales. C'est une stratégie pour *riche* ou… pour téméraire. Elle a pour effet de réduire le pouvoir **de l'autre acteur qui se voit contraint de céder, faute de moyens.** Du débarquement en Normandie à la grève générale de mai 1968, il s'agit de *vaincre par KO.*

Le coup de boutoir de **la stratégie directe nécessite plus de pouvoir que de sagesse**. Il se justifie pleinement dans les cas quasi désespérés, pour tirer profit d'une opportunité et pour mettre un terme à une relation de conflit qui s'éternise ou se retourne.

- **La stratégie indirecte cherche à atteindre le même objectif,** mais au moyen **d'une action exercée** cette fois, non plus sur le pouvoir de l'autre acteur, mais **sur sa volonté.** Il s'agit moins d'affaiblir l'autre dans son potentiel de ressources que de **le surprendre, le décourager, l'induire en erreur, le pousser à la faute,** l'empêchant ainsi d'utiliser ses pouvoirs dans de bonnes conditions.

« À quel instant précis la bataille est-elle perdue ? », demande J. de Maistre à un général russe, qui répond : « Quand l'un des chefs d'armée *croit* qu'elle est perdue. » **On n'est jamais vaincu ; on est convaincu.** Tous les moyens sont bons et ils sont innombrables : la ruse, la surprise, le harcèlement, les renversements des alliances, les manœuvres enveloppantes, la désinformation, la subversion, le terrorisme (... on n'arrête pas le progrès), etc. Souvent, l'identité même de l'agresseur reste problématique. Certains auteurs ajoutent à cette liste les méthodes utilisées par Sun Tsé[1], lesquelles pourraient également figurer dans l'arsenal du jeu de go*.

Cette stratégie de plus longue durée vient immédiatement à l'esprit d'un acteur **qui cherche à compenser un déficit de pouvoir par un surplus d'intelligence** de la situation. **Chercher à fragiliser le moral d'un adversaire**, c'est réduire l'intensité de l'énergie qu'il va investir dans sa réaction. De plus, c'est économiser ses propres forces dans une lutte devenue quasiment sans lutteur. Le Dr Goebbels aurait pu souscrire à ce propos si juste : « Un soldat hors de combat est un adversaire en moins, mais un soldat pris de panique, c'est toute l'armée ennemie qui est en déroute ! » On comprendra que la stratégie indirecte soit davantage prisée par les grands manœuvriers de l'action, plus habiles que forts, peu scrupuleux sur les moyens, toujours soucieux de privilégier les scénarios qui offrent le moins de résistance[2]. **Mais c'est une stratégie qu'il est difficile de maintenir dans la perspective d'une performance* sociodynamique de l'action.**

▨ Dans la foulée, on retiendra également :

– **la stratégie de guerre froide** (pour les conflits ouverts) : la violence du conflit est seulement verbale ;

– **la stratégie de Sun Tsé** : le conflit se traduit par un subtil encerclement de l'adversaire sur de nombreux plans (idéologique, juridique, économique, etc.) ;

▨ **la stratégie des pertes croissantes** : contrairement à ce qui se passe habituellement, l'agresseur *voit diminuer tous les jours* sa part de concessions acceptées en début de conflit par l'agressé. Autrement dit, « plus tu t'entêtes, plus tu paies » ;

▨ **la stratégie de descente aux enfers** : les positions contraires sont radicalisées et transformées en contradictoires irréductibles ; seule la

---

1. Sᴜɴ Tsᴇ́, *L'Art de la guerre*, Pocket, 2002.
2. B. H. Lɪᴅᴅᴇʟʟ Hᴀʀᴛ, *Histoire mondiale de la stratégie*, Plon, 1963 ; G. Cʜᴀʟɪᴀɴᴅ, *Anthologie mondiale de la stratégie, des origines au nucléaire*, Bouquins Robert Laffont, 2001.

lutte à mort portée aux extrêmes peut mettre fin au litige et réduire l'adversaire à merci.

Souhaitons que les stratégies du 3e mode bénéficient un jour d'autant de recherche et d'outils pratiques que celles du 1er mode...

47

L'organisation
à dominante mécaniste

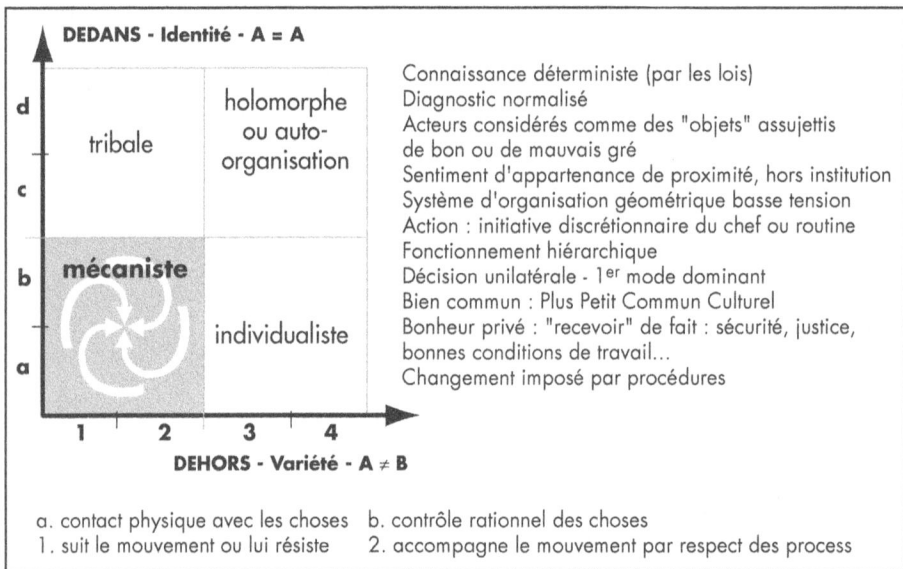

```
DEDANS - Identité - A = A

d                holomorphe        Connaissance déterministe (par les lois)
                 ou auto-          Diagnostic normalisé
   tribale       organisation      Acteurs considérés comme des "objets" assujettis
                                   de bon ou de mauvais gré
c                                  Sentiment d'appartenance de proximité, hors institution
                                   Système d'organisation géométrique basse tension
                                   Action : initiative discrétionnaire du chef ou routine
                                   Fonctionnement hiérarchique
b  mécaniste                       Décision unilatérale - 1er mode dominant
                                   Bien commun : Plus Petit Commun Culturel
                 individualiste    Bonheur privé : "recevoir" de fait : sécurité, justice,
                                   bonnes conditions de travail...
a                                  Changement imposé par procédures

    1     2     3     4
        DEHORS - Variété - A ≠ B

a. contact physique avec les choses  b. contrôle rationnel des choses
1. suit le mouvement ou lui résiste  2. accompagne le mouvement par respect des process
```

AUTRES CARACTÉRISTIQUES :

– Énergie captive issue des forces internes ou d'un chef monocratique qui opère selon le principe d'inertie

– Temps horloger centré sur des présents successifs, distincts pour l'institution et le personnel

– Argent : le travail au service du capital – Profits à la discrétion de ce dernier

- Minimum social assuré par la pratique des grandes oreilles
- Inertie des valeurs basiques : ordre, équité, sécurité, respect des standards
- Organisation pyramidale – Peu de relations horizontales, si ce n'est privées
- Consultation de masse ou limitée aux spécialistes
- Contrôle de gestion par procédure, pouvant servir à juger les subordonnés – Reporting rigoureux – Respect du budget
- Formation productiviste par traitement administratif
- Prééminence d'une convention ou d'un statut – Évaluation et rétribution selon une grille générale
- Marché de série – On vend des *produits à consommer* – Métier : la *technique* – Clients et concurrents lointains – Suivi du marché par les ventes
- Production procédurale ou taylorienne – Maîtrise des coûts érigée en dogme – Maintenance procédurière de l'outil
- Information *top down* centrée sur la tâche – Jargon productiviste – Informatique centralisée de grande rigidité
- Qualité *standard* – Approfondissement des acquis techniques et commerciaux
- Innovation : amélioration des process au fil de l'eau
- Pas de projet au sens propre, plutôt : des plans, programmes, méthodes, consignes
- Syndicalisme d'opposition : -> antagonisme : – 3
- Alliance de tout ou rien – Gestion de conflit par stratégie directe ou indirecte

RISQUES OU LIMITES :

Manque d'écoute du corps social – Initiatives locales peu encouragées – Développement de l'attitude B1 et de l'opposition – Bureaucratie et lourdeurs administratives – Peur du changement – Peu de réactivité au dehors – Incapacité à comprendre l'ensemble des problèmes.

6

itinéraire

48

Rééquilibrer les relations au moyen de la transaction

« La vertu assignée aux affaires du monde est une vertu à plusieurs plis, encoignures et coudes, faite pour s'appliquer à l'humaine faiblesse. Elle est mêlée et artificieuse, non droite, nette, constante, ni purement innocente » **(Montaigne)**.

Cet itinéraire pourrait commencer utilement par une relecture de l'étape consacrée à l'art baroque[18] : elle en propose une vision plus large.

La **transaction est le mode** *intermédiaire* **de management par lequel un acteur ou un chef, s'appuyant sur ses compétences ou son habileté, négocie avec les autres acteurs** un meilleur équilibre de pouvoir et un système de flux plus avantageux lui permettant d'optimiser son jeu d'échanges. Indirectement, les autres membres du corps social trouvent là des opportunités de jeu personnelles et l'institution, des occasions pour *s'adapter*. La transaction ne peut s'appliquer raisonnablement qu'entre acteurs de niveaux hiérarchiques ou de compétences proches. Par conséquent, entrer dans les jeux de la transaction, c'est accepter un monde relativiste, empiriste, changeant, ouvert, turbulent, mercenaire, dans lequel le principe d'identité collective est comme placé provisoirement entre parenthèses.

Second mode entrant dans la composition du style de management, **la transaction se situe à mi-chemin entre l'imposition, qui privilégie la décision unilatérale, et l'animation, qui mise sur la décision unanime.** Les moyens de la transaction visent plutôt à obtenir une décision négociée qui résulte souvent de l'incapacité des acteurs à imposer leur choix en 1er mode et à susciter un projet collectif en 3e mode. Se proposant de trouver un équilibre entre les intérêts des acteurs, **la transaction parvient à obtenir un arrangement acceptable pour les parties par une alternance de raidissements et de concessions.** Pour résumer : le 1er mode verrouille, le 2e déverrouille et le 3e fédère.

Le jeu transactionnel est possible et s'impose de lui-même dès lors que deux acteurs sont dans la position du **triple équilibre : même synergie** mutuelle, **même antagonisme** réciproque, **pouvoirs mutuels à peu près équivalents.** Comme chaque acteur émet des signaux ambigus difficiles à décrypter, l'équilibre est incertain et instable, mais reste malgré tout assuré tant que les partenaires se reconnaissent, du moins publiquement, *égaux en puissance*. La poursuite de la relation résulte de la prise de conscience simultanée des acteurs qui découvrent que **ni l'amour ni la violence ne régleront leur différend**, et que les arguments rhétoriques sont seuls susceptibles de positiver les rapports.

C'est, par conséquent, **le mode de relation le plus naturel** : afin de trouver le bon passage dans la montagne, reconnaissez qu'il vous arrive de *transiger* avec sentiers, pics et vallons... Mais c'est aussi le style le plus commun employé en politique, en diplomatie et dans le monde commercial. Les voisins d'immeuble, les experts d'un bureau d'études, les universitaires en quête d'un concept, les acheteurs et les vendeurs sont naturellement transactionnels. **La démocratie en a fait le fondement de sa théorie politique.** Tandis que le 1er mode établit des rapports de sujet à objet et que le 3e mode développe des relations de compagnon à compagnon, **le 2e mode, lui, se contente de maintenir des contacts de partenariat**, l'autre étant considéré froidement comme un contractant, un allié ou un concurrent.

Dans la transaction, tout est négociable, donc **tout est opérationnel-lement relatif**. C'est pourquoi la transaction se sent à l'aise dans la mobilité des hommes, les changements de système, l'ouverture sur le dehors et, pour tout dire, dans une organisation de type individualiste *qui joue les acteurs sans le groupe*. Puisque tout est relatif, **tout est empirique** et négociable selon le lieu et le moment : le projet, la stratégie mais aussi les alliances, les intérêts, les valeurs, l'éthique et la vérité elle-même, sujette au changement comme le reste ! Dans cette optique, **le chef** n'est pas celui qui définit les objectifs, les voies et les moyens (1er mode), ni celui qui oriente des forces individuelles vers un projet collectif (3e mode). Il **est celui qui rééquilibre les synergies, les antagonismes et les pouvoirs des autres acteurs.** Sa position hiérarchique lui confère une certaine autorité, mais **il en use ici avec parcimonie**, afin de maintenir la réalité ou l'illusion d'une égalité de droit ou de puissance.

La transaction est fortement positive parce qu'elle **ouvre des espaces de liberté à tous les acteurs**. Les plus actifs d'entre eux s'empresseront de combler ces *vides* par **des initiatives, des innovations et des remises en cause dont on saura plus tard si elles sont salutaires ou non**. La transaction facilite également une participation plus raisonnée à des alliances d'intérêt. Par là, elle devient une sorte de *piège pour les B1* qui peuvent se trouver embarqués dans des travaux de commissions ou de cercles de qualité puis, peu à peu, sans bien s'en rendre compte, franchir la *ligne bleue* de la coopération active (-> synergie*).

La positivité de la transaction vient de ce qu'elle répond à une forte attente des membres du corps social de l'entreprise (et, par extension, des membres de la société civile), celle **d'affirmer leur personnalité et leur professionna-lisme, de développer leur mérite personnel et leur réactivité porteuse de risques et de succès, et ce par une optimisation des échanges entre égaux**. En parallèle, elle répond au second impératif de l'institution, celui d'adapter le dedans de l'organisation à l'environnement. Pour ces deux motifs, **les moyens sont les mêmes** : travail en *commission* ou en *réseau* et *liberté* des échanges. De la sorte, la transaction permet à la longue de réduire les écarts excessifs et injustifiés entre les positions des acteurs. « À la longue, le chien passe un compromis avec le chat » (proverbe hongrois). C'est à ce titre que la transaction est quelquefois considérée comme un **mode de transition** nécessaire entre le 1er et le 3e mode. Bien sûr, la transaction a ses faiblesses :

- **Elle consomme beaucoup de temps**, celui que les acteurs doivent investir pour parvenir tant bien que mal à trouver un arrangement. Le temps du 2e mode se compte en mois. La transaction ne convient pas, par conséquent, pour répondre aux situations courtes et tragiques telles que les conflits aigus et les crises.

- **Elle tranche en faveur de solutions peu sûres.** Même si, dans l'entreprise, la majorité des suffrages ne se manifeste pas par un vote, elle s'exprime par une majorité provisoire de pouvoir ; et cette majorité peut n'être qu'un arrangement de commodité et non de raison.

- **Elle peut masquer un 1er et un 3e mode qui n'osent pas dire leur nom.** On sait qu'un mode peut en cacher un autre. Parce que la transaction possède un caractère démocratique, elle est socialement plus acceptable et peut servir de paravent à des despotismes sournois s'exerçant directement sur les hommes ou indirectement sur la culture. En outre, la transaction n'hésite pas, le cas échéant, à user des manœuvres évoquées dans l'étape « techniques de négociation » : action en trompe l'œil, pivot factice, renversement d'alliances, double langage... Amorale plus qu'immorale, la transaction ne s'embarrasse pas d'une éthique trop exigeante. Elle donne dans le pragmatisme social-démocrate. C'est dire que la transaction se donne des airs baroques et s'inspire largement du principe de variété-multiple.

Ces inconvénients la condamnent-ils à la fragilité ou à l'incohérence ? Ils caractérisent plutôt un **système turbulent** à équilibre précaire, un état intermédiaire fécond qui s'insinue entre l'ordre et le désordre. Les démocraties que l'on prétend fragiles ont prouvé jusqu'à présent leur supériorité sur les États monocratiques (dictature du 1er mode) et endocratiques (régime théocratique à dominante de 3e mode).

La transaction exerce naturellement son action par une **stratégie majeure**, celle **de l'alliance***, et par de nombreux procédés d'appoint, à commencer par :

■ **La stratégie de dialogue** (sur les plans professionnel et social) : les pratiques professionnelles s'élaborent au moyen d'un maillage de groupes de travail, d'équipes de progrès et d'expériences de validation, et d'un réseau très réactif d'information-communication. **La pratique sociale est fondée sur le souci d'améliorer l'aller-retour** de l'information ; la consultation est systématique, la concertation occasionnelle, le marchandage coutumier.

▨ Vis-à-vis des adversaires :

– **la stratégie de manœuvre** : non désignés clairement, les adversaires font l'objet de tentatives de récupération, de division, de mise en porte-à-faux, de neutralisation ;

– **la stratégie de coexistence pacifique** : elle établit un partage semi officiel de zones d'influence peu précises remises en cause au gré des événements ;

– **la stratégie de contention** : l'adversaire est contenu à distance ou confiné dans des territoires précis d'où il peine à se dégager ;

– **la stratégie de rééquilibrage*** (dur ou souple) : elle consiste à reformater plus utilement les rapports de puissance des divers sous-groupes de l'organisation ;

▨ **La stratégie de chaud et froid** (pour se sortir d'un mauvais pas) : il s'agit de **tester** par des essais successifs mais prudents **les chances de réussite d'une stratégie de coopération**, en alternant les manifestations d'antagonisme et de synergie.

Toutes ces stratégies et méthodes sont mises en œuvre avec talent par les plus habiles de nos hommes politiques, tels Catherine de Médicis, Henri IV, Talleyrand et, plus proches de nous, Pompidou, Mitterrand et Edgar Faure, à qui l'on prête cette repartie : « Vous me reprochez de tourner comme une girouette, mais ce n'est pas moi qui tourne, c'est le vent. »

Relire l'ardent plaidoyer d'Alexis de Tocqueville en faveur de l'*individualisme*[1].

---

1. A. de TOCQUEVILLE, *De la démocratie en Amérique*, La Pléiade, Gallimard, 1992.

49

Faire de la stratégie d'alliance, le grand pivot de la transaction

« S'ils ne sont pas contre moi, ils sont pour moi »
(Saint Marc).
« La paix, le commerce, une honnête amitié avec toutes les nations, mais une étroite alliance avec aucune »
(T. Jefferson).

La stratégie d'alliance est nécessaire pour l'homme d'action. Si vous êtes seul dans votre salon sous le charme d'une musique de chambre, le problème de l'alliance avec qui que ce soit ne se pose pas vraiment. **La nécessité de l'alliance apparaît dès lors que vous avez à conduire une action collective**, et si, manquant de pouvoir de coercition ou d'influence, vous ne pouvez employer les méthodes ni du 1er ni du 3e mode. C'est dire que la stratégie d'alliance relève de la panoplie de ce mode intermédiaire qu'est la transaction où **l'efficacité de l'action résulte d'un arrangement momentané ou durable** avec les choses et les gens : « Ce que je ne peux réussir tout seul, ni par la force ni par le consensus, eh bien, je l'entreprendrai avec tels ou tels, **à qui j'attribue le statut d'alliés.** »

212

Évidemment, selon que s'exercera plus ou moins la pression de l'imposition ou l'engagement libre de l'animation, l'alliance prendra une coloration différente. Sous l'apparence d'un contrat de travail négocié, elle peut être ressentie, par certains acteurs, davantage comme une relation de contrainte que comme un partenariat professionnel. Au sens strict, **l'alliance est fondée sur un juste équilibre d'intérêts mutuels,** explicites, implicites ou cachés. Elle suppose des acteurs-partenaires remplissant les uns par rapport aux autres (du moins formellement) les conditions du *triple équilibre*[157], cas médian des relations sociales illustré par le profil de puissance du même nom.

La véritable alliance perdure autant que cet équilibre est maintenu, autrement dit que l'enjeu reste positif. C'est le cas de la paix sociale, des bonnes relations entre les nations, du partenariat commercial, de recherche et de développement communs. Pour une part, le mariage est lui-même une alliance d'intérêts domestiques et fut longtemps considéré comme une pure alliance de familles. Si mon antagonisme l'emporte sur ma synergie, et si le rapport de pouvoir ne m'est pas trop défavorable, je trouverai toujours un bon ou un mauvais prétexte pour rompre l'alliance.

On distingue une grande variété d'alliances : de coalition ou confédérative, en étoile, en réseau, de proximité, etc. ; elles sont utilisées à découvert ou discrètement. L'histoire est riche de ces alliances de revers et de ces renversements d'alliances qui font de la transaction un mode éminemment politique.

L'alliance par coalition est la plus typique. Les alliés se coalisent **pour mieux répondre à un danger, pour mieux relever un défi ou réaliser un projet.** Se situant à la place d'un acteur A (le chef, le responsable) et considérant la carte des attitudes de tous les autres acteurs B concernés par le thème de la relation, la sociodynamique a établi la liste de ceux qu'il convient de placer *a priori* hors de l'alliance, comme rivaux, concurrents irréductibles ou ennemis, et ceux qui méritent au contraire le statut d'alliés. Sont alliés ceux qui adoptent une attitude située dans l'espace où la synergie est au moins égale à l'antagonisme. Par conséquent, les sociopassifs (B1) font partie de l'alliance et jouent par leur nombre un rôle important pour l'efficacité de l'action. À l'inverse, les B4 et B5 sont hors de l'alliance et justifient des stratégies de contention, de conflit ou d'enveloppement.

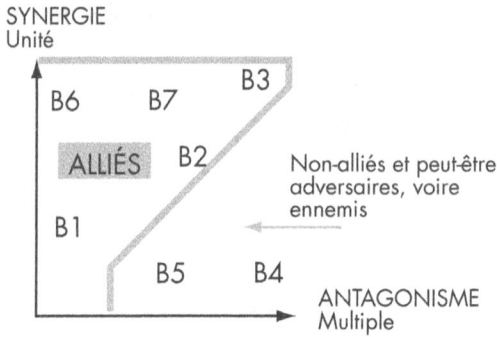

SYNERGIE
Unité

B3

B6   B7

ALLIÉS   B2

Non-alliés et peut-être
adversaires, voire
ennemis

B1

B5   B4

ANTAGONISME
Multiple

Vous remarquerez au passage que **le fait d'être antagoniste ne vous exclut pas** *a priori* **de l'alliance** ; seul l'antagonisme systématique sans contrepartie synergique constitue un acte avéré d'agressivité. Pratiquement, toute stratégie d'alliance s'appuie sur les règles suivantes :

▨ **Bien identifier les alliés** par point d'application, au moyen de la carte des attitudes*.

▨ **Les accepter tels qu'ils sont**, avec leurs humeurs, leurs critiques et même leurs attitudes passagères de rupture. Se convaincre qu'ils ne sont pas *à la botte* du chef de l'alliance.

▨ **Les soutenir** avec du jeu commun*, du crédit d'intention*, de l'information, de la formation, de la promotion, de bonnes conditions de travail, de la concertation sur les choix stratégiques et, bien entendu, par un système de gratification pécuniaire et morale valorisant.

▨ **Aider les «** *alliés* **++ » à stimuler l'ardeur des «** *alliés* **+ »** et à neutraliser ou à rallier les adversaires.

▨ **Créer les conditions** techniques et morales **leur permettant éventuellement de rejoindre l'alliance** s'ils ont cru bon, à tort ou à raison, de la quitter.

La coalition peut être discrète, voire secrète – c'est le cas des associations dont les intentions sont mal tolérées par l'opinion ou interdites par la loi –, mais elle peut être publique, se doter d'une stratégie globale, posséder une enseigne, un code intérieur de bonne conduite, etc. C'est le cas des confédérations professionnelles, des associations de franchisés ou d'anciens élèves d'une grande école, de l'Union européenne, de l'OTAN, etc.

La stratégie d'alliance en étoile fait appel aux mêmes catégories d'attitudes, mais elle est davantage centrée sur un acteur qui **entretient un jeu subtil d'alliances avec un réseau de partenaires**, proches ou lointains, de grande ou de petite autorité, qui s'échangent sans publicité des services immédiats ou différés. Les hommes politiques pratiquent cette stratégie avec une rare maîtrise, mais tout acteur public ou privé, que ce soit vous ou moi, doit la mettre en œuvre dès lors qu'il s'agit ou bien de renforcer l'efficacité du groupe, ou bien de satisfaire des ambitions et des intérêts personnels. Chacun de nous, en principe, est au centre d'une étoile, celle de sa propre alliance, qu'il cherche à renforcer et à valoriser, notamment en facilitant les échanges entre les alliés. Cette stratégie individuelle se pratiquant de proche en proche de la même façon, **on comprend l'importance des alliances de proximité** qui densifient le jeu commun et suscitent éventuellement un authentique crédit d'intention mutuel. Et l'alliance s'étend ainsi aux *tiers** dont on ne désespère pas de faire un jour de *bons* alliés. Pour les organisations, ce sera le règne des **réseaux d'intérêt et des lobbies**.

◼ L'alliance avec le plus grand nombre d'acteurs (le corps social, la société civile…), quel que soit leur niveau d'expertise ou leur autorité, est un atout pour l'efficacité de l'action.

◼ Dans toute organisation, une *alliance privilégiée* unit le chef à l'encadrement, notamment aux responsables de proximité placés près des acteurs moins engagés mais plus nombreux. Au jeu de go*, il s'agit de la quatrième ligne à partir du bord du damier.

◼ Une alliance tient autant par le jeu personnel* du chef que par le jeu commun de tous, d'où l'importance de la détermination du responsable de l'alliance.

▨ Consacrer deux tiers de ses efforts et de son temps à rassembler, soutenir, développer l'alliance, et un tiers seulement à contenir ou combattre les non-alliés.

▨ Il doit être *payant* d'appartenir à l'alliance et *coûteux* d'en être exclu. Nombre de responsables ont la fâcheuse tendance à faire le contraire, espérant rallier leurs adversaires avec de vaines largesses, tandis qu'ils désespèrent leurs alliés en les négligeant.

▨ À la condition d'être pratiquée avec des alliés, une stratégie synergique est plus économique qu'une stratégie antagoniste. Par conséquent, face à la stratégie synergique d'un partenaire, il est absurde ou pervers de répondre systématiquement par une stratégie antagoniste, sauf si le but est de le détruire.

Évidemment, ces alliances risquent de servir les intérêts particuliers des plus habiles ou des plus égocentriques, et d'inaugurer un mouvement de clôture de l'organisation sur elle-même. Dans ce cas, il revient au responsable de plus haut niveau de pratiquer une stratégie d'alliance *au carré*, c'est-à-dire **une alliance d'alliances** qui dépasse les coalitions locales pour s'étendre aux chefs des groupes plus éloignés.

L'efficacité de l'action, dépend pour une grande part du soutien discret des tiers et de l'appui public des alliés.

50

S'investir dans un réseau d'alliances

« Nous voici devenus des "nomades électroniques",
zappeurs fous d'un travail qui se parcellise
en de multiples lieux, en de multiples tâches »
(**D. Ettighoffer**).

Toute alliance tend à s'investir dans un réseau, support d'un système de pouvoir, d'influence et d'échange… Ce système est souvent convivial ou spécialisé par centre d'intérêt : c'est ainsi qu'on distingue le réseau des anciens élèves d'une grande école, des adhérents à un syndicat, des directeurs des ressources humaines au sein d'un groupe. Il peut s'étendre à l'extérieur par des contacts et des accords commerciaux ou professionnels, et atteindre ainsi, de proche en proche, des tiers lointains. Il peut être matérialisé par une charte ou un contrat, donc être connu par tous ceux qui se sentent concernés de près ou de loin par le sujet ; il peut être tacite et réunir virtuellement « les partisans d'une profonde rénovation de la société » ; il peut être discret ou caché et s'attaquer à des tâches moins avouables. Chaque abonné d'un réseau téléphonique peut communiquer directement avec tous les autres : le réseau est sans contrainte d'espace, fluide, rapide, égalitaire, auto-actif, rétroactif, téléactif, récursif... Les mouvements politiques, les associations caritatives, les organisations scientifiques ou commerciales, les chambres de métiers, les sociétés de lobbying ont toutes **besoin de ramifier leurs actions afin d'améliorer leurs relations entre le dedans et le dehors.**

Les experts, les fonctionnels et les *mercenaires* qui opèrent selon les principes de l'organisation individualiste sont naturellement intéressés à participer à un réseau, ne serait-ce que pour soutenir leurs ambitions professionnelles ou personnelles. **Dans l'auto-organisation, le réseau de personnes interfère avec celui des unités d'activités,** lequel entretient avec le précédent des relations matricielles complexes.

Étendu à l'extérieur de l'organisation, ce même schéma devient un **réseau de métiers.** Celui-ci peut être un simple partenariat commercial ou technique, avec des fournisseurs privilégiés, des distributeurs franchisés ou des bureaux d'études complices. Mais celui-ci peut être **fédéré** : à l'ombre d'une raison sociale prestigieuse s'articule un réseau de petites sociétés indépendantes, téléactives, qui créent, produisent, communiquent, vendent... Le centre politique et stratégique est assuré par une **équipe réduite**, responsable de l'essentiel : la garde des fondements et le développement du projet.

Le fonctionnement en réseau se double le plus souvent d'une *action à distance*, laquelle introduit l'idée moderne de **téléaction.** « Voyageuse immobile, l'entreprise doit être virtuellement partout pour gérer au mieux ses ressources, son savoir-faire, ses produits et ses clients. Nous voici devenus les *hommes terminaux* d'une société branchée, connectée, dans laquelle s'émiette notre temps entre vie privée et professionnelle, qu'aucune frontière ne sépare plus »[1] (D. Ettighoffer). Se déplacer pour aller au bureau devient superflu et si le travail peut être assuré à domicile, pourquoi alors disposer de grandes surfaces de locaux ? On connaissait déjà le télétravail exécuté à distance par un personnel administratif branché sur un réseau électronique et retransmettant par le

---

1. D. ETTIGHOFFER, *L'Entreprise virtuelle*, Odile Jacob, 2000.

même canal l'ouvrage achevé. Des sociétés de gestion asiatiques assurent ainsi (à meilleur compte...) le travail exécuté jusqu'à présent par les employés salariés d'une firme... du Lot.

La technologie informatique aidant, la téléaction a toutes les chances de prendre place parmi les grandes orientations à venir, du moins pour les métiers de services ou intellectuels.

— **Avantages** : une plus grande liberté personnelle des acteurs, des plages d'initiatives professionnelles plus larges, une réactivité locale de meilleure qualité et plus rapide, une réduction des coûts de gestion, une plus grande ouverture au *dehors*.

— **Inconvénients** : un affaiblissement du sentiment d'appartenance*, une prise de distance vis-à-vis des fondements de l'entreprise, notamment de la culture et du projet, donc un relâchement affectif favorisant l'apparition de collaborateurs purement mercenaires.

— **Conditions de succès** : par rééquilibrage, faire en sorte que la responsabilité des acteurs soit plus centrée sur l'adhésion aux valeurs qu'au respect des processus.

Deux stratégies (combinables...) sont donc susceptibles de répondre à ce nouveau défi :

▓ Dans un style* de type 2.3.4.,

a. **renforcer l'adhésion culturelle**, en multipliant les relations personnalisées, les échanges amicaux, le crédit d'intention mutuel ;

b. **éclater l'organisation** en de nombreuses petites équipes dirigées par un chef local influent et animées selon les méthodes de la double appartenance[241].

▓ Dans un style de type 4.4.1., **renforcer le rôle des flux de fonctionnement et de contrôle** afin de rendre plus systématique l'action des acteurs. Ici, l'organisation opère comme un réseau technique d'experts animés par leurs intérêts professionnels et pécuniaires.

Les réseaux consolident l'alliance et multiplient les opportunités de l'action.

51

Faire de la négociation l'instrument naturel de l'organisation individualiste

« Si tu me donnais une pêche, je te revaudrais une prune »
(Mo-tseu).

Considérée dans son sens large, **la négociation est l'opération par laquelle deux acteurs en conflit d'intérêts** (concurrents, rivaux ou placés dans un rapport acheteur/vendeur) **s'efforcent d'optimiser leurs propres enjeux** dans un compromis acceptable obtenu si possible au moyen apparent de la seule dialectique argumentaire.

Dans l'imposition, ces moyens sont au contraire lourds et menaçants : les attitudes antagonistes* sont fortes (− 3 opposant ou − 4 irréductible) ; les pouvoirs[294] engagés sont contraignants, voire terrassants ; les revendications (appelées *exigences* !) atteignent des sommets ; le discours rhétorique est destiné non pas à trouver un compromis mais à pousser l'adversaire à la soumission. Le mot est dévoyé : la négociation formalise un constat, celui d'un rapport de force dominant/dominé qui aboutit à une relation gagnant/perdant. Les schémas suivants sont établis à partir du rapport de puissance.

TROIS PROFILS DE NÉGOCIATION

GAGNANT/PERDANT   DONNANT/DONNANT   GAGNANT/GAGNANT
1er mode   2e mode   3e mode

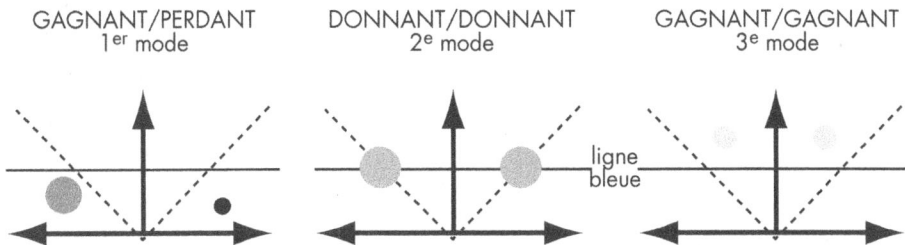

À l'opposé, **dans l'animation, seuls sont utilisés** (du moins en apparence) **les pouvoirs immatériels de persuasion.** Les attitudes dominantes sont synergiques. Les demandes sont mesurées et tiennent compte des réelles possibilités de l'autre acteur. C'est la bonne volonté, à base de crédit d'intention*, qui prime. Ici aussi, le mot est détourné ; il s'agit plutôt d'une concertation ou, si l'on préfère, d'une *dispute sur fond de consensus*. La négociation est dite gagnant/gagnant.

Le terme négociation vaut surtout dans le cas où deux partenaires entretiennent un rapport donnant/donnant. Il convient également pour définir l'aspect technique du 2e mode, **cas particulier où les acteurs sont dans une relation de puissance provisoirement équilibrée,** tant du point de vue de la synergie, de l'antagonisme que du pouvoir. L'issue de la relation ne peut dépendre que :

- **de l'évolution** à terme de l'un des trois facteurs de la puissance, par exemple : renversement d'alliances, accident de travail, article de presse, annulation d'une grosse commande ;

- **de manœuvres,** d'artifices ou de pièges tactiques qui sont destinés à masquer, déformer, survaloriser le rapport de puissance réel, afin d'induire chez l'autre partenaire une attitude plus conciliante et de faire basculer habilement la négociation dans une relation gagnant/perdant.

Sauf dans le cas où le 3e mode est dominant, il est en effet illusoire de croire que les conflits peuvent se résoudre au moyen d'un dialogue confiant entre les parties. Les rivalités ou concurrences sont irréductibles à la plupart des arguments, même de bon sens. La négociation ne résout rien ou pas grand-chose par elle-même ; elle met seulement un point final (provisoire ?) à un conflit d'intérêts qui trouve sa solution **par la force des choses quand les deux acteurs admettent leur impuissance mutuelle ou la surpuissance de l'un sur l'autre.** C'est donc le conflit d'intérêts dans sa globalité qu'il faut gérer et non son aspect diplomatique.

La négociation assure toutefois **une triple fonction importante :**

a. **Celle d'ouvrir une instance d'échange** où justement les acteurs peuvent se parler les yeux dans les yeux. « De l'autre côté de la table où tu te tiens, tu m'adresses des signaux ; je détecte ainsi ton niveau d'antagonisme, la crédibilité de tes menaces, tes opérations de bluff. De même, j'émets des signaux sur mes propres attitudes, mes réserves de pouvoir... À cette occasion, je cherche à me placer dans une situation avantageuse, éventuellement par la dissimulation ou la ruse. »

b. **Celle d'assurer un rite social**, lequel témoigne (au-delà du cérémonial) de la volonté apparente des acteurs de trouver un arrangement loin des fureurs de la lutte armée. Ce rite manifeste le minimum de jeu commun et de crédit d'intention que les négociateurs peuvent avoir *avec* et *pour* l'autre. Mieux vaut le rite que la poudre.

c. **Celle de mettre au clair les reliquats du conflit**, de formaliser l'issue, de conclure la guerre par un *acte notarié* où sont consignés les arrangements pratiques que les acteurs acceptent par nécessité. Cet arrangement tend à l'équilibre et n'est rien d'autre que la reconnaissance, faite par chacun des partenaires, de son incapacité à obtenir plus de concessions des autres acteurs.

▪ Les négociateurs se réfèrent à un rapport de puissance apparent mais masqué, proche de l'équilibre ; c'est pourquoi chacun d'eux tente de créer par des *artifices* un déséquilibre de façade plus favorable.

▪ Tout se monnaye : *rien sans contrepartie.*

▪ Opposer toujours une revendication à une autre, y compris en présentant des *exigences factices* à échanger au dernier moment contre des demandes principales camouflées en *secondaires.*

La négociation n'offre pas de solution miracle pour régler un conflit d'intérêts ; celui-ci se termine de lui-même, *par la force des choses*, la négociation facilitant seulement son dénouement.

Il est impressionnant de constater le haut niveau de sophistication auquel sont parvenus les négociateurs, commerçants, diplomates, syndicalistes, hommes politiques ou hommes d'affaires... pour exceller dans l'**art de la manœuvre**[1]. C'est que, pour une part, la négociation relève de **la théorie des jeux** dans laquelle chaque acteur, se croyant purement rationnel et agissant dans son propre intérêt, cherche à maximiser ses gains vis-à-vis d'un autre acteur censé agir selon la même logique. Pour cela, il intègre dans sa stratégie les effets de celle que l'autre est supposé utiliser contre lui, lequel à son tour, etc. D'où l'intérêt pour chacun des joueurs de masquer ses véritables objectifs et de donner des informations judicieusement biaisées sur ses intentions stratégiques. Ainsi, **le jeu transactionnel devient rapidement un jeu d'ombres** dans lequel l'action mutuelle finit par être articulée sur une double représentation mentale, la première qui porte sur l'idée qu'on se fait de son propre intérêt et la seconde sur celle que chacun se fait du jeu de l'autre.

Par les concessions consenties avec bienveillance, les transactions du 2ᵉ mode préparent les esprits au passage du 1ᵉʳ au 3ᵉ mode.

---

1. C. DUPONT, *La Négociation, conduite, théorie, applications*, Dalloz, 1994.

52

Se familiariser aux techniques de négociation

La conduite d'une négociation comprend une analyse préalable, la mise au point d'une stratégie pertinente et en situation, une ou des tactiques d'argumentation à effet rapide. Rappelons que les techniques et les manœuvres les plus performantes sont souvent les plus discrètes.

1. L'ANALYSE POLITIQUE

▪ **Fixer des enjeux** au plus près possible des objectifs de la politique générale de l'entreprise.

2. LA STRATÉGIE

▪ **Distinguer pour soi-même** (et si possible chez les différents partenaires) la **position affichée** – souvent excessive et peu réaliste – et les **intérêts réels** – comprenant une partie mobile où un arrangement est possible et un socle d'exigences non négociables. C'est sur la partie *arrangement possible* que porte la négociation.

▪ **Anticiper plusieurs scénarios* globaux** qui dépassent l'enjeu immédiat. Les classer du plus positif au plus négatif. Selon l'expression des Anglo-Saxons, opter pour la *Batna*, ou « meilleure alternative à un règlement négocié »... mais prévoir la mise en œuvre d'un scénario conflictuel.

- **Si possible, faire rédiger par un médiateur** un texte unique qui consigne non pas les positions affichées des parties, mais leurs intérêts réels. La négociation porte sur les modifications à apporter à ce texte.

- **Choisir le terrain** juridique, social, économique ou technique le plus favorable. Ne pas se laisser entraîner sur un thème peu défendable ou mal préparé.

- **Établir la plate-forme**, c'est-à-dire le plan des contreparties : vis-à-vis de B, ceci contre cela, vis-à-vis de C, ceci contre cela, etc. Insérer des **revendications factices** à échanger opportunément contre des intérêts cachés fondamentaux[1]. Fixer les points de rupture.

- **Opter pour une stratégie déterminée** : par exemple, préférer une stratégie de grignotage ou de tout ou rien ; être exigeant d'entrée, plus souple à mi-chemin, intraitable durant les dernières heures. Élaborer par séquence le plan directeur de la négociation, qui comprend les phases exploratoires (ou de ballon d'essai), de marchandage, de compromis final ou de rupture.

- **Décider d'un style d'action** pour chaque acteur allié, adversaire ou neutre donnant lieu à **un argumentaire** ajusté sur les points faibles du partenaire. Travailler la rhétorique avec soin, notamment par simulation.

- **Mettre au point les manœuvres** destinées à déstabiliser l'assurance de l'adversaire, par exemple en changeant d'interlocuteur ou de lieu de réunion, en proposant une autre plate-forme, en pratiquant un renversement d'alliances... ; prévoir des événements *inopinés* en réservant par exemple une information capitale qui sera annoncée à un moment crucial. Doubler éventuellement la négociation officielle d'une négociation *de couloir* où les vrais problèmes sont abordés. Conduire la négociation à *deux acteurs*, l'un conciliant et l'autre exigeant, l'adversaire étant tenté de céder au premier ce qu'il refuse au second.

- **Prendre appui sur les intérêts à moyen ou court terme du corps social**, des consommateurs, des usagers, des électeurs. Faire jouer aux

---

1. F. WALDER, *Saint-Germain ou la négociation*, Gallimard, 1958.

tiers* (homme politique, inspecteur du travail, journaliste...) un rôle d'information, de médiation, de conciliation, d'arbitrage.

▓ **Prévoir une issue parachute** en cas de péril.

▓ **Travailler la communication.** Informer les alliés avant, pendant, après.

▓ **Envisager l'après-négociation**, les nouvelles alliances, le nouveau climat, les nouvelles revendications.

▓ **Valider l'ensemble de la stratégie par une simulation.**

▓ Sur tous les points précédents : qui fait quoi ? dit quoi ? à qui ? à quel moment ? dans quel contexte ?

▓ Dans une perspective de jeu de go*, **considérer la présente négociation comme une pierre d'attente jouée dans un espace transactionnel plus général,** mobilisant de nombreux autres acteurs sur des thèmes connexes, lesquels enveloppent et dépassent les sujets négociables aujourd'hui. Cette vision géopolitique à long terme nécessite la maîtrise globale de ce que l'on pourrait appeler une **méga-négociation.**

3. LA TACTIQUE de l'argumentation

Échantillon de moyens tirés de la pratique des stratégies* directes/ indirectes :

— **Varier les procédés rhétoriques :** utiliser tour à tour l'explication (description, narration...), la comparaison, la définition, l'analogie, la généralisation, la déduction, l'hypothèse, l'alternative, la dramatisation, le paradoxe et l'ironie, la persuasion (mots motivants, répétition...), le harcèlement, la rationalisation, la détente au moyen de bons mots, l'enlisement dans les détails...

— **Disjoindre les problèmes** techniques, économiques, politiques ou **au contraire les globaliser** : « Je te sens faible sur le plan social ou légal, je ferraille ici plutôt qu'ailleurs. » Dans la multiplicité des arguments disponibles : « Je fais en sorte que tout ce qui ne me gêne pas me serve » (extrait de la dialectique marxiste).

— **Présenter d'abord les arguments faibles** pour que l'adversaire s'use à les réfuter ; présenter la proposition avec mollesse, puis, après la parade, argumenter avec force ; développer un argument de faible valeur, le reconnaître afin de passer pour un négociateur loyal, puis demander la réciprocité.

- **Laisser le demandeur faire sa proposition** : « Dites toujours, je verrai ce qu'il faut en penser » ; lui répondre par des principes généraux et attendre qu'il fasse de nouvelles propositions, et ainsi de suite. Répondre par la négative plusieurs fois de suite, puis faire une concession légère, de sorte que le partenaire dise : « Voyez, il devient raisonnable, c'est le moment de signer » (procédé mis en évidence par Soljenitsyne).

- Dans une position de faiblesse, **faire appel aux valeurs éternelles.** « Élever des montagnes de principes et... prévoir un tunnel pour passer dessous » (cardinal Gasperi).

- **Profiter du moindre moment de faiblesse** : « Puisque vous êtes d'accord, signons cela tout de suite. »

- En séance, **placer les alliés devant soi** (et les adversaires sur le côté) ; les faire parler en premier s'ils sont timides ou peu sûrs ; les faire parler en dernier s'ils sont résolus et fidèles. Comme au bridge : jouer dans la forte des alliés. Se faire arracher durement par les alliés ce qu'on est décidé à leur donner.

- **Critiquer les faits avancés par l'adversaire** : les sources ? la traduction ? le contexte ? leur réalité ? leur pertinence ? la concordance avec d'autres faits ? **Troubler l'adversaire** : « Expliquez-moi comment vous en êtes arrivé là. » Se faire définir un mot, préciser un détail, commenter un chiffre. **Réfuter,** par exemple en répondant 1) « C'est faux » ; puis 2) « Et si c'est vrai, ça ne prouve rien » ; enfin 3) « Et si ça prouve quelque chose, ça ne prouve pas ce que vous voulez démontrer ». Ou bien (méthode G. Marchais) : « Et vous, vous faites pis ! » **Renverser la preuve** : « C'est à vous de me prouver le contraire. » **Démasquer le jeu de l'adversaire** : « J'ai compris. Ce qui est à vous est à vous, mais ce qui est à moi est négociable ! » **Ne pas être tributaire de la tactique argumentaire adverse**. Ne pas chercher à ménager les opposants permanents et irréductibles (– 4). Savoir opposer un « non » franc et définitif qui rappelle le *niet* si efficace de l'ex-diplomatie soviétique.

La pratique des techniques de négociation nous renvoie à l'art baroque où tout est mouvement, surprise, trompe l'œil et jeu de perspectives.

étape

53

L'organisation
à dominante individualiste

DEDANS - Identité - A = A

d / c : tribale | holomorphe ou auto-organisation

b / a : mécaniste | **individualiste**

1 2 3 4

DEHORS - Variété - A ≠ B

Connaissance : empirisme réaliste
Diagnostic positiviste
Acteurs partenaires/concurrents
Appartenance : niche professionnelle ouverte
Système turbulent par libre jeu des parties
Entreprendre : initiative des plus compétents
Fonctionnement par partenariats internes et externes
Décision négociée
Style de management : 2e mode (transaction)
Bien commun : patchwork d'intérêts
Bonheur privé : optimiser les échanges
Changement par initiative individuelle

a. acceptation passive   b. contrôle logique des choses
3. conduit le mouvement et engage le changement   2. précède et force le changement

AUTRES CARACTÉRISTIQUES :

— Énergie interactive tirée de la motivation des acteurs et des luttes de
pouvoir

— Temps : les présents appréciés en fonction de leur utilité

— Argent : concurrence du capital et du travail

— Institution et corps social en compétition

228

© Éditions d'Organisation

- Individualisation des valeurs : professionnalisme, mérite personnel, risque
- Succès, réactivité (un pied dedans, un pied dehors)
- Forte distinction entre les niveaux d'expertise ; structure fonctionnelle dominante
- Contrôle de gestion par tableaux de bord réactualisés fréquemment
- Formation high-tech
- Rétribution mercenaire ; salaire individualisé et négocié ; mobilité interne encouragée
- Marché d'opportunité : on suit, on crée la mode les yeux rivés sur les chiffres de la concurrence
- Production flexible ; évolution fréquente des gammes ; systèmes de mesure sophistiqués ; technologie pointue
- Communication professionnelle ; débats sur *comment réagir à l'environnement ?*
- Outil informatique d'aide à la gestion décentralisée par fonction
- Qualité marketing centrée sur le client
- Innovation de rupture par experts
- Projet personnel ou d'unité local : mission, contrat, chantier, affaires...
- Syndicalisme catégoriel
- Alliance de coalition ou en réseau. Téléaction. Conflits de préférence négociés.

RISQUES ET LIMITES :

Lutte de pouvoir interindividuelle prenant le pas sur l'action collective – Prise de distance excessive vis-à-vis des fondamentaux de l'organisation. Turn-over élevé. Perte de temps en réunions et difficulté de réagir rapidement face à une menace. Initiatives désordonnées – Gaspillage d'énergie – Risque de dislocation.

7

itinéraire

54

Animer, c'est donner la vie sociale à une organisation

« Nous les cisterciens, nous sommes ici comme
des guerriers sous la tente cherchant
à conquérir le ciel par la violence »
(Saint Bernard).

L'animation est le mode *dynamique* de management par lequel un acteur (et notamment un chef), s'appuyant principalement sur la confiance que lui témoigne le corps social, **fait en sorte que se structure une organisation porteuse d'effort collectif et de transcendance**. De ce fait, elle permet à l'institution de tirer le meilleur parti du corps social et à ses membres de satisfaire leur besoin de *s'engager* dans un projet.

Inspirée de l'approche classique de l'art et de la vie, l'animation est le troisième des modes de management. Le mot lui-même doit être pris dans son sens fort : *animer, donner une âme, insuffler la vie ;* ici, il s'agit bien évidemment de **susciter la vie sociale** au sein d'un atelier, d'un chantier, d'une commission municipale ou d'une nation tout entière.

L'animation, qui opère de bas en haut (on pourrait dire *bottom up*), s'oppose radicalement au 1er mode, qui agit de haut en bas. Ascensionnelle, l'animation a pour point de départ ou point d'arrivée un fort sentiment d'appartenance partagé par les membres du groupe ou de la communauté. Ce sentiment est renforcé par une culture professionnelle, politique, religieuse, etc., laquelle est *tirée* par un défi ou projet commun à réaliser ensemble. **Les décisions sont censées être prises à l'unanimité.** Pour toutes ces raisons, le 3e mode **favorise la sociogenèse naturelle de l'organisation.**

Ici, l'animateur fonde principalement sa **légitimité sur la confiance** que lui témoignent les membres du corps social. **Guide inspiré, il assure une fonction d'entraîneur** et de conducteur des énergies potentielles disponibles chez ses collaborateurs considérés comme des compagnons ou des êtres chers. En principe, il ne fait que libérer des forces contenues par la timidité, la peur de l'échec ou du ridicule, ou par une organisation inhibitrice. **L'animateur** devrait se contenter, si l'on peut dire, **de créer les conditions sociales et techniques permettant cette synergie des esprits et des volontés,** seule capable, dans bien des cas, de relever des défis impossibles. Hélas, l'Histoire nous montre souvent des animateurs plus démagogues ou simplement tribuns que fédérateurs ou éducateurs. C'est que le 3e mode ne tire *son plein effet éducatif* que combiné au 2e mode plus libéral, par exemple au moyen d'un style de type 1.4.4. ou 2.3.4.

> Les grands chefs politiques ou religieux n'hésitent pas à provoquer cet enthousiasme collectif : W. Churchill, de Gaulle, mais aussi Mahomet, Gandhi. Quand le pape Urbain II prêche la première croisade, en 1095, à Clermont, il se place en position d'animateur ; il répond à une attente collective : délivrer Jérusalem ; il suscite l'organisation d'une communauté de pèlerins et de soldats qui resteront impliqués pendant deux cents ans « parce que Dieu le veut » ; il rend concret *un ciel* de valeurs fortes ; **il provoque un élan enthousiaste**, pris au sens propre du terme *saisi par Dieu*. Il est montré ici que **le projet peut être une idée à soutenir ou à combattre**, la synergie du 3e mode se bâtissant également sur un antagonisme antimusulman. R. Girard imagine même un 3e mode fédératif obtenu grâce au sacrifice d'un bouc émissaire. L'exécution de Louis XVI était censée réconcilier les Français et fonder un ordre social nouveau.

L'animation exalte des **valeurs comme l'esprit d'équipe, le dévouement, l'estime réciproque**. Elle se justifie pleinement **si les hommes restent libres de leur destin** et trouvent dans le 3e mode l'occasion d'**être des personnes** et non des objets, de satisfaire leur troisième besoin fondamental, celui de *donner*, et éventuellement de *se donner* dans une œuvre collective, « car l'homme, je te le dis, cherche sa propre densité et non pas son bonheur » (A. de Saint-Exupéry). **L'engagement intime** (éventuellement jusqu'au sacrifice de sa vie) **constitue l'effet naturel du 3e mode.**

> Si l'on en apprécie les bienfaits dans des communautés comme la famille, la patrie, le sport et même dans certaines entreprises commerciales, on peut en craindre les effets artificiels ou franchement manipulateurs dans les sectes de toute espèce. Une décision apparemment unanime peut masquer un processus de décision autoritaire relevant de la logique du 1er mode. C'est là son vice majeur : une clôture excessive sur le dedans ou sur l'ego collectif, donc : ***peu de dehors et beaucoup de censure***. Autre difficulté ou limite : les jeux poussés de l'animation conduisent à développer l'autonomie de groupes et de sous-groupes d'appartenance. Ceux-ci rendent difficile le management des organisations de plus en plus délocalisées, sous-traitantes les unes des autres, virtualisées en multiples réseaux, opérant par téléaction. En outre, les réformes, les rénovations et *a fortiori* les refondations y sont vécues comme de véritables trahisons. Attention au 3e mode ! Utilisé de bonne ou de mauvaise foi, il peut piéger des acteurs confiants dans la permanence d'une vérité.

La mise en œuvre de l'animation passe par plusieurs stratégies majeures : l'appartenance* à une *tribu*, les méthodes de symbolisation* et le développement d'un projet*. D'autres stratégies secondaires ou d'autres méthodes peuvent en soutenir les effets :

- **La méthode intégrative :** elle développe la formation poussée, la transparence de l'information, la concertation systématique, le souci d'équité, la réduction des barrières hiérarchiques, le primat de la culture. Les individus sont *a priori* considérés positivement comme des compagnons avec lesquels le jeu commun est naturel, le crédit d'intention général, les contacts chaleureux. **Les réunions d'amitié et les fêtes sont nombreuses,** mais les opposants en sont pratiquement exclus.

Toutefois, vis-à-vis des adversaires et dans la logique *jusqu'au-boutiste* de la tribu, tel ou tel de ses membres peut engager une stratégie irrationnelle qui en exalte le côté sublime :

▓ **La stratégie du saut de l'ange** : il s'agit du pari d'un acteur **qui se jette littéralement dans les bras de son adversaire** ; celui-ci, subjugué ou converti, est censé se jeter en retour dans les bras du premier (affaire Sadate/Begin ou, plus récemment, Mandela/De Klerk). K. Lorenz nous enseigne que, pour un chien, le fait de tendre son cou à un adversaire est devenu un saut de l'ange rituel qui provoque un phénomène d'apaisement. Dans les familles, parents et adolescents brouillés se réconcilient souvent ainsi, mais pour combien de sauts de l'ange professionnels ou politiques ratés !

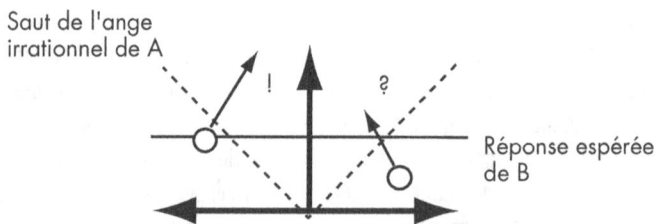

La foi judéo-chrétienne est une sorte *de saut de l'ange métaphysique*. Dans le livre de Job, l'homme est invité *à s'abandonner à Dieu, sans calcul* : la foi du charbonnier.

▓ **La pratique de l'exclusion**. Ici, et davantage en harmonie avec la logique du 3e mode, **les opposants et les adversaires sont diabolisés** afin de renforcer en retour la cohésion du groupe.

Le 3e mode ajoute la *transcendance* à la *nécessité* du 1er mode et à la *souplesse* du 2e mode.

© Éditions d'Organisation

étape

55

Renforcer le sentiment d'appartenance, force sociale colossale

« En la maison du ménétrier, tous sont danseurs »
(proverbe basque).

Le sentiment d'appartenance à une communauté est l'une des manifestations les plus actives de notre besoin d'identité, besoin qui inspire la plupart de nos actions et dont la satisfaction justifie souvent notre vie. Ce sentiment est si fort qu'**il constitue l'un des leviers les plus puissants pour soutenir ou amplifier une action**. Il se manifeste sous la forme d'un *esprit d'équipe* ou de *corps*, dont les capacités implicatives sont considérables. Il faut se rappeler que l'homme est plus encore un être culturel que social. De nombreux animaux vivent en société, mais seul l'homme a tiré une culture de sa fréquentation des autres hommes. L'attachement à une culture résulte d'une fidélité passée ou présente à des communautés qui nous ont profondément marqués, à des *niches sociales* qui continuent à orienter nos pensées et nos attitudes.

Peu de « niches principales » – trois ou quatre – ont vraiment **marqué notre vie** : on cite généralement, outre la famille, la ville d'origine, l'école (petite ou grande), tel club sportif ou politique, tel groupe d'amitié ou telle communauté professionnelle (atelier, chantier, usine, etc.). En revanche, vous et moi, nous appartenons à un grand nombre de *niches secondaires*, dont nous avons une conscience légère, par exemple l'appartenance au groupe des contribuables soumis à l'ISF ou celui des vacanciers ayant fait un même séjour à Saint-Pétersbourg...

Trois raisons justifient les actions aboutissant à la création ou au développement d'une niche principale, par exemple celle qui s'est constituée autour du *Concorde* :

1. **Elles libèrent les initiatives individuelles** par un jeu subtil de soutiens mutuels et d'émulation. Dans une niche principale, la ligne bleue* de l'initiative est franchie.

2. De ce fait, **elles mobilisent indirectement les hésitants**, les attentistes, les B1, dont on connaît le formidable pouvoir d'inertie.

3. Elles constituent enfin **le seul espace social où une stratégie de projet collectif a des chances de réussir.**

DEDANS

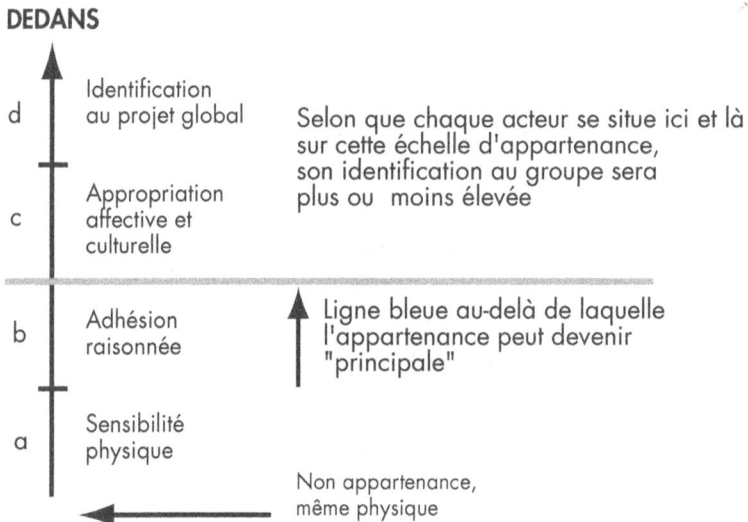

DEDANS

d | Identification au projet global

Selon que chaque acteur se situe ici et là sur cette échelle d'appartenance, son identification au groupe sera plus ou moins élevée

c | Appropriation affective et culturelle

b | Adhésion raisonnée

Ligne bleue au-delà de laquelle l'appartenance peut devenir "principale"

a | Sensibilité physique

Non appartenance, même physique

Évidemment, une niche principale doit répondre à certaines exigences qui en font une **unité de forte autonomie sociale et économique**. À titre d'exemple et selon les secteurs d'activité, une niche principale doit :

constituer

— une entité administrative bien identifiée d'où : un nom, un espace de vie, un chef, un système de symboles, une proximité des agents dans le travail,

— un centre de profit, ou à défaut un centre de coût, donc disposant d'une comptabilité analytique accessible à tous ;

faire en sorte que ses membres partagent :

— une même œuvre collective (de production, de recherche, de vente, etc.) à réaliser,

— un même fond de valeurs socioprofessionnelles : être issus de la même école, de la même région ou entreprise, ou se savoir pratiquer le même métier,

— un même tableau de bord de travail dont ils ont élaboré les indicateurs et dont ils peuvent suivre les évolutions en temps réel. Le plus souvent, ils ont accès aux *manettes* correspondantes, directement ou par l'intermédiaire d'une personne de confiance. Chaque collaborateur répond ainsi, à son niveau ou selon ses capacités, de l'effort de tous ;

gratifier les acteurs en fonction de leur participation à l'œuvre et aux

décisions collectives, et ce au moyen de promotions personnelles, d'informations, de formations, de concertations, d'une rétribution valorisante, de voyages d'études, etc. Le crédit d'intention* est largement développé, ce qui n'est pas si courant.

Au sein d'une même organisation, le sentiment d'appartenance des acteurs peut s'appliquer à des unités différentes : l'équipe, l'atelier, l'établissement, l'entreprise, le métier, le syndicat, l'ethnie... À quel niveau et où situer la *niche principale*, **lieu privilégié de leur implication** ? On peut évaluer le niveau d'appartenance selon la plupart des axes qui concourent à l'identité-unité de l'organisation, par exemple la mission de l'institution*, la synergie* ou le *dedans**. Le dedans est le point de vue présenté dans le tableau suivant qui met en évidence les quatre catégories d'appartenance, selon que l'organisation est plus ou moins fermée sur le dedans ou ouverte sur le dehors.

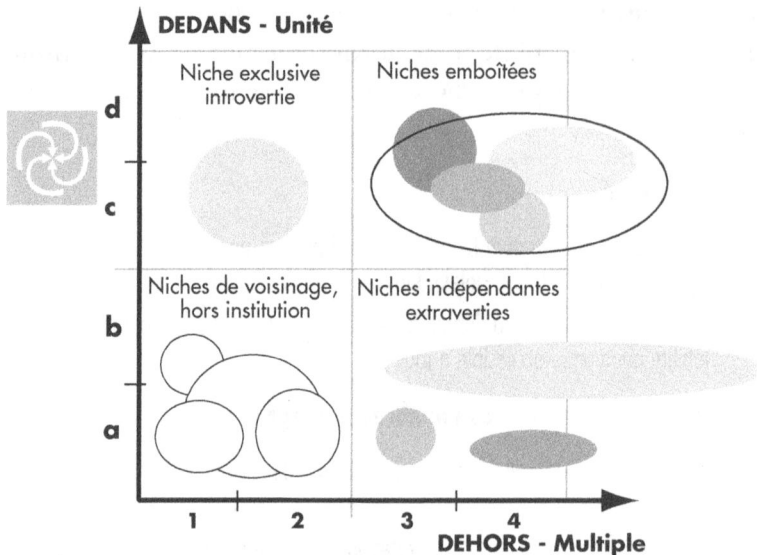

Les niches de **voisinage** ou de camaraderie **apparaissent spontanément dans le travail** sans que l'institution y soit pour quelque chose et, par conséquent, sans qu'elle cherche à y trouver un quelconque moyen supplémentaire pour impliquer les acteurs. Le 1er mode y est dominant.

Les niches **indépendantes extraverties sont plus ouvertes sur les valeurs défendues par la profession** que sur celles honorées au sein de l'entreprise. Elles peuvent être *principales* pour des salariés mercenaires (commerciaux, informaticiens, médecins…) mais opérer au détriment de l'unité globale de l'entreprise. C'est l'une des conséquences de l'usage du 2e mode.

Mais le fait d'appartenir à **une seule unité de travail introvertie** présente également des inconvénients à ne pas négliger. La trop grande fermeture de la niche sur elle-même tend à exclure les autres unités jugées concurrentes, même si elles appartiennent à la même organisation. Ici, la forte implication égocentrée est un handicap ; elle constitue souvent un frein immatériel qui s'oppose au changement. C'est le cas par exemple d'un bureau d'études qui travaille davantage pour satisfaire son propre plaisir de recherche que pour répondre au projet global de l'entreprise.

▨ Il en va tout autrement **si la niche principale cesse d'être exclusive** et s'ouvre sur d'autres appartenances internes et surtout externes. Dans ce cas, chaque acteur se sent solidaire de plusieurs unités *emboîtées* les unes dans les autres comme des poupées gigognes, chacune d'elles exerçant sa propre autonomie* au sein d'une sorte de confédération de PME (H. Dubreuil). L'auto-organisation à caractère complexe nous en donne une bonne image : la polyappartenance constitue un bon moyen pour un acteur de devenir polyresponsable. La vendeuse de produits frais d'un hypermarché se sent appartenir 1) à son rayon de travail immédiat, 2) au magasin qui l'emploie et, peut-être, 3) à la société qui la rémunère. L'**appartenance locale** est soutenue et légitimée par l'**appartenance globale**, lieu de concertation où sont débattus avec les membres des autres rayons et des autres magasins tous les problèmes généraux de la société.

Cette polyappartenance suppose que **les conditions d'une niche principale soient assurées à plusieurs niveaux**, ce qui n'est pas facilement conciliable. Le fait d'être militant d'une ville, d'une région, d'un pays, etc., rend improbable de l'être aussi de l'Europe, à moins de réduire le nombre de niveaux inférieurs, par exemple, supprimer la strate *pays* et constituer une Europe des régions (!).

De plus, il faut apprendre à gérer cette organisation polycellulaire, multicentrée, pluridynamique, unifiée par une métaculture, pour tout dire *complexe...* Une *triple appartenance* au sein d'une organisation est souvent impossible à susciter et à maintenir. Il reste **la stratégie de double appartenance**. Elle consiste à organiser l'entreprise de telle sorte que **chaque acteur soit engagé dans deux niches principales –** et deux seulement – mais judicieusement choisies dans le dessein de constituer, à chaque niveau, une quasi-entreprise à forte autonomie, dotée d'une naturelle propension à l'excellence. Dans l'exemple ci-dessous, les cadres dirigeants (A) et les cadres supérieurs (B) sont les seuls à tenir le groupe pour une unité d'appartenance principale. Pour les intérimaires (F), la seule appartenance est secondaire et se rapporte à l'usine, etc.

CATÉGORIES PROFESSIONNELLES et hiérarchie						
STRATES	A	B	C	D	E	F
Groupe	●	●	◯		◯	
Usine		●		◯		◯
Atelier			●	●	●	

Niches principales
●

Secondaires
◯

L'argument décisif en faveur d'une sociodynamique inspirée par le sentiment d'appartenance s'appuie sur un constat sociologique quasi universel. D'une façon générale, on peut établir que, quel que soit l'environnement, 10 % des hommes sont spontanément socioactifs, entreprenants, voire entrepreneurs et que, à l'opposé, 10 % des hommes ne le sont jamais et adoptent une position permanente de sociopassifs ou de B1 congénitaux. Il reste donc 80 % de la population de l'entreprise dont le sort n'est pas joué. Tout tient à cette constatation : à la condition de se sentir partie prenante d'une « niche principale » porteuse d'un projet exaltant, la plupart de ces 80 % peuvent devenir à leur tour aussi actifs que les 10 % d'entreprenants naturels ! L'immersion ! Résultat : la quasi totalité de l'entreprise devient auto-active ! On a du mal à comprendre pourquoi un chef d'entreprise conséquent négligerait cet atout exceptionnel.

Instaurer des *lieux d'appartenance*, c'est rendre l'institution plus proche des acteurs et le corps social plus disponible.

56

La symbolisation consolide la culture

« Outil de connaissance ambigu, le symbole révèle en voilant et voile en révélant » (**M. Heidegger**).

L'organisation tribale et l'animation ont un penchant pour les actions immatérielles opérant dans le monde fascinant mais complexe de *la représentation,* dont l'un des outils est le symbole.

L'esprit humain est ainsi fait que s'opposent en lui un principe de raison en quête d'explication absolue et un principe de réalité qui cherche à s'adapter au plus près des choses de ce monde. D'un côté, une logique d'identité-unité (A = A), de l'autre, une démarche empirique où règne le principe de variété-multiple (A ≠ B). Or le monde (multiple...) est trop complexe ou exagérément compliqué pour être saisi directement et être interprété sagement par les bonnes raisons de la Raison. **Ne pouvant pas,** par exemple, **saisir dans sa** *simplicité* **les concepts de pouvoir,** de projet ou de démocratie, **l'esprit interpose un symbole** qui s'autoproclame *réalité* au nom de la raison ou de la foi.

Emblème, attribut, allégorie, mythe, etc., **le symbole est la représen-tation mentale d'une réalité formalisée dans un objet, une personne, un graphisme, une idée**[1]. Par interactivité ou récursivité, il provoque un effet de **résonance culturelle**. Il sert notamment de signe collectif de renforcement du dedans vis-à-vis du dehors. **Il est le moyen facile utilisé par la plupart des institutions et des chefs pour développer le sentiment d'appartenance**, accroître l'implica-tion des acteurs dans l'action, améliorer la performance collective. Il constitue l'un des facteurs principaux de la culture. Il est l'outil privilé-gié de l'information-communication et du changement par rhétorique.

> On ne s'étonnera pas que **les religions** en fassent le plus grand cas avec les Tables de la Loi juive, la croix chrétienne, le croissant musulman ou la présence obsessionnelle des statues du Bouddha en Asie. **L'art** n'est pas en reste, lui qui symbolise l'esthétique dans des monuments prestigieux comme le Parthénon ou par des artistes comme Michel-Ange. **La politique**, enfin, y voit un instrument commode de gouvernement des esprits : l'Arc de triomphe, la croix gammée ou la relève de la garde devant le palais de Buckingham. Mais la politique sait aussi faire appel à des symboles-idées, comme la *Justice,* la *Démocratie occidentale* ou le *Peuple palestinien.* Les majuscules font symbole.

La sociodynamique du pouvoir d'État est renforcée par l'exploitation systématique du phénomène symbolique. **Le but est souvent de survaloriser le pouvoir établi**, de surjustifier les buts de l'institution, de surimpliquer les membres du corps social. Les monuments commé-moratifs, les fastes présidentiels, le protocole, les uniformes, les cérémonies de remise de décorations, les drapeaux, etc., sont autant d'objets culturels destinés à entretenir une sorte de culte autour des diri-geants en place, jusqu'au point où un chef devient lui-même le symbole du pouvoir... absolu (Napoléon, Staline, Castro). L'entreprise n'échappe pas à ce phénomène et tous les chefs, du président à l'agent de maîtrise, résistent mal à la symbolisation de leur fonction.

Les dirigeants prestigieux de l'entreprise, les produits phares, la fête de fin d'année, le logo de la société sont souvent **totemisés**. Évidemment,

---

1. Jean CHEVALIER, Alain GHEERBRANT, *Dictionnaire des symboles*, Bouquins Robert Laffont, 1982.

la symbolisation s'exerce aussi sur le projet collectif lui-même, terre promise où la compétitivité est gagnée et les concurrents vaincus ! Le management japonais a longtemps érigé la *qualité* en symbole de la revanche de l'empire du Soleil levant sur les barbares occidentaux.

Les méthodes du 2e mode sont seules susceptibles de réduire les effets d'une symbolisation excessive du pouvoir et d'éviter que des acteurs naïfs prennent plus au sérieux les titres que les hommes.

étape

57

Le projet, c'est le chemin !

« Accrochez votre char à une étoile » **(R. W. Emerson)**.
« Le plus court chemin entre les hommes passe par l'Unité »
(Leibniz).

Le management du 1ᵉʳ mode ignore le concept de projet, si ce n'est celui (discret ou caché) du chef. De ce point de vue, les autres acteurs subordonnés sont soumis à **un plan**, à **un programme**, à **des procédures**, à **des consignes** qui leur sont imposés de haut en bas, sans concertation.

Il n'en va pas de même du **management du 2ᵉ mode.** Celui-ci méconnaît tout projet global, mais ouvre des espaces de liberté au sein desquels des individus (ou des unités de travail) pourront se doter **d'un projet local sous le nom de mission, de chantier, de contrat ou d'affaire.** Le projet est ici *ce sur quoi* des hommes se polarisent personnellement. La mission possède les principales caractéristiques du projet d'entreprise, y compris celle d'être *voulue* par tous les acteurs de l'unité locale considérée.

Au sens propre, celui proposé par la sociodynamique, **le projet est l'affaire du 3ᵉ mode.** Dans ce cas, **il est idéal, vocation, vision, dessein,** à connotation tribale, donc privilégiant le dedans sur le dehors.

Il est *ce pour quoi* une communauté d'hommes s'engage. Bénéficiant d'un phénomène de symbolisation, il est la réponse à un appel du **destin** et induit une culture forte à défendre. À l'inverse du 1er mode, il opère de **bas en haut**, c'est-à-dire des hommes **vers** le projet, horizon à atteindre, voire à dépasser. Il a bien des mérites, mais il abuse du principe d'identité et perd quelquefois tout réflexe stratégique.

Le projet prend toute sa dimension sociodynamique dès lors qu'il s'ouvre sur les réalités du dehors. Conservant les vertus que lui confère le 3e mode, il devient *ce vers quoi* tendent des hommes libérés par le 2e mode. Ceux-ci cherchent ainsi à dépasser leurs propres limites et celles de l'entreprise pour se réaliser collectivement dans un environnement mi-agressif, mi-complice. Le vocabulaire change : parlons de **défi**, de **challenge collectif**, voire d'une **aventure** ou d'un **exploit** communautaire dans le monde. Le sens gagne en globalité : le projet est considéré comme une sorte de réponse à une provocation externe que chacun prend à son compte, pour que tous réussissent. L'engagement sur le terrain des joueurs d'une équipe de football nous en donne un bon exemple, ainsi que celui d'un commando de parachutistes ayant pour mission de prendre un pont d'assaut.

La dynamique du projet lui vient de ce que celui-ci est consubstantiel à l'homme, et notamment à l'acteur. L'existentialisme en a fait le facteur constitutif de son être véritable : « Je ne suis pas un objet, mais un projet ; je ne suis pas seulement ce que je suis, mais encore ce que je vais être, ce que je veux avoir été et devenir » (J.-F. Lyotard). **La sociodynamique lui attribue la fonction de déclencheur** des attitudes, des actes et par conséquent de l'action. La dynamique du projet est aussi consubstantielle à l'organisation : « Une société ne peut ni se créer, ni se recréer sans du même coup créer un idéal. Cette création n'est pas une sorte d'acte additionnel par lequel elle se compléterait une fois formée ; c'est l'acte par lequel elle se fait et se défait » (É. Durkheim). La stratégie de projet n'en est pas moins l'une des plus délicates à mettre en œuvre, justement parce qu'elle constitue le fer de lance du 3e mode et que celui-ci est lui-même le moyen limite de toute action collective. **Ses chances de réussite vont de pair avec la pratique d'une stratégie d'appartenance** à une *niche principale*. Elle suppose que les conditions de la relation d'or* sont en passe d'être remplies. Inversement, ses chances sont réduites au sein d'une structure dominée par le 1er mode où le sentiment d'appartenance est faible. Dans un premier réflexe, un B1 répugne à s'engager dans un projet collectif.

▓ Valeur devenue symbole, recyclé en volonté collective, le projet est le levier le plus efficace, et quelquefois le plus suspect, pour aider une masse peu impliquée à devenir un peuple en marche.

▓ Les objectifs ou les cibles ne sont que des points de l'horizon à atteindre. Le projet est une marche vers un horizon à dépasser.

▓ S'impliquer en toute liberté dans le projet d'entreprise, c'est coopérer à la fonction d'entrepreneur.

Le projet doit posséder des caractéristiques intrinsèques. Il doit être :

▓ **simple dans son libellé et vaste dans son objet**. Les thèmes choisis paraissent banals pour ceux qui n'ont pas participé à son élaboration. Par exemple :

    a. *Nous par rapport à nous* : « Mieux que le mois passé ! », « Toujours plus ! », « Ensemble nous serons plus forts ! » ;

    b. *Nous par rapport aux autres* : « Être les meilleurs! », « Devenir les premiers ! » ;

    c. *Nous au service d'une grande idée totémisée* : « L'Usine de demain ! », « Tout pour le client », « Être la référence », « l'Automobile ! ».

▓ **nécessaire face au dehors et perçu comme une évidence au dedans**.

Par exemple : « Notre survie ! »

▓ **porteur d'un certain rêve,** donc enveloppé d'un halo comme l'est justement l'horizon qui s'éloigne toujours à mesure de notre avancée : la Terre promise devenue pour le peuple hébreu la Jérusalem céleste.

▓ **concerté :** la concertation[268] est une coélaboration du projet, effectuée par les moyens libéraux du 2e mode sur *fond* de consensus.

▓ **équitable :** à défaut d'attendre une récompense de la réalisation du projet, les acteurs comptent sur une reconnaissance de l'institution, laquelle se fait un devoir d'en répartir équitablement les retombées positives pécuniaires ou morales.

- **ludique, donc plus affectif que rationnel**. Le secret de la réussite du projet est sans doute là : il est considéré par les acteurs comme un **jeu d'équipe**, quasi sportif, où la volonté de gagner (la rage de vaincre !) est aussi *peu sérieuse* que celle qui consiste à placer un ballon dans la cage de l'équipe adverse.

À l'exception du critère de concertation (ici non pertinent), toutes les conditions précédentes sont remplies dans le discours fameux que le général Ridgway adressa aux troupes américaines sur le point de débarquer en Normandie en 1944 :

> « Vous allez bientôt prendre part à une action fabuleuse de l'histoire de l'humanité. Vous n'allez peut-être pas vous en rendre compte tout de suite, mais un jour certainement. Vous serez parmi les tout premiers soldats à débarquer, lors de la plus grande invasion de l'histoire. Et je vous assure que vous serez du côté des gagnants. Faites de votre mieux, comme je ferai du mien. Que Dieu soit avec chacun d'entre vous. »

Toutefois, puisqu'un « dessein mal conçu ne vient jamais à maturité » (B. Gracián), sa mise en œuvre doit être particulièrement soignée. Elle peut emprunter une première voie directe. Investi d'une grâce particulière (Moïse...) ou sous la pression d'une menace extérieure, **le chef libère**, par son exemple et le charisme de son discours, les attentes des autres acteurs. La seconde voie s'inspire des méthodes du jeu de go ; elle consiste à **faire émerger lentement le projet**, après un long jalonnement d'événements modestes, répétés, consistants, bien connectés entre eux et qui peu à peu forment dans la pensée collective un *territoire* affectif **en mal d'action**. Une voie plus classique suit les quatre séquences d'appropriation du projet proposées ci-après.

Comme nous le suggère toute l'œuvre de Saint-Exupéry, **l'important, ce n'est ni la cible, ni la flèche, ni même l'archer, mais la marche infinie du voyageur qui va de crête en crête vers l'invisible oasis.** « On aime mieux la chasse que la prise » (B. Pascal). Le projet, c'est le chemin. Ayant compris cela, les religions et les grands mouvements politiques parviennent à *tirer* des masses considérables de B1 au-dessus de la *ligne bleue* et à les impliquer jusqu'au point où les hommes, devenus *militants,* perdent tout jeu personnel....

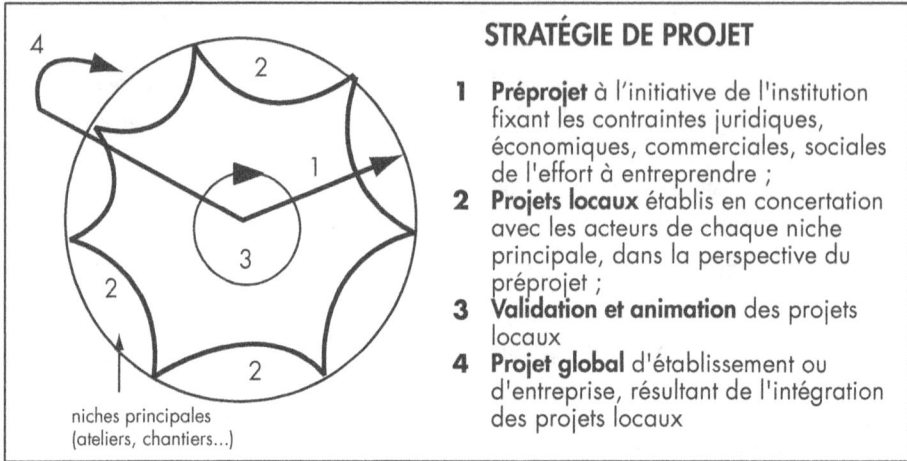

STRATÉGIE DE PROJET

1 **Préprojet** à l'initiative de l'institution fixant les contraintes juridiques, économiques, commerciales, sociales de l'effort à entreprendre ;
2 **Projets locaux** établis en concertation avec les acteurs de chaque niche principale, dans la perspective du préprojet ;
3 **Validation et animation** des projets locaux
4 **Projet global** d'établissement ou d'entreprise, résultant de l'intégration des projets locaux

niches principales
(ateliers, chantiers...)

Bien entendu, nous touchons ici à la limite tolérable du 3e mode. Sans parler nécessairement de manipulation de la part des chefs, la stratégie de projet peut résulter d'un **phénomène démesuré de symbolisation** qui émerge d'une spirale d'auto-intoxication générale. Tous sont de bonne foi et tous sont piégés. Combien de partis politiques, de sectes religieuses et même de nations entières ont attiré leurs membres dans cette semi-folie.

Les conditions, les caractéristiques et la mise en œuvre d'un *projet* diffèrent du tout au tout, de celles nécessaires pour imposer un *programme* en 1er mode.

© Éditions d'Organisation

58

L'organisation
à dominante tribale

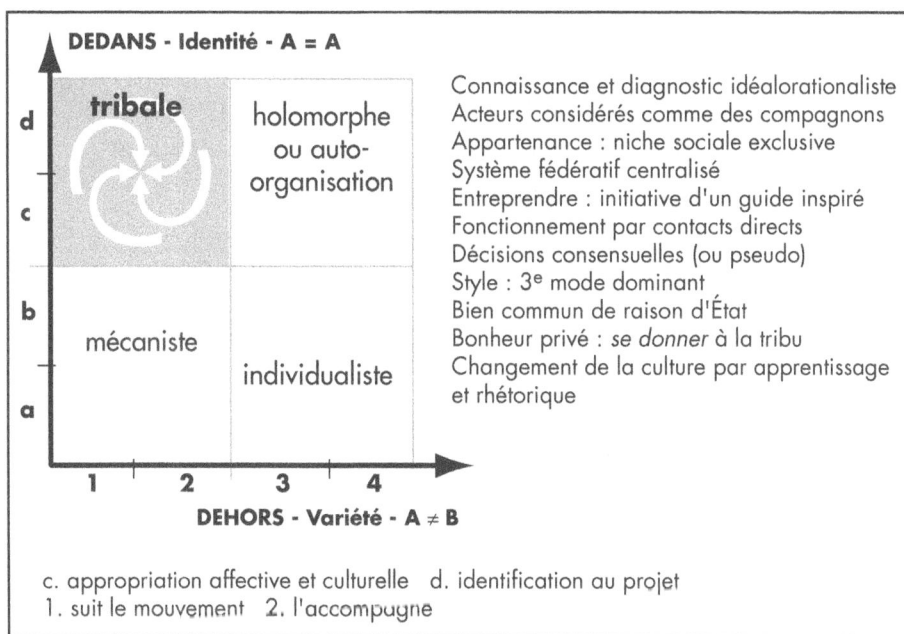

DEDANS - Identité - A = A

d	**tribale**	holomorphe ou auto-organisation
c		
b	mécaniste	individualiste
a		

1   2   3   4

DEHORS - Variété - A ≠ B

Connaissance et diagnostic idéalorationaliste
Acteurs considérés comme des compagnons
Appartenance : niche sociale exclusive
Système fédératif centralisé
Entreprendre : initiative d'un guide inspiré
Fonctionnement par contacts directs
Décisions consensuelles (ou pseudo)
Style : 3ᵉ mode dominant
Bien commun de raison d'État
Bonheur privé : *se donner* à la tribu
Changement de la culture par apprentissage et rhétorique

c. appropriation affective et culturelle   d. identification au projet
1. suit le mouvement   2. l'accompagne

AUTRES CARACTÉRISTIQUES :

– Énergie endogène considérable tirée 1) par un fort sentiment d'appartenance des acteurs à leur communauté de travail ou à leur métier, 2) par la conviction d'*avoir raison* a priori

– Temps *des dieux*, homogène, à rythme lent : présent vécu dans la fidélité au passé et l'anticipation d'un futur porté à l'utopie

- Argent : fusion du capital et du travail ; budget vécu comme une contrainte
- Institution et corps social quasiment (ou apparemment) confondus
- Transcendance des valeurs : appartenance, solidarité, fidélité, estime, confiance, attachement mystique au métier
- Peu de différenciation entre les niveaux et relations horizontales et verticales
- Contrôle de gestion à l'estime
- Formation : intégration
- Rétribution solidaire attribuée selon des critères plus subjectifs que formalisés
- Marché : idéalisation des produits ou des services ; on vend de l'image
- Production artisanale : peu de goût pour la maîtrise des coûts et des délais – Appropriation et exaltation de l'outil de travail – Esprit du type *compagnons du Tour de France*
- Information-communication : clanique
- Fonction informatique atrophiée au profit de la communication orale
- Qualité-plaisir : l'art pour l'art
- Innovation autocentrée sur une idée, indépendamment du marché, pour le meilleur ou le pire
- Projet axé sur l'autosatisfaction du groupe ; plutôt : vocation, vision, dessein, destin
- Syndicalisme corporatiste
- Exclusion des atypiques. Anathème et *guerre sainte* contre les opposants.

RISQUES ET LIMITES :

Clôture sur soi, sans écoute réelle du monde – Peu de réactivité aux changements externes – Sectarisme, langue de bois, dogmatisme – Intérêts particuliers sacrifiés (... ou trahis) – Impérialisme de certaines valeurs (*l'esprit maison*), voire du chef lui-même (*le guide bien-aimé*) qui tend à se prendre pour l'incarnation du projet et à abuser de sa position dominante.

8

itinéraire

59

La complexité, espace-temps de la plupart des actions

« Sa Majesté le Hasard fait les trois quarts de la besogne »
(Frédéric II).
« Nous sommes menacés par deux calamités :
l'ordre et le désordre »
(P. Valéry).

Une autre application capitale du paradigme Unité/multiple apparaît sur le *pli* majeur ordre/désordre d'où l'action semble prendre son élan et d'où l'acte émerge comme un éclair d'orage. **La dialogique ordre/ désordre s'affiche comme créatrice d'énergie, de forces, de forme, et peut-être même d'un projet.** Depuis que les philosophes grecs, nos pères en sagesse, ont tiré Gaia (la Terre) des abîmes primitifs, les hommes ont toujours pensé que **l'action ordonnée pouvait être issue d'un état désordonné ou turbulent.** Le bouddhisme n'hésite pas à faire du vide une *matrice d'être* et la théorie moderne du chaos se plaît à faire sortir l'ordre économique ou social du désordre ambiant.

C'est pourquoi derrière l'idée d'ordre et de désordre peuvent se cacher d'autres concepts plus actifs qu'on retrouve partiellement à l'œuvre dans toutes les organisations et la société globale, ceux, par exemple, d'agrégat, d'agglomérat, de magma, de chaos, de complication et de complexité.

> Heureusement, et pour une part, notre monde est seulement compliqué. **La complication se définit comme un désordre apparent qui masque un ordre réel discret.** À nous de le découvrir. Toute énigme policière pose un problème compliqué : il existe un coupable, qui est-il ? Ici, l'action est une affaire de renseignements, de sagacité et de temps. Le compliqué n'est rien d'autre qu'un ordre défait, un désordre en mal d'unité rompue. L'unité est provisoirement et hypo-thétiquement cachée sous le multiple. Le changement par réglage est plus simple que le changement par réforme, lequel est bien souvent et seulement compliqué.
>
> À la complication passive s'opposent le *magma,* qui épouse la nature dans son développement vers un ordre en devenir[1], et le *chaos,* gros d'un changement quel-conque. Contrairement au magma, le chaos fonctionne dans tous les sens. **Il est une tension instable qui s'établit entre des forces d'ordre et de désordre jusqu'au moment où une action, même insignifiante, le fait basculer dans un système plus simple, plus chaotique ou plus complexe[2].** Le chaos nous est utile pour la tension féconde qu'il crée entre l'ordre et le désordre. Non seulement un chef doit accepter un certain chaos au sein de l'organisation, mais il doit peut-être le susciter.

La complexité se présente comme un cycle limite, **un métasystème fort de ses déterminations et travaillé par ses libertés** – donc de ses incertitudes –, qui est parvenu à établir **une tension équilibrée entre les forces d'ordre et de désordre** – mais pour combien de temps ?

L'acteur prend ici conscience que son environnement est partiellement inextricable et imprévisible sur les plans économique, interculturel, événementiel, sociodynamique... Que faire ?

■ Une situation simple appelle une solution simple. Une situation compliquée exige la découverte du ou des *fils cachés* dont la manipulation nous ramène au problème précédent. Quand une situation devient complexe, les fils cachés sont trop nombreux et imprévisibles pour être démêlés. Il devient impossible par conséquent de saisir les choses dans

---

1. Cornélius CASTORIADIS, *L'Institution imaginaire de la société*, Seuil, 1999.
2. James GLEICK, *La Théorie du chaos – Vers une nouvelle science*, Flammarion, 1999.

leurs rapports mécaniques. Il faut chercher le *métapoint* de vue d'où leur combinaison est partiellement décodable et où une *métaction* sur elles est partiellement possible.

▨ En milieu compliqué, le chef réussit par conviction soutenue par de bonnes raisons stratégiques ; en milieu complexe, le même chef tient son succès de la chance (!) ou d'une habileté manœuvrière supérieure à l'embrouille…

Le passage du chaos au complexe est facilité par l'action d'un **attracteur étrange**. Cet outil fascinant de la science moderne a la propriété de faire apparaître et, par extension, de **créer un niveau d'ordre précaire à partir des turbulences du chaos.** L'opinion publique et la culture se structurent provisoirement dans un *cycle limite,* ou *point fixe,* sous la forme d'une idée politique (la démocratie !) ou philosophique (la justice sociale !). L'attracteur étrange a des parentés en chimie avec le catalyseur. Il tient le rôle d'une macroforce discrète ou *métaction* qui a la propriété de créer autour d'elle un champ d'énergie polarisé. C'est ainsi que l'amélioration de la qualité ou le changement du système de rémunérations pour une équipe de vendeurs peut réintroduire un ordre positif dans un désordre technique ou motivationnel.

Le complexe concerne donc d'autres réalités irréductibles au simple. La physique des particules, l'économie de marché, **la sociodynamique de l'action ne sont pas compliquées mais complexes**, en ce sens qu'on ne parviendra jamais à les enfermer dans un modèle susceptible d'en expliquer totalement la logique interne, et *a fortiori* d'en tirer une stratégie universelle.

Le complexe est irréductible au simple pour deux raisons :

1. **D'abord parce que, en ces domaines, l'unité du simple n'existe pas.** « Seul existe le simplifié » (G. Bachelard).

   Depuis l'apparition du fameux principe d'incertitude d'Heinsenberg, l'**indétermination** a fait irruption dans toutes les sciences, à commencer par la physique — là où l'on s'y attendait le moins ! — pour finir, bien entendu, dans les disciplines plus *soft*, notamment dans la praxéologie. La problématique de l'action a connu une mutation profonde dès lors que fut donnée une place éminente à l'aléatoire quantique, à l'imprévisibilité humaine, à la contradiction et au doute, à l'incomplétude de toute théorie, à l'instabilité des organisations, aux phénomènes chaotiques, aux bifurcations événementielles...! L'action ne relève plus désormais de la trop linéaire mécanique où la force quantifiable et prévisible se transmet par pression ou par choc. Il en résulte que les changements par rénovation, refondation et rhétorique requièrent quasiment toujours l'emploi d'actions plus globales ou, si l'on préfère, de *métactions*.

D'une certaine façon, les *métactions* ont des affinités avec le principe de variété-multiple, en ce sens qu'elles s'exercent dans un système semi-obscur où s'agitent, s'opposent, se composent une multitude de paramètres dont l'évolution est partiellement aléatoire. Mais d'une autre façon, **les métactions** ont des velléités d'identité-unité, parce que – plus que toutes les autres – elles **tentent de s'inscrire dans un système global, d'établir un diagnostic global et d'apporter aux problèmes des solutions globales.**

2. Parce que les projets de l'acteur, sa perception de la situation, son système culturel, son évaluation du rapport de pouvoir, son jugement, ses modes de décision... sont eux-mêmes complexes.

En avance sur toutes les sciences, c'est encore la physique quantique qui découvrit l'influence perturbatrice de l'observateur et, plus généralement, de l'observation dans la chose observée. Les pratiques de laboratoire montrent que les protocoles d'expérimentation sont constitués de restrictions techniques, elles-mêmes issues d'a priori sur les résultats de l'observation. Tout acteur se représente mentalement les conditions dans lesquelles se déroule l'action, et cette représentation n'est pas *simple* mais troublée par des erreurs d'observation et de jugement, par des attitudes tendancielles favorables à telle ou telle stratégie, par des partis pris sur les chances mêmes d'atteindre le résultat final.

Ainsi, non seulement **certaines situations sont intrinsèquement complexes, mais l'acteur leur ajoute sa propre complexité,** reconstituant au bout du compte une réalité mégacomplexe, partiellement imaginaire. C'est pourtant sur cette *réalité-là* que porte l'action. E. Morin[1], J.-L. Le Moigne[2], D. Génelot[3], chacun dans son registre, ont beaucoup contribué à dégager certaines caractéristiques d'un environnement complexe :

---

1. E. MORIN, *Introduction à la pensée complexe*, ESF.
2. J.-L. LE MOIGNE, *La Modélisation des systèmes complexes*, Dunod.
3. D. GÉNELOT, *Manager dans la complexité*, Insep Éditions.

- **riche d'innombrables potentialités**, le complexe a des parentés certaines avec le chaos et le vide physique et métaphysique, matrice de vie ;

- **les jeux de l'ordre et du désordre**, du nécessaire et du contingent sont générateurs d'énergie endogène ; à la rétroactivité mécanique s'ajoute la récursivité des systèmes complexes : tout réagit sur tout ;

- **les interactions** sont inextricablement enchevêtrées : les principes de la mécanique sont dépassés ;

- **le tout et les parties** sont liés dans une dialectique dynamique : l'organisation forme un ensemble animé ;

- ...mais les sous-ensembles demeurés indépendants entretiennent des rapports *imprévisibles* de soutien ou de rupture ;

- **la logique classique** (disjonction-exclusion) **s'efface devant la dialogique disjonction/conjonction**, pierre d'angle de la sociodynamique : je ne pense plus en termes de « blanc *ou* noir », mais « blanc *et* noir » ; par conséquent, le fameux tiers exclu se meut en **tiers inclus**, lieu de métissage des contraires ;

- **métastable, l'organisation complexe n'est jamais achevée** : elle se fait et se défait en permanence ; telle une bicyclette, son équilibre tient à son mouvement.

À l'inverse, que penser des organisations figées dans la simplicité originelle de leur fondation ? et des chefs en quête perpétuelle d'un *ordre caché*, d'un rouage mal monté, d'un ressort manquant, comme si l'enchaînement des causes et des effets relevait d'une simple logique de la... complication. Vous aurez reconnu le cas d'entreprises en développement dans un marché en évolution constante, et celui des nations ou des peuples en recherche d'identité dans un monde turbulent. L'anaction[182] des organisations mécanistes ne leur sera d'aucun secours. Leur cas relève plutôt d'une métaconnaissance des situations, au service d'une **métaction** globale là où A = A ≠ B = A...

Apparemment simples, **nos actes quotidiens** eux-mêmes résultent d'une *métaction mentale* complexe, et **ne sont performants que s'ils prennent en compte tous les paramètres de la situation**. Au niveau de l'organisation, l'holomorphisme constitue une *métaction organisation-*

nelle plus complexe encore, puisqu'elle intègre de multiples actes individuels.

Éviter de traiter les affaires *complexes* comme si elles étaient seulement *compliquées*.

60

Gérer les crises, une affaire complexe

« Là où croît le péril, croît aussi ce qui sauve »
(F. Hölderlin).

Avant d'aborder l'auto-organisation susceptible de contribuer à la gestion des situations complexes, il est bon de se pencher sur le phénomène de crise, cas extrême de débordement chaotique.

La gestion des crises s'applique à une menace sérieuse affectant les fondements d'une organisation sociale soumise à de fortes pressions externes et perturbations internes. Celles-ci créent un climat de haute incertitude et de haute tension psychologique qui nécessite une prise rapide de décisions cruciales. Cette définition, inspirée d'U. Rosenthal, **fait de la crise un chaos** qui ne peut pas être résolu par les méthodes linéaires classiques. **Seul un système complexe d'actions (ou métactions) est susceptible d'apporter une solution globale :** les enjeux sont élevés, la relation dedans/dehors est gravement perturbée, l'identité sociale est menacée, toutes les décisions envisagées risquent d'amplifier le phénomène et de provoquer un cataclysme. La crise naît d'une atrophie apparente de l'unité (A = A) au profit d'une tyrannie visible du multiple (A ≠ B) : l'incertitude se fait fatalité, l'aléatoire devient règle du jeu.

Le tableau de la page suivante montre quelques-uns des motifs de crise qu'un dirigeant d'entreprise peut avoir un jour à maîtriser. S'inspirant d'E. Morin[1], P. Lagadec[2] présente la crise comme un triple défi :

■ **C'est une situation d'urgence qui déborde les esprits :** les repères stratégiques ont disparu, le temps s'emballe, les difficultés s'amoncellent et se croisent, la logistique est impuissante, les protections sont illusoires, l'aléatoire envahit le champ, les exigences tactiques contradictoires se multiplient.

■ **C'est une menace de désagrégation du système :** le désordre déborde l'organisation, les difficultés deviennent des blocages, les inflexions mineures se font aiguillages irréversibles, les structures se disjoignent, les flux cessent d'alimenter le système, les capacités d'autocorrection se perdent, l'affectivité des acteurs n'est plus contrôlée par la raison, les antagonismes s'exacerbent, les alliances deviennent précaires, les réseaux se font et se défont en permanence, les attitudes sont incohérentes, aucun scénario de changement n'est pertinent et efficace.

■ **C'est une menace de désintégration des fondements***: le contexte devient assourdissant, les options et les valeurs fondamentales sont inaudibles, l'équilibre des pouvoirs est rompu, on assiste à une fuite dans l'imaginaire, la crise finit par prendre sa propre autonomie. Il y a déferlement, dérèglement et risque d'effondrement...

Face à une telle situation, on comprend le désarroi des acteurs qui décuplent la dimension chaotique de la crise en la nourrissant de leur propre angoisse. Et que dire du chef, décideur ultime ? Face à l'inconnu, c'est le trou noir.

À l'inverse, observez la façon dont de Gaulle a géré la crise politique issue de la guerre d'Algérie : il en a profité pour inaugurer un nouveau *pli* constitutionnel, autrement dit pour imaginer le nouveau drapé politique de la Ve République. Seuls les chefs de haut niveau sont capables d'engager un changement de type refondation, et ce par le moyen d'un style 4.1.4., celui du *lion*. Du métapoint de vue où ils se placent, **les chefs construisent sur les décombres de l'ordre ancien** un nouveau

---

1. E. MORIN, « Pour une cristologie », *Communications*, n° 18.
2. P. LAGADEC, *La Gestion des crises*, Mac Graw-Hill.

paradigme qui redonne à chacun le sens de l'unité (A = A) et de l'identité. Dans l'absolu, on pourrait espérer un plus grand emploi de la transaction, mais, le temps étant compté, les esprits surchauffés, l'heure des débats démocratiques est passée.

▨ De même qu'il est impossible – en vertu du théorème de Gödel – de juger d'un système à partir d'un point de vue situé en son sein, il est impossible de gérer une crise autrement qu'en se situant au-delà de la crise, à partir d'un métapoint de vue permettant une *métaction*... À cette condition, la crise cesse d'être exclusivement pénalisante, elle peut se muter en une opportunité génératrice d'une organisation plus sociodynamique, tirée par un projet nouveau.

▨ Prenant à partie chaque individu dans ce qu'il a de plus profond, la crise devrait être résolue idéalement avec la coopération de tous. Confrontée à cette difficulté, seule une équipe auto-organisée autour d'un chef légitime* peut prétendre en venir à bout.

P. Lagadec insiste justement sur un certain nombre de points pratiques :
- éviter la disqualification immédiate par des gesticulations ou des mesures aggravantes ;
- se doter d'une capacité autonome de recueil de l'information ; experts *froids* capables de circonscrire la crise ou de dégager le champ opératoire ;
- s'assurer les moyens d'une stratégie globale, notamment grâce à une cellule de crise disposant d'outils appropriés ;
- travailler sur plusieurs scénarios différents et les évaluer ;
- maîtriser l'information médiatique ;
- ramener le calme dans les esprits par une *débauche* de crédit d'intention* ;
- gérer la crise dans sa durée, etc.

Aucune de ces mesures n'est spécifique, mais comme elles doivent être mises en œuvre concurremment dans un climat de grande tension, vous conviendrez que **le chef joue là un rôle discret mais capital**. Sa maîtrise du stress, issue d'une bonne ascèse personnelle, constitue souvent le dernier rempart devant la crise. Un bon remède anticrise, mais sans garantie, est une entreprise auto-organisée, donc holomorphe.

263

Facteurs de crise internes
(facteurs socio-organisationnels aggravants)

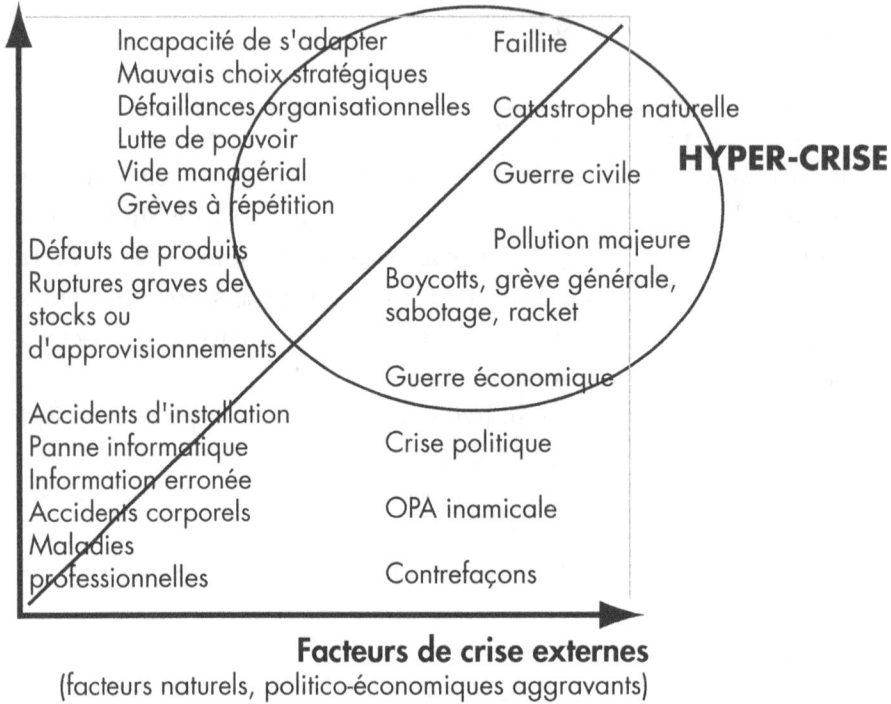

Incapacité de s'adapter   Faillite
Mauvais choix stratégiques
Défaillances organisationnelles   Catastrophe naturelle
Lutte de pouvoir
Vide managérial   Guerre civile   **HYPER-CRISE**
Grèves à répétition

Défauts de produits   Pollution majeure
Ruptures graves de   Boycotts, grève générale,
stocks ou   sabotage, racket
d'approvisionnements
    Guerre économique

Accidents d'installation
Panne informatique   Crise politique
Information erronée
Accidents corporels   OPA inamicale
Maladies
professionnelles   Contrefaçons

Facteurs de crise externes
(facteurs naturels, politico-économiques aggravants)

En situation de crise, apparaissent plus clairement les faiblesses intrinsèques des organisations mécanistes.

Développer l'auto-organisation
une réponse au complexe

> « L'œil par lequel je me vois et l'œil par lequel
> Dieu se voit sont le même œil »
> **(Maître Eckhart).**

L'auto-organisation, ou holomorphisme, transpose dans les organisations sociales les propriétés de la complexité. **Elle rend opérationnelle la dialectique de l'unité/multiple, elle installe le global au sein du local** et, à l'inverse, rend possible l'appropriation du centre par la périphérie. En effet, par approches successives, les analogies proposées par la science nous conduisent à concevoir un monde complexe dans lequel les structures paraissent davantage *emboîtées bizarrement* que *superposées logiquement*. L'histoire de la neuropsychologie nous en donne un exemple. L'existence de zones spécialisées au niveau du cortex cérébral fut d'abord établie par Brodman et Broca. Devenait alors possible l'établissement d'une carte représentant les différentes aires d'activité du cerveau : aire du langage, aire du mouvement, aire de la perception, de la pensée abstraite, etc. Un vrai patchwork. Cette école localisatrice est aujourd'hui complétée et dépassée par les travaux de Lashley, qui a démontré en 1923 la capacité équivalente des différentes aires corticales de participer aux fonctions supérieures. Cette propriété, appelée *équipotentialité,* se retrouve dans la complexité du management : **chaque service et, à l'extrême, chaque acteur, bien que spécialisé, a vocation à participer à la stratégie de l'ensemble.**

La **géométrie fractale** n'a pas son pareil pour représenter la même chose à des échelles différentes, comme si l'homothétie commandait chaque niveau de réalité. On parle aussi d'**autosimilarité** pour désigner le phénomène de répétition des mêmes formes à toutes les échelles.

Mieux : tout le monde connaît la propriété des **hologrammes** (de *holos,* entier) de restituer des images en relief. Mais les responsables savent-ils tirer toutes les conséquences de cette autre propriété de l'hologramme : **n'importe laquelle de ses parties porte l'image du tout** ? Vous brisez un hologramme et vous éclairez n'importe lequel de ses morceaux ; qu'observez-vous ? Chaque fragment vous redonne une image de l'ensemble. Au sens fort, **l'holomorphisme** est donc **la propriété d'un sous-ensemble de porter en lui-même la forme du tout.** Chaque gène de notre corps ne porte-t-il pas le programme génétique du corps entier ?

Les conséquences pratiques de cette disposition de la nature sont considérables. L'holomorphisme établit une sorte de synthèse entre la tension qui pousse l'entreprise à se fermer sur son dedans et celle qui la contraint à s'ouvrir sur le dehors. Du reste, il prend sa plus haute signification sur le *pli* majeur dedans/dehors, d'où sont tirées les plus intéressantes applications de la sociodynamique. Polycellulaire et multicentrique, l'organisation holomorphe fonctionne en réseau, un peu comme notre cerveau, qui travaille *sans hiérarchie* permanente explicite.

> Le jeu d'équipe sportif donne un bon exemple d'holomorphisme. Chaque joueur n'est-il pas à la fois au service du projet de l'équipe qui confère son identité au dedans (« Rentrez des buts, bon Dieu ! ») et de la stratégie vis-à-vis de l'équipe adverse, ici le *dehors* (« J'ai le ballon, et je sais comment jouer pour gagner ») ? Au chef statutaire d'une organisation mécaniste s'oppose ici **un responsable élu... par l'événement** ! À l'extrême, **le chef est celui qui a le ballon,** autrement dit le mieux placé et le plus compétent pour gérer la situation. Bref, *l'acteur le plus proche de l'événement* est jugé par principe le plus capable, pour la

double raison qu'il est plus au fait des vrais problèmes et qu'il joint à l'action sa ferveur pour l'intérêt global. **Dans une organisation holomorphe à décideurs multiples, chaque acteur est donc à la fois *libre* mais *enclin* à n'appliquer sa liberté que dans la ligne du projet global**.

Ce type d'organisation (moins futuriste qu'on l'imagine) conduit à une plus grande **transparence** de l'information, à une meilleure **réactivité** aux agressions et opportunités, à une plus forte **participation** de chaque acteur aux mesures permanentes de réorganisation, aux réflexions stratégiques, aux prises de décision. Les responsables hiérarchiques, toujours présents, jouent un rôle **plus éducatif**. Cette organisation en réseaux cellularisés et structurés en paliers de profondeur est rendue possible par la GAO ou PAO, par la téléaction. Elle tend à faciliter le développement du management à distance en temps réel et à libérer les forces d'initiatives convergentes. Convergentes ? Être responsable, ici, **c'est répondre de soi, des autres parties de l'organisation et... du Tout.**

> Le grand T. Burns détaillait ainsi les caractéristiques de ce qu'il appelait à l'époque *l'organisation organique* : « Une continuelle redéfinition des tâches individuelles, une participation de chacun, bien au-delà de ses limites de responsabilité, un réseau compliqué de contrôle, d'autorité et de communication, une localisation de la connaissance des problèmes partout dans la structure et non seulement à la tête, de nombreuses communications latérales qui sont plutôt des informations que des instructions, une connaissance technique plus appréciée que la loyauté... telles sont les caractéristiques de l'organisation dite *organique*. »

La même logique inspire **toute décision en milieu complexe**. On a longtemps pensé que la maîtrise de situations complexes relevait essentiellement de la décision unilatérale d'un chef compétent (1er mode). Ce *chef* n'est-il pas le mieux informé ? le plus expérimenté ? le plus responsable en droit ? celui qui a le plus de chance d'établir une synthèse judicieuse de toutes les informations et d'être obéi sans murmure ? Oui et non. Ce qui est vrai, c'est que le management unilatéral convient bien aux situations simples et compliquées. Mais la complexité de notre environnement a changé le jeu. Elle devient si extrême qu'un homme seul a de moins en moins de chance de tout connaître et d'établir correctement les synthèses appropriées. Paradoxalement – E. Morin nous pousse dans cette direction –, pour répondre à une situation complexe, il faut s'en remettre moins naïvement au management par le *simple* et **se fier davantage à l'hyperréactivité d'un management plus complexe encore que la situation à maîtriser.**

▨ Au sein d'une auto-organisation, se fier au management concertatif. Celui-ci est issu de l'action de multiples acteurs compétents et responsables entretenant une relation d'or* : *tendus vers un même projet, au contact direct de toutes les informations utiles, en interrelations actives, soucieux d'élaborer les meilleurs scénarios, en recherche de leur validation sur le terrain, puis par des allers et retours critiques, ils sont en quête de la stratégie la plus performante.* Le chef scelle l'affaire en dernière instance.

Ça paraît peu vraisemblable au premier abord. Mais, toutes proportions gardées, c'est ainsi que fonctionne notre cerveau privé d'un *neurone-chef* : les décisions y sont prises par *assemblées démocratiques de neurones* (dixit E. Morin) ! À peu de chose près, il en va de même dans l'organisation holomorphe. Une équipe de footballeurs sur le terrain, les membres d'un orchestre de jazz et (en principe) les citoyens d'une nation démocratique fonctionnent ainsi. Chez FAVI SA, équipementier à Hallencourt, nous ne sommes pas éloignés de cette démarche.

Mais comment en arriver là ? Notamment, vis-à-vis des *acteurs de base* et de tous les B1 sociopassifs, que faire ? Reprenons. *Motiver* tel ou tel collaborateur n'est pas suffisant et dégage un parfum d'imposition unilatérale. **Mieux vaut que chacun *se* motive lui-même et *s*'implique librement avec les autres.** Appréciez le charme discret du verbe réfléchi... Par construction donc, *l'implication* (se mettre dans les plis du projet) est plus une affaire de transaction et d'animation (2e + 3^e modes) que d'imposition.

▨ Comme sur un terrain de football, chaque membre d'une auto-organisation 1) veut être performant ; 2) trouver du plaisir au jeu et 3) vivre un stress positif, celui de tous les battants et gagneurs. PERFOR-

MANCE, PLAISIR et STRESS, voilà la recette à succès des organisations les plus sociodynamiques.

Oui, « la joie est le nerf de toutes les affaires humaines » (P. Bayle). Nous sommes loin du *travail,* mot clé du 1er mode, dont l'étymologie (*tripalium*) nous renvoie à l'idée... de torture.

Les propriétés sociodynamiques de l'organisation holomorphe ne doivent pas faire oublier que, pour la maintenir sous tension, il importe que ses effectifs ne dépassent pas ceux d'un supermarché, d'une clinique, d'un service fonctionnel, d'une petite usine ou d'un bureau d'études. En outre, certains grands groupes industriels peuvent avoir à gérer un archipel comprenant des centaines *d'îlots holomorphes* situés au cœur de la pyramide hiérarchique ou en périphérie. Dans ce cas, le centre institutionnel (léger...) ne conserve (en 1er mode ?) que quatre pouvoirs régaliens nécessaires : la gestion générale des affaires juridiques, financières et stratégiques, et la nomination des responsables des unités régionales et locales. À celles-ci reviennent les actions à entreprendre sur tous les autres plans : administratif, marketing, commercial, production, qualité, ressources humaines, etc. : le cœur de l'entreprise et souvent du métier ! Bref :

▓ Dans le cadre d'un management sociodynamique, chercher à développer des îlots auto-organisés partout où c'est possible, au niveau approprié, à coût raisonnable, mais sans exclusive. Pourquoi ne serait-ce pas d'abord le cas des équipes de direction ?

Certaines stratégies peuvent compléter ce dispositif :

▓ Pratique de **coopération marketing** : ouverts sur le marché, les collaborateurs d'une unité locale élaborent leur propre stratégie dans le respect de la stratégie d'ensemble.

- Stratégie d'**interdépendance** : les alliés fondent leur identité sur le projet commun d'une fédération. L'alliance est soutenue et doit durer. La fidélité est de règle.

- Stratégie du **projet latéral**[1] qui s'établit moins à partir du centre hiérarchique que des volontés locales partagées et promues par tous et avalisées par le centre.

- Stratégie d'**ouverture** vis-à-vis des opposants, qui bénéficient malgré tout d'un crédit d'intention. Cette stratégie est fondée sur **une recherche opiniâtre de points d'accord, quelles que soient les difficultés.**

- Stratégie **non violente**. S'il y a conflit, celui-ci porte exclusivement sur l'objet du litige. Les adversaires sont traités avec respect, sans procès d'intention ; l'emploi du pouvoir se limite à un refus de toute collaboration ; **le but poursuivi est de provoquer peu à peu des mouvements de bonne volonté chez des adversaires** qui sont censés perdre en chemin leurs raisons d'être hostiles[2]. C'est la stratégie employée par Gandhi face aux forces britanniques.

À défaut d'être une panacée, l'auto-organisation revendique un statut opérationnel comparable à celui des autres modes d'organisation.

---

1. O. D'HERBEMONT et B. CÉSAR, *La Stratégie du projet latéral*, Dunod.
2. J.-M. MULLER, *La Stratégie de l'action non-violente*, Fayard.

62

Pratiquer la stratégie du jeu de go, une autre réponse au complexe

Certaines organisations sociales, politiques ou commerciales caractérisent leurs actions par **un jalonnement d'innombrables événements animés en sous-œuvre par un projet fort** : voyez le cycle des fêtes familiales, républicaines et liturgiques ; observez l'extension progressive des langues, des monnaies, des marchés, des idées, des religions ; constatez le jeu d'enveloppement mutuel des partis politiques, des territoires commerciaux, des zones d'influence que s'attribuent les clubs d'intellectuels, les syndicats, les groupes de pression, les bandes d'adolescents et les… mafias. La stratégie du jeu de go relève de cette démarche. L'origine de ce jeu remonterait à l'empereur chinois Yao, 2 300 ans avant notre ère. Le *go* est devenu un maître jeu inspirant la conduite de la politique et le management des affaires.

> Deux joueurs posent tour à tour sur un damier des pierres blanches et des pierres noires, lesquelles, juxtaposées, constitueront des territoires. Il s'agit bien d'une stratégie de **déploiement de pierres toutes identiques et tous azimuts, sur un damier vide en début de partie, réputé infini dans le temps et l'espace,** symbole des libertés innombrables qui s'offrent à un acteur pour agir. Le but de chaque joueur consiste à construire des territoires les plus étendus, c'est-à-dire à **entreprendre un projet par extension**.

Comme tout acte et événement, chaque *pierre* posée (ou pion) tire sa valeur de sa triple relation avec 1) l'espace libre environnant (le vide, lieu de potentialités !) ; 2) les autres pierres en attente de territoires à construire ; 3) le bord du damier, figure de la *puissance* octroyée par le nombre d'intersections qui y figurent (la masse des B1 et des prospects...). **Faire travailler une pierre consiste à étendre et à renforcer son réseau de liaisons avec les autres pierres proches et lointaines.** Mais, pour être performante, chaque pierre (ou événement), et aussi chaque territoire (unité de travail), doit avoir une *attitude* holomorphe, donc s'inscrire dans le projet global. Au passage, appréciez l'*humilité* des pions du jeu de go face à la *hiérarchie orgueilleuse* des pièces du jeu d'échecs !

Toutefois, le jeu de go s'expose au risque de devenir pervers dans les mains d'un joueur qui mettrait le moyen du jeu de go (la fluidité) au service de la finalité du jeu d'échecs (le mat). C'est ce à quoi aboutit le totalitarisme.

La pratique du jeu[1] nous enseigne quelques conseils majeurs pour l'action :

- **Les actes posés doivent toujours ouvrir de nouveaux espaces de liberté**, lesquels, à leur tour, permettent de nouvelles extensions. Chaque pion posé, sur quelque coin du damier, est une sorte d'avant-poste du projet, une pierre d'attente d'un territoire futur.
- **Le jalonnement** dans le temps et l'espace. Celui-ci, qui s'effectue par de multiples actes-événements modestes, résistants aux épreuves, répétés, bien connectés entre eux, orientés vers le même horizon ou projet, est souvent plus performant qu'une action frontale.

Le tableau ci-après montre qu'un événement E1 (par exemple, la visite de l'usine par un gros client) peut donner lieu à une communication interne portant sur des valeurs de culture V1, V4, V5, V6, concernant par exemple la propreté des locaux, la stratégie commerciale, la réduction des coûts, etc. Le jalonnement de nombreux événements programmés et/ou inopinés permet ainsi la constitution de *territoires culturels* plus ou moins étendus. La connexion mentale de tous ces territoires est un agent majeur de changement du champ culturel, donc de modification des habitu-

---

1. R. GIRARD, *La Stratégie du jeu de go*, L'Impensée radicale ; Scott A. BOORMAN, *Gô et Mao*, Seuil ; Francis TOUAZI et Cécile GEVREY, *Management d'entreprise et stratégie du Go*, Nathan, 1994.

	E1	E2	E3	E4	E5	E6
V1	X		X	X		
V2	X	X				
V3		X	X	X	X	
V4	X		X			
V5	X		X		X	
V6	X	X	X	X		

Jalonnement d'événements

territoire de 4 "pierres culturelles"

événement E3 à fort impact culturel

événement E5 à faible impact culturel

Marquage de la culture par rappel de valeurs

Vers l'approbation collective du PROJET

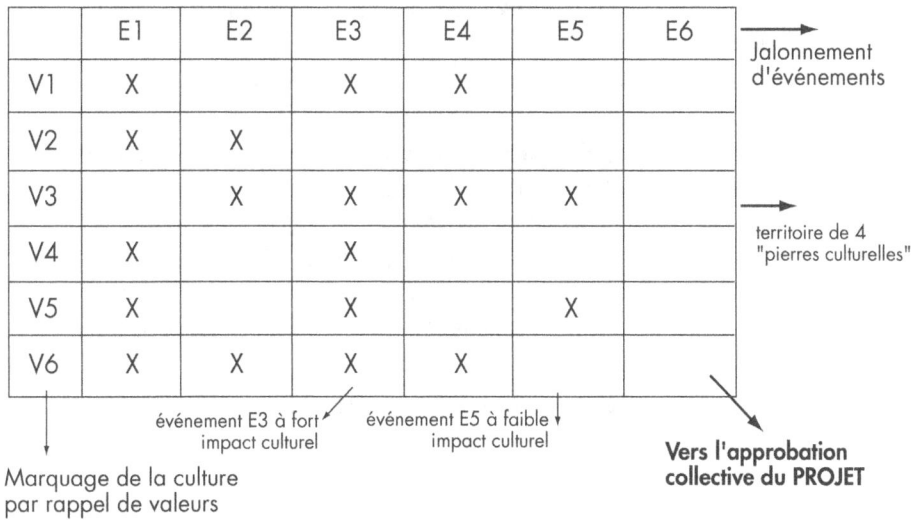

des et des comportements. Sur une longue période, les acteurs s'approprient les valeurs du projet. De la même manière, la rhétorique publicitaire obtient son effet au terme d'un jalonnement méticuleux de messages commerciaux.

D'une façon plus générale, le jeu de go et la sociodynamique prolongent la pensée de Saint-Simon et de Karl Marx. En leur temps, ces auteurs avaient introduit l'idée que l'administration des choses devait remplacer le gouvernement des personnes. Ici, on est en droit de dire que « la gestion collective des événements doit se substituer à l'administration des agents et des choses ».

— **Connecter les pierres-événements avec soin**. Comme tout acte et événement, chaque pierre posée tire sa valeur de sa relation avec l'espace libre environnant, les autres pierres et le *bord*, figure de la puissance. *Faire travailler une pierre* consiste à étendre et renforcer son réseau de liaisons avec les autres pierres proches et lointaines : viser large et tenir serré.

— **Prendre appui sur le bord du damier**, c'est jouer le nombre, la masse (les B1) le corps social, la puissance ; c'est miser sur une implication, à terme, de tout le personnel dans le projet. À cette fin, le joueur cherche à « tenir la quatrième ligne à partir du bord », celle des responsables de proximité : agents de maîtrise, chefs de service, directeurs d'agence bancaire... À l'inverse du jeu d'échecs où le contrôle du centre constitue un avantage stratégique, ici, « qui tient la quatrième ligne tient le bord, et qui tient le bord tient le centre », symbole de l'unité de l'institution.

- **Fractionner les territoires**, ne pas chercher à construire de grands empires qui seront grignotés peu à peu par l'autre joueur ou au gré des circonstances ; préférer une organisation polycellulaire, constituée d'unités d'appartenance semi-indépendantes où l'auto-organisation est praticable.

- **Jouer deux tiers des pierres en extension et un tiers seulement en contention**, afin de maintenir l'autre partenaire à distance. Cela revient à privilégier l'extension de son propre projet à toute action centrée sur les intentions de l'adversaire. À l'extrême, **il n'y a plus d'adversaire** (*a fortiori* d'ennemi), mais seulement des handicaps : « Mes alliés et moi, nous contournons et dépassons tous les obstacles qui freinent la mise en œuvre de notre projet, pour construire au-delà. »

- Ne rien brusquer, **épouser le temps** que mettent les grandes choses à se faire, naturellement, comme poussées par leur propre élan.

Loin des manœuvres du jeu d'échecs, la conduite de l'action peut se ramener à un jalonnement *d'événements auto-actifs*.

63

Mettre en œuvre un management subtil par « vide contrôlé »

> « Dieu créa l'homme comme la mer
> fit les continents, en se retirant »
> **(prêté à F. Hölderlin).**
> « Le non-agir est la forme supérieure de l'action »
> **(Lao-tseu).**

Style de management capital que celui-ci ! Il résume probablement ce que la sociodynamique offre de plus élaboré pour concourir à la performance de l'entreprise, peut-être parce qu'**il répond à la fois** aux critères du 1er, mais surtout des 2e et 3e modes de management. **Ce dosage 1er <** 2e + 3e n'est-il pas le signe encourageant d'une propension à l'excellence ? Et la raison du succès de certains patrons éducateurs, en avance sur leur temps[1].

Le management par vide contrôlé est d'abord une philosophie de l'action inspirée des règles du jeu de go, dont les parentés avec la théorie du yin et du yang sont évidentes. Dans la culture chinoise, le **yin**

---

1. Ricardo SEMLER, *L'Entreprise la plus extraordinaire du monde*, Nathan.

(vide, liberté, indétermination, chaos) est la matrice du **yang** (plein, matière, vie, lumière), lequel retourne au yin dans un mouvement cyclique permanent : la nuit *engendre* le jour, la liberté *engendre* l'initiative... Appliquée au management, cette démarche réconcilie deux stratégies opposées :

- Celle du **plein**, dont le 1er mode fait souvent un usage immodéré. Pour les autres acteurs, le chef apparaît ici comme étant *plein* de diplômes, de droit, de savoir, de pouvoir et de privilèges ! Devant un tel niveau de perfection, un B1, notamment, est gêné, infériorisé, voire incapable de prendre une initiative qui soit à la hauteur des compétences reconnues du chef. « De toute façon, je ferais moins bien que lui... donc, je ne fais rien, ou rien d'autre que ce qui m'est demandé explicitement. » À quoi bon rivaliser avec le soleil ! En d'autres termes, la *stratégie du plein* est aussi peu sociodynamique que possible. Elle ne pousse pas les acteurs à développer leur synergie et à franchir cette fameuse *ligne bleue*, signe tangible de leur coopération et de leur engagement. C'est la méthode du chef qui fait par lui-même, et en définitive fait tout. À l'inverse, **dans la stratégie du vide contrôlé, le 1er mode n'intervient que si les 2e et 3e modes sont défaillants**.

- Celle du **vide**, dans laquelle le responsable met provisoirement entre parenthèses ses droits, ses pouvoirs... **ouvrant ainsi aux autres acteurs des espaces de liberté**. Offerts spontanément ou négociés, ces espaces n'en sont pas moins d'authentiques lieux d'initiative. Seul inconvénient : les subordonnés laissés à eux-mêmes peuvent prendre des positions désastreuses. C'est la stratégie du *laisser-faire*, qui conduit souvent au *laisser-aller*. Par contre, il en va tout autrement quand le 2e et le 3e mode se combinent dans l'auto-organisation ; ici, la liberté négociée des acteurs s'exerce sur un fond de consensus socioprofessionnel. En principe, **chacun est libre de ses actions, mais enclin à ne les mettre en œuvre que dans le respect des valeurs,** des habitudes et des pratiques de l'organisation. « Le roi, dit Lao-tseu, est pensif et se tait sur ses œuvres pour que le peuple s'en dise l'auteur. »

Le *tao* privilégie la relation active yin/yang, « mère des dix mille êtres », dans laquelle le yin assure une fonction d'ouverture centrifuge et le yang, de concentration centripète. Devant l'extension des initiatives positives (yin) des acteurs, le *tao* **recommande un effacement mesuré des responsables**. Il n'est pas abandon, ni dépossession, mais ouverture d'un *vide contrôlé* qui appelle l'initiative. Il est repli, mais repli élastique : le yang retrouve immédiatement son rôle face à toute absence d'initiative, tout manquement grave ou erreur manifeste. « Jouer dans les vides laissés par le partenaire » est une pratique commune du jeu de go. **Dans le management par vide contrôlé, le chef effectue un double mouvement de recul et de retour éventuel** ; de la sorte, il libère des espaces d'initiative (les vides : 2e mode) à vocation synergique (3e mode), tout en conservant le contrôle en cas de défaillance (le plein : 1er mode). Deux conséquences : le management par vide contrôlé n'est praticable que 1) par un chef n'ayant pas franchi son *seuil de Peter*. Les chefs incompétents n'en usent jamais. C'est à ce signe qu'ils sont souvent reconnus ; 2) par un chef *humble*, dont l'amour-propre professionnel s'efface devant les talents manifestes des autres membres du groupe.

Si vous voulez que vos collaborateurs s'impliquent... soyez insuffisant, autrement dit : ne suffisez pas à tout. « Garde-toi de te césariser » (Marc Aurèle).

Il faut beaucoup de pouvoir pour y renoncer, il en faut très peu pour l'exhiber.

Un outil particulièrement adapté ici est la **délégation à rebours**. Celle-ci consiste à organiser *à l'envers* la pyramide des responsabilités. **Le niveau hiérarchique le plus local possible s'approprie toutes les tâches et prend toutes les initiatives qu'il peut assurer** dans de bonnes conditions de qualité et de coût, et ce dans la perspective du projet. Les autres tâches sont remontées au niveau supérieur, et ainsi de suite, jusqu'au décideur le plus global qui assume... *le solde*. Cette méthode, de type *bottom up*, s'oppose à la délégation mécaniste de type *top down*, où c'est le niveau N qui délègue en 1er mode aux niveaux N-1, N-2... les tâches qu'il ne veut ou ne peut assurer lui-même. Ici, c'est en quelque sorte le niveau N-1 qui délègue une tâche au niveau N, sous réserve de l'aval de celui-ci. La délégation à rebours octroie un droit considérable au niveau local (le *bord du damier*), celui de s'approprier peu à peu toutes les tâches accessibles et par conséquent de définir *a contrario* celles des niveaux les plus responsables. La délégation à rebours conduit à ce qu'il y ait toujours plus de rameurs et de... barreurs ! **On aura reconnu le principe de subsidiarité**[1] évoqué par saint Thomas qui donne la priorité aux initiatives de l'homme et de sa famille sur celles de la cité.

Le management par *vide contrôlé* est l'apanage des chefs *éducateurs* ou développeurs, certainement pas *commissaires*[31].

---

1. C. Millon-Delsol, *Le Principe de subsidiarité*, « Que sais-je ? », PUF, 1993.

64

Les enjeux sociodynamiques de l'auto-organisation

La sociodynamique n'a pas pour vocation de prendre parti pour tel ou tel mode d'organisation ou de management. Elle a pour projet de développer la performance *in situ*. Certes, **la Table d'orientation fondatrice** (-> étape 2) **et toutes les applications proposées tendent inexorablement vers** *le coin nord-est* de tous les schémas, là où *trône* **l'auto-organisation**. La sociodynamique n'est pas dupe de ce privilège topographique. Elle en tire deux conclusions, l'une semi-négative, l'autre franchement positive. La 80ᵉ étape nous donnera l'occasion de proposer une démarche qui tienne compte de ces deux aspects, réaliste et idéal.

■ Sans barguigner, ces schémas et analyses (inspirés de l'œuvre indispensable d'E. Morin) situent tous **l'auto-organisation dans le monde semi-chaotique de la complexité**. De ce fait, l'auto-organisation hérite d'une position opérationnelle difficile. Pour deux raisons : 1) **elle utilise au minimum l'inertie utile des organisations mécanistes** et 2) elle assure une **délicate synthèse** des *turbulences* et *fusions* des organisations individualistes et tribales.

De la sorte et par définition, elle **est performante *et* fragile, dynamique *et* brouillonne, pérenne *et* éphémère**, vécue dans l'enthousiasme *et* la désillusion, riche en initiatives positives *et* risquées, sujette à la générosité *et* à l'humeur des chefs, capable de maîtriser magistralement les situations les plus tordues *et* de bafouiller devant les événements de la vie courante... La complexité, toujours ! Elle suppose la relation d'or* largement pratiquée ! De plus, **dans les grands groupes, il est malaisé d'en coordonner les actions** avec les autres services...

Mais **l'auto-organisation s'offre aussi à nous comme le cas méthodologique exemplaire de la performance.** Elle apparaît comme une synthèse optimisée de toutes les dialectiques étudiées : institution/corps social, dedans/dehors, centre/périphérie, synergie/antagonisme, etc. Aucune autre forme d'organisation, mécaniste, individualiste ou tribale, ne peut revendiquer un tel score. Ainsi, sa capacité à la *variété* (donc, son *adaptabilité pertinente* à l'environnement) est sans comparaison. Elle dispose du Plus Grand Commun Culturel, un atout sans équivalent. Observez ses propriétés singulières dans sa relation au *dehors** (réactivité locale spontanée et proactivité individuelle) et au *dedans* (attachement social aux choses et exportation du sens), vous constaterez son auto-dynamisme hors pair. De plus, sur le plan politique, elle réunit dans un même élan tout ce que la *Démocratie* a imaginé pour justifier sa prééminence incontestée sur la République aristocratique, la Monarchie, le Despotisme... catégories chères à Montesquieu. Mieux encore, elle donne *sens à rebours* aux autres formes plus habituelles d'organisation dont les **tares** sont pourtant reconnues mais subies comme des fatalités. Il en va ainsi de **la règle d'incapacité foncière en milieu complexe qui vise prioritairement les chefs isolés à la tête de vastes structures... mécanisées** ; de la sorte et contrairement aux autres modes d'organisation (notamment mécaniste et individualiste), l'auto-organisation peut se targuer de posséder une propriété indépassable, celle des corps biologiques et d'*Homo sapiens sapiens* : **l'auto-fonctionnement-et-connaissance-de-soi.**

■ Dès lors que chacun des membres d'une auto-organisation s'applique à renforcer l'auto-organisation, celle-ci est accomplie.

Pour son action à moyen et long terme, aucun chef d'entreprise sérieux ne peut faire l'impasse sur cette visée lumineuse, de haute perspective, qu'est l'auto-organisation.

65

L'organisation holomorphe

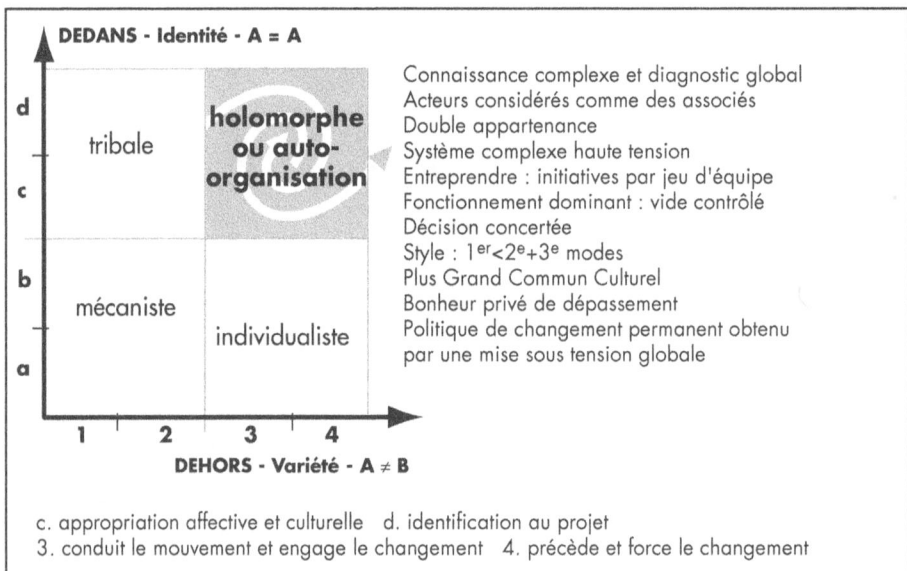

DEDANS - Identité - A = A

d	tribale	**holomorphe ou auto-organisation**
c		
b	mécaniste	individualiste
a		

1   2   3   4

DEHORS - Variété - A ≠ B

Connaissance complexe et diagnostic global
Acteurs considérés comme des associés
Double appartenance
Système complexe haute tension
Entreprendre : initiatives par jeu d'équipe
Fonctionnement dominant : vide contrôlé
Décision concertée
Style : $1^{er} < 2^e + 3^e$ modes
Plus Grand Commun Culturel
Bonheur privé de dépassement
Politique de changement permanent obtenu par une mise sous tension globale

c. appropriation affective et culturelle   d. identification au projet
3. conduit le mouvement et engage le changement   4. précède et force le changement

AUTRES CARACTÉRISTIQUES :

– Énergie collective de nature plus culturelle que matérielle, issue de la propre morphologie de l'organisation

– Proaction : présents actifs créateurs de *temps nouveau*

– Management par vide contrôlé et délégation à rebours

– Argent : équilibre optimisé entre le capital et le travail – Profits partagés – Rétribution de croissance liée à l'autonomie et au potentiel de chaque acteur

- Institution et corps social en compétition pour une communauté d'intérêts

- Dynamisme des valeurs : autonomie, potentialité, développement, souci d'intégrer l'intérêt commun dans chaque action locale, compétence élargie

- Organisation polycellulaire, en réseaux, se prolongeant à l'extérieur, notamment sur le plan commercial

- Concertation étendue à tous problèmes stratégiques, tactiques, globaux, locaux

- Contrôle de gestion par subsidiarité

- Formation de développement personnel par immersion dans des situations réelles

- Marché personnalisé : on vend un « service pour vivre ». Partenariat avec la clientèle, les fournisseurs, les concurrents, les médias

- Production décentralisée (investissements, maintenance, méthodes...)

- Information-communication globale récursive, sans exclusive, facilitée par une informatique de pointe, en réseau transparent ; délocalisation des traitements

- Qualité : auto-contrôle, auto-amélioration au plus bas niveau hiérarchique

- Innovation audacieuse intégrée, capable de rupture avec les fondements, mais dans une perspective de dépassement

- Le progrès prime sur le suivi et la mesure – Effort par initiative au plus bas niveau, auto-réorganisation maîtrisée localement

- Projet global/local : challenge, aventure, exploit ou défi à relever ensemble. Par exemple : « Tous marketing ». Contrôle des tableaux de bord par tous.

RISQUES ET LIMITES :

Réservé aux unités de faible effectif (< 500). Unités locales moins sensibles aux impératifs globaux que locaux – Dans les grands groupes, difficultés de coordination – Dégradation lente sous l'effet de microréactions individuelles exercées de bonne foi, mais quelquefois peu pertinentes et mal coordonnées. Coûteux en temps de communication, de formation, de concertation, de management, etc.

9

itinéraire

66

Tendre vers une connaissance en surplomb, globale/locale

« Ne décidons jamais où ne voyons goutte » **(Piron)**.
« Je tiens pour impossible de connaître les parties sans connaître le tout, non plus que de connaître le tout sans connaître les parties »
(B. Pascal).

La connaissance de l'action porte sur la mise en perspective de tous les facteurs qui contribuent à son efficacité, voire à sa performance. « Co-naître », c'est naître avec, c'est renaître. Ne rien connaître, c'est mourir un peu... La connaissance est le fait de saisir directement quelque chose par la pensée, avec ou sans l'intermédiaire des organes sensoriels. « Pour un esprit scientifique, toute connaissance est une réponse. Rien ne va de soi. Rien n'est donné. Tout est construit » (G. Bachelard). Pour comprendre ce *tout est construit*, nous réemprunterons la *dialogique* proposée par E. Morin de *conjonction/disjonction* qui établit une référence active entre l'Un et le multiple.

Chacune de ces approches a ses mérites. Mais s'il est vrai que « philosopher, c'est douter » (Montaigne), l'approche mécaniste/déterministe, confiante dans les lois existantes, aura toujours quelque temps de retard sur les faits. Il en va de même pour ceux qui croient dur comme fer aux vérités *intangibles* du rationalisme-idéalisme ou *précaires* de l'empirisme/positivisme. Mais s'il s'avère que « pour être un bon observateur, il faut être un bon théoricien » (C. Darwin), ceux qui réclament des faits ! des faits ! auront toujours du mal à comprendre le jeu des relations entre les faits et le tout.

Plus incertaine, l'approche dite *en surplomb* a néanmoins davantage de mérites. Pour la sociodynamique, **la connaissance porte sur le champ d'énergie global de l'entreprise**, lui-même en transformation constante. Elle s'efforce de dégager la *logique mouvante* du système et de découvrir la clé de voûte qui maintient et maintiendra demain en équilibre la poussée de tous les sous-systèmes. « **Faire référence au tout** » **présent et avenir** est l'une des qualités essentielles du chef. **Sa bonne connaissance d'une situation en devenir renforce la pertinence de ses choix politiques,** de ses options stratégiques et de ses comportements tactiques. Par voie de conséquence, elle sécurise et aiguise sa volonté.

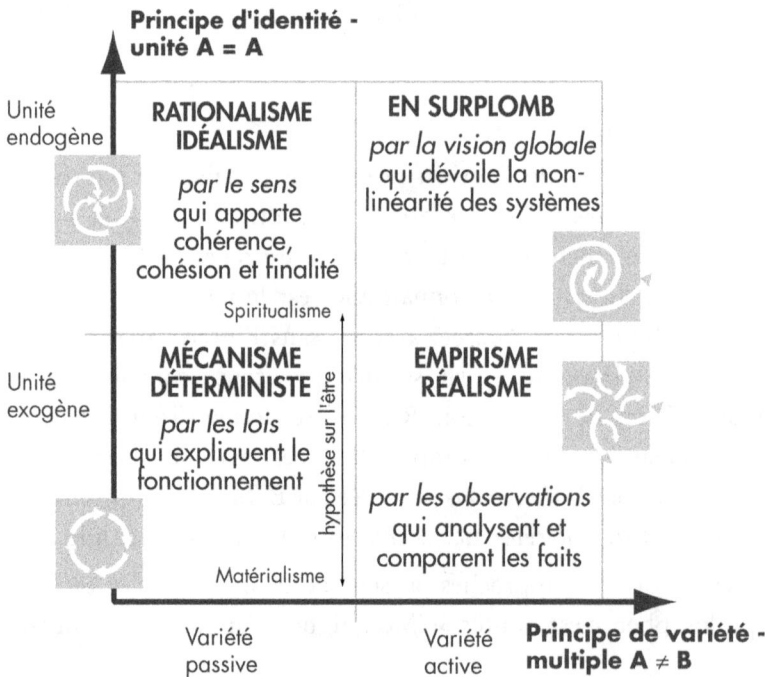

Cette approche en surplomb cherche à rendre intelligibles les rapports nécessaires ou fortuits, actuels et futurs qui existent entre les choses, car tout est rapport, système, réseau, sens, loi. Négliger les rapports, c'est réduire le poème à des mots, la justice aux articles du code civil et l'entreprise à un siège social, à des machines et des salariés. Jamais les autres approches ne pourront appréhender la complexité des relations que l'entreprise assure par exemple entre son dedans et son dehors. Or l'action s'inscrit souvent dans un contexte surdéterminé par de nombreux facteurs, dont on ne peut espérer venir à bout que par *le haut*, en surplomb. La **connaissance** sociodynamique n'est pas académique. Elle **commence par l'établissement d'un diagnostic proactif** (de *pro*, en avant) **mi-neutre, mi-engagé, partie prenante de l'action au même titre que la décision et la stratégie.** Tout diagnostic proactif acquiert son caractère singulier du fait qu'il ne se contente pas de privilégier **une Idée *a priori*,** un principe, un projet, un programme, ou **des Faits *présents* observés** dans leur nudité. Non. Dépassant le point de vue de l'instant, le diagnostic s'installe dans un futur issu des actions en cours. Le tableau ci-dessus donne un aperçu des **quatre approches** permettant cet exercice.

Suivant sa pente naturelle, le diagnostic redécouvre la démarche scientifique appelée **hypothético-déductive,** complétée par une approche **projecto-réaliste.** Cinq étapes sont nécessaires :

1. La démarche s'appuie sur l'hypothèse *idéalo-rationaliste* qui établit en théorie toute action à partir des fondements de l'organisation : « Que voulons-nous ? »

2. Elle cherche ensuite à valider les faits qui en découlent par *une observation positiviste* plus critique, voire hypercritique : « Qu'est-ce qui se passe réellement ? »

3. Elle complète l'analyse par *une approche mécaniste* qui contrôle la conformité des observations précédentes et les lois ou règles existantes juridiques, techniques, commerciales, économiques, culturelles, sans oublier les repères sociodynamiques.

Voilà pour le présent. Vient ensuite, la projection.

4. La démarche se hisse au niveau global par *une approche en surplomb* qui cherche à situer l'action à venir dans le macroréseau formé de tous les sous-systèmes concernés, y compris les fondamentaux. **C'est là qu'un chef imagi-**

L'idée a priori -
Identité - unité A = A

RATIONALISME

- Absolu proche et actif
L'observateur s'identifie avec le tout : "ça nous parle au cœur, donc c'est bien et rien d'autre n'est vrai"
- Monocausalisme
- La théorie construit le réel et l'action
- Logique a prioriste
- Respect du sens
- Idéologisme

Je ne vois que ce que je crois

GLOBAL

- Absolu en devenir
- L'observateur dans et hors tout : "ça vit dans/pour contre/au-delà de moi, donc le vrai sert un bien global"
Autodynamisme acteurs/systèmes
- La réalité, la théorie et l'action s'autofécondent
- Logique du complexe (nécessité et hasard). Recherche des interactions dans le tout...
- Ecologisme

Je vois, j'intuitionne, je doute, je cherche, je tâtonne...

LÉGALISTE

- Absolu inaccessible
- L'observateur hors tout : "ça marche tout seul, donc c'est vrai et peu importe si c'est bien"
- Déterminisme
- La théorie éclaire le réel et oriente l'action
- Logique cause/effet
- Fidélité aux lois
- Régulation

Je ne vois que ce que je sais

POSITIVISTE

- Pas d'absolu
- L'observateur au cœur des détails "ça me sert, donc c'est bien et je fais en sorte que ce soit vrai"
- Multicausalisme
- La réalité suscite l'action puis la théorie
- Logique dialectique
- Rigueur d'analyse
- Observation

Je ne sais que ce que je vois

Les faits observables -
Variété - multiple A ≠ B

natif intuitionne la situation future, issue probable de la succession des événements observés selon la logique : « je suis plus malin que le complexe ou je meurs ».

5. S'impose enfin un retour à l'épreuve des faits et de l'action par *l'approche positiviste* soucieuse de réalisme, laquelle donne lieu à la mise au point d'un ou de plusieurs scénarios* eux-mêmes proactifs. Un choix est fait issu d'une préférence personnelle obligée : « C'est ainsi que *je sens, vis et aime* les choses sur lesquelles je vais devoir agir. » **L'individu-acteur a repris la main.**

Le diagnostic proactif anticipe l'état sociodynamique futur.

67

Connaître et aménager le champ culturel

Chaque famille **d'organisation** offre à tous ses collaborateurs une sorte de *bain culturel*, tréfonds sociodynamique sur lequel un manager sérieux ne peut faire l'impasse. Tout acteur immergé durablement dans ce bain va en adopter les principales valeurs. Dans un premier temps, il s'agit de relever dans chaque unité de travail les **attitudes sociales, les coutumes professionnelles, les comportements et les valeurs** en cours (-> bien commun*). Par exemple :

- **Organisation mécaniste** (le Plus Petit Commun Culturel) : contrôler la pollution dans le strict respect des textes en vigueur, respecter les délais, *ne pas en faire trop*, se désintéresser des problèmes économiques de l'entreprise, faire la grève pour un oui ou pour un non, etc.

- **Organisation individualiste** (le patchwork d'intérêts) : développer des plages d'initiative, survaloriser l'appartenance externe (famille, sport, etc.) et la spécialité professionnelle, pratiquer *la perruque*, ironiser sur les compétences de la direction, s'investir fortement dans les affaires, soutenir le *turnover*, etc.

- **Organisation tribale** (la raison d'État) : pratiquer les évaluations *au coup de cœur*, développer l'amour du métier, renforcer la convivialité, se référer fréquemment au *père fondateur*, porter peu d'intérêt aux attentes réelles du marché, etc.

- **Auto-organisation** (le Plus Grand Commun Culturel) : être disponible à tous les changements susceptibles d'accroître la réactivité de l'entreprise à son marché, consommer beaucoup de temps en réunions, vivre un stress permanent, etc.

Mais ces valeurs ne sont pas nécessairement en harmonie avec tel nouveau projet de production, de diversification commerciale, etc. **Tout changement important se heurte au champ culturel *en place*.** Après avoir saisi le champ d'énergie actuel développé par la culture, il s'agit de le rendre plus cohérent avec tout projet de changement, mais également d'en profiter **pour le mettre en harmonie avec le champ global de l'organisation,** lui-même poussé à plus d'holomorphisme. Le bien commun étant mal défini et mal défendu face à des intérêts privés exigeants, le champ culturel glisse naturellement vers les coins sud-est et sud-ouest des tableaux. Et ce glissement serait effectif sans une stratégie appropriée de l'institution.

■ Dans son effort de performance, tout responsable se doit d'aménager le champ culturel de l'organisation. Sa première tâche consiste à endiguer la tendance naturelle de la culture à glisser (par facilité !) vers le Plus Petit Commun Culturel. Il doit s'efforcer au contraire de développer le Plus Grand Commun Culturel, là où l'institution et le corps social, le dedans et le dehors sont enfin réconciliés.

Le champ culturel constitue le premier espace sociodynamique à conquérir.

68

« Évaluer » l'indice de pouvoir

Au peu d'intérêt porté généralement à la culture, une autre négligence est à éviter, celle qui consiste à ignorer l'*indice de pouvoir* du responsable. Face à un événement porteur d'enjeu, le pouvoir devient une arme et acquiert une valeur de sauvegarde, de service, de nuisance (vis-à-vis des adversaires) et de soutien (vis-à-vis des alliés). C'est donc à l'occasion d'un événement ou d'une action créatrice d'un événement que nous pourrons *évaluer* l'indice de pouvoir d'un acteur A ou B. Même si elle n'est pas rigoureuse, cette évaluation vaut mieux qu'une estimation *pifométrique* effectuée le matin en se rasant. **Il s'agit d'apprécier en unités de pouvoir les moyens dont dispose un acteur pour la mise en œuvre de son projet.** Et ce, pour un double usage :

1. **L'événement par rapport à A.** Spontanément, qu'il en soit ou non l'auteur, **tout acteur cherche toujours à évaluer pour lui-même les coûts et les gains des événements importants qui marquent sa vie.** Par exemple : « Que gagnerais-je à quitter mon emploi pour un autre ? Si je puis disposer d'un indice de pouvoir plus élevé que ce que me dicte ma première impression, je change d'emploi. » Par extension, sur un même point d'application (l'emploi, un changement de poste de travail, la loi des 35 heures), un acteur a donc le loisir de faire des comparaisons fécondes. Et souvent de choisir l'acte ou l'événement le plus favorable.

2. **Un même événement pour A et B.** L'indice établi pour A peut donner lieu à un autre indice pour le compte de B, partenaire allié ou adversaire. Dans ce cas, la comparaison s'établit entre les deux indices. **Dans un rapport d'alliance, il est bon de savoir lequel des deux acteurs est le plus redevable à l'autre. Dans un rapport conflictuel, il est précieux de savoir lequel des adversaires a le plus intérêt à poursuivre la lutte.** Cette appréciation complète judicieusement le rapport d'attitudes (antagonisme/synergie) déjà connu par ailleurs et permet ainsi de mieux évaluer le rapport de puissance A/B. De la sorte, **un acteur avisé cherche à se faire une idée d'ensemble de l'état de la relation, avant même que l'action ne soit engagée.**

L'indice de pouvoir issu d'un acte ou d'un événement peut s'inspirer du tableau ci-dessous, ou d'un autre, plus en rapport avec vos propres problèmes.

VALEUR D'UN ACTE OU ÉVÉNEMENT

PRÉJUDICES POUR MOI	Unités de pouvoir	AVANTAGES POUR MOI
Absence d'effets	0	
gênant : agaçant mais tolérable indéfiniment	0 à 10	**complaisant** : m'apporte une aide accessoire et temporaire
pesant : modérément préjudiciable et tolérable un temps	10 à 25	**satisfaisant** : m'apporte une aide secondaire permanente ou importante mais temporaire
contraignant : fortement préjudiciable et peu tolérable longtemps ; peut m'amener à agir contre mon gré	25 à 50	**bénéfique** : m'apporte un bénéfice réel, important et durable
terrassant : absolu, qui réduit à néant mon projet, d'où ma soumission totale ou l'emploi de méthodes suicidaires	50 à 100	**hédoniste** : absolu, me garantit un bonheur total permettant l'accomplissement de mon projet

Deux exemples :

— **« Je suis député.** J'évalue cette fonction à + 80 unités de pouvoir (avantages hédonistes) auxquels je retranche - 30 (préjudices contraignants), soit : = 50 UP. Aujourd'hui, il m'est proposé le poste de P.-D.G. d'une importante entreprise internationale, que j'évalue ainsi : + 90 − 35 = 55 UP. Compte tenu du mode d'appréciation (peu arithmétique, bien entendu) et l'écart entre les deux UP étant faible, je reste député. »

— **« Je suis délégué syndical**. J'engage un conflit social dans mon entreprise sur des revendications de reclassement après la fermeture d'un site. La valeur de l'événement vécu par mon employeur est appréciée ainsi par mon équipe :

coût de la grève :	= − 35 (contraignant)
concession au terme de la négociation finale	= + 30 (bénéfique)
Total pour le patron :	= − 5 (gênant)
Du point de vue syndical :	
coût du conflit pour les grévistes	= − 20 (pesant).
avantages au terme de la négociation finale	= + 50 (bénéfique-hédoniste)

Total pour le mouvement syndical : = + 30 (bénéfique)

Conséquences : l'écart d'UP est considérable. Nos chances sont grandes. Nous engageons le conflit. »

L'appréciation de cet indice est plus un prétexte à discussions sous contrôle en équipe qu'un exercice de quantification proprement dit. Pour les cas importants, les acteurs peuvent recourir à la méthode Delphi[147]. Chaque événement à venir faisant l'objet d'une appréciation semblable, il devient possible d'établir avec prudence un indice plus général couvrant les événements clés prévisibles qui jalonneront tel parcours stratégique, ou bien, compte tenu du résultat, d'en adopter un autre.

L'indice de pouvoir apporte une clarification opérationnelle qui nécessite une mise à jour permanente. Il met en évidence, pour chaque partenaire et pour chaque événement ou acte, **les sites de pouvoir principaux** et relativise les autres. Il identifie les points de vulnérabilité de chacun des acteurs. Il contribue à l'établissement de l'argumentaire, lequel fait un levier de chaque point faible de l'autre. Rapporté sur la carte des attitudes, **il donne du relief au jeu des acteurs.** À la condition de ne pas chercher à lui en faire dire plus que ce pourquoi il est conçu, *l'indice de pouvoir est un instrument commode complémentaire de déchiffrage de la relation de puissance à l'instant t.*

Afin de ne pas tromper sa raison et duper ses sentiments, mieux vaut apprécier sereinement le rapport de pouvoir.

étape

69

Se familiariser avec la morphologie de l'organisation

> « Organiser, ce n'est pas mettre de l'ordre,
> c'est susciter la vie »
> **(Jean-René Fourtou).**

Les analogies physiques sont inépuisables. La nature possède cette propriété étonnante, non seulement de créer des formes physiques et biologiques, mais surtout de les reproduire par classe ou par espèce. **Il semble exister au niveau atomique des microcodages qui préfigurent la forme future** que prendra le métal, la plante ou l'animal. Les scientifiques parlent d'une *mémoire de forme* engrammée quelque part au cœur de la matière. La forme d'un embryon se construit à partir de cellules identiques (A = A), lesquelles se différencient (A ≠ B) progressivement pour devenir des organes spécialisés. Autrement dit, l'Unité – sommet de la perfection – a recours aux imperfections du multiple pour le doter d'une forme qui, d'une certaine façon, lui préexistait. Mais, nul ne l'ignore, **certaines formes végètent et sont éliminées par la sélec-**

tion naturelle, tandis que d'autres parviennent à s'imposer. Il doit bien exister une logique de la forme... performante[1].

La forme d'une symphonie *organise* des notes de musique pour leur donner une personnalité particulière, par exemple la IXe de Beethoven... De la même façon, **toute organisation possède une forme.** Celle-ci *enveloppe* et *organise* sa substance, laquelle est énergie. La forme est représentée graphiquement par le coup de crayon original qui cerne les événements-forces préalablement distingués par un point sur la matrice identité-unité/variété-multiple ; c'est pourquoi nous l'appellerons également **profil global.** On peut appliquer cette méthode sur toute autre matrice exprimant des plis secondaires : centre/périphérie, synergie/antagonisme... et surtout dedans/dehors. Les tableaux suivants nous montrent deux exemples de profils, avant et après une action de changement.

La nature s'étant ingéniée à doter les êtres vivants de formes appropriées, l'ingénierie de l'action humaine a tout à gagner à rechercher également les formes optimales des organisations sociales afin de développer leur propension naturelle à réussir. Agir pour le compte d'une organisation, c'est lui trouver le meilleur profil morphologique susceptible de l'aider à surmonter les lois de la sélection naturelle.

La primauté de la culture nous invite à privilégier la sociogenèse au sein de la morphogenèse.

La forme est toujours globale – puisque à la fois une et multiple – et **tente de représenter le tout comme tout.** De plus, elle est... *formante* ; comprenez que la forme donnée par Napoléon à la bataille d'Austerlitz n'est pas réductible à la somme des régiments engagés et des manœuvres employées. La forme globale de la bataille a créé localement une propension à la victoire repérable au niveau de chaque compagnie et des opérations tactiques.

---

1. S. HIDEBRANDT et A. TRIMA, *Mathématiques et formes optimales (l'explication des structures naturelles)*, *Pour la science*, Diffusion Belin, 1991.

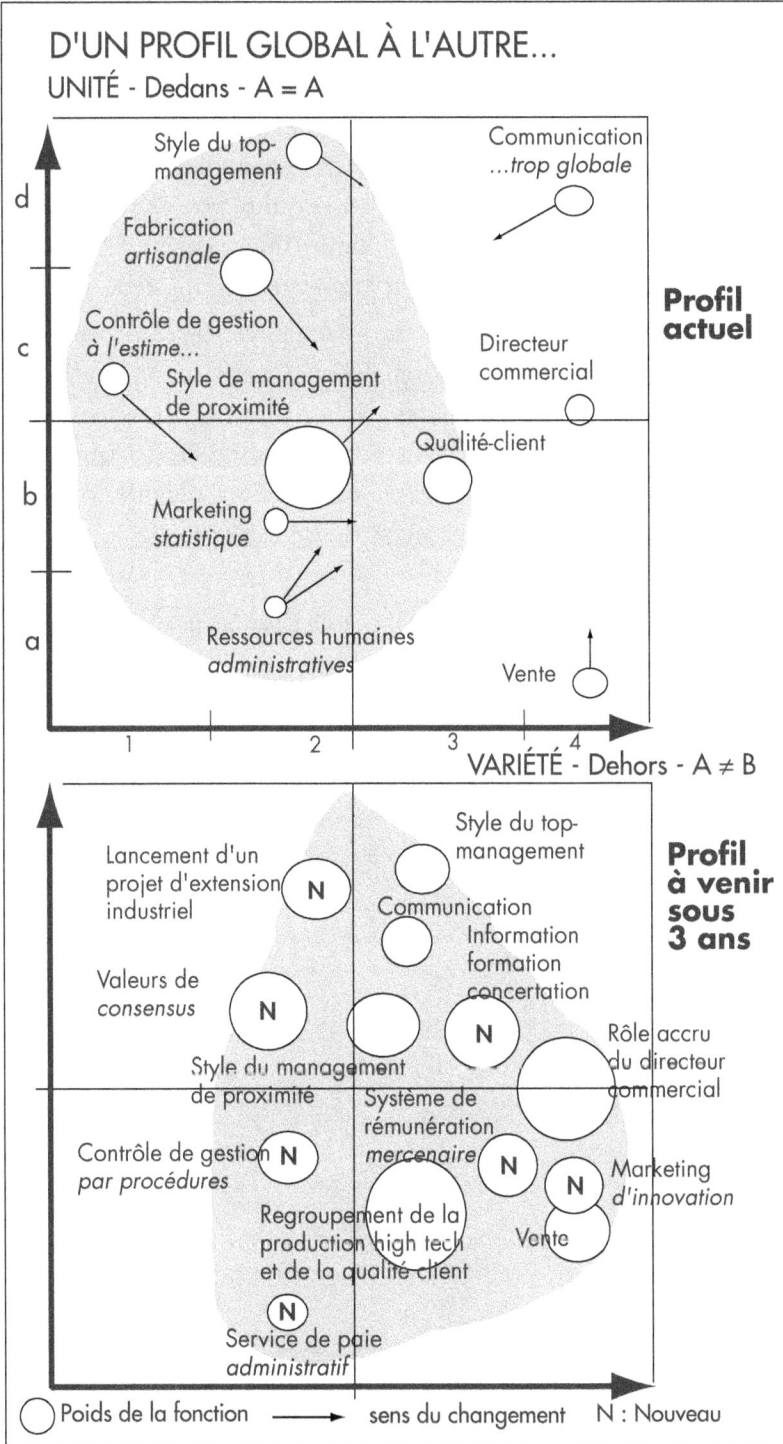

D'UN PROFIL GLOBAL À L'AUTRE...
UNITÉ - Dedans - A = A

Style du top-management

Communication ...trop globale

Profil actuel

Fabrication artisanale

Contrôle de gestion à l'estime...

Directeur commercial

Style de management de proximité

Qualité-client

Marketing statistique

Ressources humaines administratives

Vente

VARIÉTÉ - Dehors - A ≠ B

Profil à venir sous 3 ans

Lancement d'un projet d'extension industriel

Style du top-management

Communication

Information formation concertation

Valeurs de consensus

Rôle accru du directeur commercial

Style du management de proximité

Système de rémunération mercenaire

Contrôle de gestion par procédures

Marketing d'innovation

Regroupement de la production high tech et de la qualité client

Vente

Service de paie administratif

Poids de la fonction ——→ sens du changement   N : Nouveau

Toutefois, le champ d'énergie n'est pas... *uniforme*. Il peut être plus ou moins calé sur l'un des quarts-champs ou dispersé. La forme peut être saisie à un instant donné ou dans son évolution. Elle peut porter sur l'ensemble d'un groupe d'entreprises, sur un établissement, un atelier, un service fonctionnel ou une catégorie professionnelle. Cette forme peut couvrir la plupart des grands problèmes qui se posent à l'organisation. Capital s'il en fut, le profil d'autonomie d'une organisation lui est donné par la forme qu'elle acquiert sur la matrice dedans/dehors.

Cette forme peut ne concerner qu'une macroforce dont on cherche à saisir la complexité dans le positionnement de ses microforces ; par exemple, pour la macroforce « ressources humaines », **on distinguera et disposera sur la matrice des microforces comme le recrutement, le style de management, les règles de rétribution, d'évaluation, de promotion et les procédures de prise de décision.**

Porter intérêt à la forme globale, c'est tenter d'utiliser au mieux les atouts de l'Un et du multiple.

70

Faire des rééquilibrages un prélude aux stratégies de changement

Notre visite guidée va s'efforcer maintenant de faire le tour des sites où s'élaborent les démarches d'action et de changement, à commencer par celle qui porte sur les rééquilibrages des attitudes des acteurs et la morphologie des organisations. **Le concept de rééquilibrage nous est très utile** dans la mesure où **les déséquilibres physiques, économiques et sociaux s'affichent comme antinaturels,** contrevenant aux lois universelles d'action et de réaction. **Par la force des choses ou par la volonté des acteurs, ils sont corrigés immédiatement ou sur le long terme.** Les tyrannies sont toujours abolies un jour ou l'autre et les organisations non compétitives finissent toujours par payer leur tribut au marché.

■ **Rééquilibrage des profils de puissance**

Généralement, la puissance des acteurs d'une relation tend à se rééquilibrer : **les niveaux d'antagonisme et de synergie deviennent symétriques et les pouvoirs s'efforcent de suivre le mouvement :** « Je réplique à ton hostilité, par mon hostilité et je répondrai *peut-être* par mon amour au tien. » Les cas présentés page 157 nous serviront d'exemples.

- La stabilité passive des profils P1 – **relation de voisinage** – et P2 – **relation administrative formelle** – ne sont propices à un rééquilibrage ni volontariste ni spontané.

- Le déséquilibre des pouvoirs constaté durant les premières heures d'**une prise d'otage** (P3) s'achèvera nécessairement par un retour à la situation *ante*, quitte à payer le prix fort. « Force restera à l'institution », sous peine de la voir remplacée par une autre ; c'est le cas des révolutions... réussies.

- Trop de pouvoir accumulé sur les épaules d'un seul chef ou d'une institution politique, religieuse ou entrepreneuriale provoque deux mouvements de rééquilibrage. Le premier est passif : l'apparition de B1 non impliqués dans l'action constitue un **rééquilibrage par désertion morale** (P4) ; le second est actif avec l'**émergence d'adversaires hostiles** qui n'auront de cesse de trouver les pouvoirs qui leur font momentanément défaut. Sur leur lancée, ils seront tentés d'adopter une attitude symétriquement hostile (P5).

- En effet, à trop utiliser votre procès d'intention* et votre jeu personnel*, vous allez susciter en retour chez votre partenaire une attitude de rejet similaire manifeste ou cachée. Il n'y a pas de raison objective pour que votre partenaire se laisse indéfiniment agresser, sauf à espérer un retournement de votre part. À défaut d'un *saut de l'ange** hasardeux, le rééquilibrage se fait ici pour B de deux manières : **plus d'antagonisme et, si possible, plus de pouvoir**. C'est la fameuse **escalade de la violence**, mise en évidence par C. von Clausewitz et que l'histoire, hélas, illustre trop souvent.

- L'équilibre de **la faiblesse par épuisement** (P6) est tellement évident qu'il est souvent la condition suffisante pour que les belligérants renoncent à leur conflit d'intérêts.

- Dans la relation acheteur/vendeur habituelle, **la symétrie est totale** (P7), mais c'est au détriment d'une concertation sincère et d'un engagement mutuel derrière un projet. Bien heureusement, dans la vie professionnelle, votre jeu commun* est **payé de retour** par la signature d'un contrat. Les stratégies d'alliances et les méthodes de négociation sont les moyens classiques employés par le 2e mode pour obtenir un rééquilibrage de raison.

- Si vous progressez dans les méthodes du 3e mode, vous développez votre crédit d'intention*, et si tout va bien, votre partenaire vous retournera sa confiance. Mieux encore, **la relation amoureuse** (P12) prouve tous les jours qu'il existe une tendance (naturelle !) au **rééquilibrage par symétrie synergique**. Dans l'entreprise (plus réaliste), celui-ci atteint son plus haut niveau de performance (P11) dans **la relation d'or***.

— Bien entendu, la symétrie n'est pas une panacée : elle est également totale dans **une relation de divorce** (P9), mais c'est au détriment de la durée. Le défaut de symétrie (ou asymétrie) offre tout autant matière à réflexion. Dans le cas du **management paternaliste** (P10), l'asymétrie est plus contestable sur le plan éthique que sur celui de l'efficacité de l'institution. L'asymétrie, franchement désagréable à vivre, peut être provisoirement nécessaire dans **la relation parents/adolescent** (P8). On peut du reste penser que le caractère schizophrène de ce profil est susceptible d'être dynamique, donc producteur de mouvement et d'identité, comme dans un chaos.

Les attitudes mutuelles tendent à la symétrie. Le rééquilibrage s'effectue au moyen de stratégies synergiques, si possible, et de stratégies antagonistes, si nécessaire.

Rééquilibrage des profils morphologiques

Certains profils morphologiques donnent également l'impression qu'ils sont mal équilibrés ou franchement difformes. C'est le cas de la schizophrénie sociale qui se présente comme une *déchirure de forme*. Elle apparaît dans le champ culturel (valeurs, attitudes...) d'une nation, d'une entreprise ou d'une catégorie sociale. Elle aboutit à une diminution du sentiment d'appartenance. Brisé dans son intimité, le groupe concerné doute de lui-même et de son rapport avec le monde extérieur. La déchirure peut être **le fait du métier, des niveaux de responsabilité, des circonstances.** Au sein du monde médical, le sous-groupe des infirmières vit mal le peu de reconnaissance explicite que lui témoigne celui des médecins. La déchirure peut également résulter d'**une manœuvre en trompe l'œil** d'un responsable qui échoue dans sa pratique du double langage : le corps social découvre que les chefs « ne font pas ce qu'ils disent et ne disent pas ce qu'ils font ». D'où, au premier degré, un effet de dégoût et, au second degré, une sorte d'angoisse existentielle : « Formons-nous vraiment une cité ou une entreprise, ou est-ce une fiction ? » On peut constater que les fils d'immigrés de nos banlieues se posent brutalement la question. Profonde ou superficielle, ressentie comme une tragédie ou une nécessité, manifeste ou refoulée, **la déchirure résulte toujours d'une tension interne s'exerçant au sein** d'un groupe entre plusieurs systèmes culturels contraires ou, pire, contradictoires. Par exemple, ci-dessous :

- **Une direction** (cas 1) opérant dans les eaux du réalisme empirique (-> connaissance*) et soucieuse d'une ouverture au marché doit tenir compte des attitudes d'un corps social idéaliste, fusionnel, conservateur, accroché aux valeurs et au statut d'une profession protégée.

DEDANS   1   SYNERGIE   2   DEDANS   3

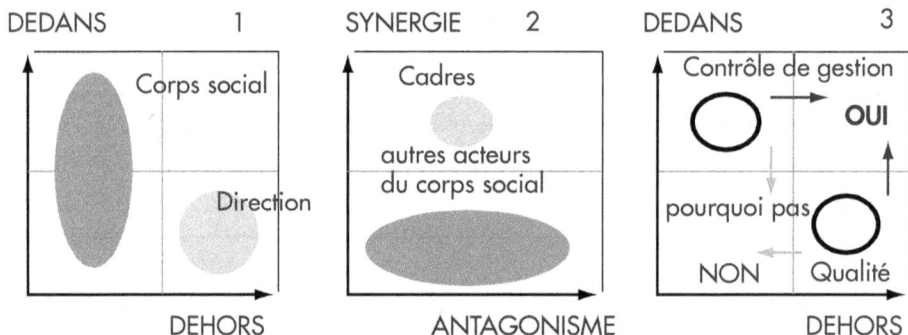

DEHORS   ANTAGONISME   DEHORS

- Ou bien, sur la carte des attitudes (cas 2), **une population d'ouvriers** (peu) spécialisés (B1, B5...) s'accommode mal du haut niveau de profession-nalisme et d'engagement des cadres B6 et B7. Bref, une sorte de nouvelle lutte des classes : **la masse contre l'élite.**

- Cette même déchirure, on peut l'observer sur un profil morphologique qui présente un **dysfonctionnement** entre, par exemple, une qualité-marché issue d'une ouverture récente aux lois de la concurrence et un contrôle de gestion qui persiste dans la pratique de méthodes *à l'estime* (cas 3). **Le rééquilibrage est moins à trouver *par en bas,* dans des pratiques administratives d'une organisation mécaniste, que *par en haut,* dans une organisation holomorphe où tous les acteurs situés au métapoint de vue de l'entreprise produisent et gèrent la qualité.**

Rééquilibrer en permanence plutôt que changer brutalement.

© Éditions d'Organisation

71

Le changement, c'est la vie

« Un changement en prépare un autre » (**Machiavel**).

Le changement est une action comme les autres, le zoom étant réglé non pas sur la dynamique du mouvement mais sur **les objets** qui sont **modifiés par l'action**. L'accent est mis sur le passage d'un ordre ancien à une disposition nouvelle d'une ou de plusieurs forces afin de permettre à l'organisation d'être plus efficace et (pourquoi pas ?) performante. C'est souvent une tentative de rééquilibrage de la puissance mutuelle des acteurs ou de la morphologie de l'organisation.

L'action de changement peut être un simple **déplacement**, un **transfert**, voire une **substitution**. Les choses se compliquent dès qu'il s'agit d'une **adaptation** ou d'une **transformation**. Les **évolutions** sont à peine plus faciles à réussir que les **révolutions**. Mais que penser des **mutations** et des **métamorphoses** ? Et gare à la **dégradation**, à la dégénérescence, à la corruption, à la décadence dont J. Freund nous décrit les causes, les phases et les remèdes[1] !

Depuis le fameux big bang, le monde est un champ d'énergie, cette énergie est en perpétuel mouvement et le monde change sans cesse. Le

---

1. J. FREUND, *La Décadence*, Ramsay, 1984 ; J.-C. FAUVET et N. BUHLER, *La Sociodynamique du changement*, Éditions d'Organisation, 1992.

changement, c'est la vie ! C'est même l'être lui-même. « Il n'existe rien de constant, sinon le changement » (Bouddha). Au lieu de dire d'une chose *qu'elle est*, il faudrait plutôt dire *qu'elle devient* en permanence autre chose. Pour illustrer son affaire, Héraclite nous dit que le monde est comme une flamme sans cesse en mouvement. Le feu, symbole du mouvement ! De toute façon, **l'entreprise étant également un champ d'énergie, elle change par elle-même,** quelles que soient les intentions des acteurs.

Le langage anglo-saxon se fait prolixe dès lors qu'il s'agit d'évoquer de nouvelles méthodes de changement, par exemple :

> Le *re-engineering* (reconception de l'entreprise), le *benchmarking* (comparaison avec les meilleurs), le *flattening* ou *delayering* (réduction des niveaux hiérarchiques), l'*out-sourcing* (recours à des ressources extérieures), le *downsizing* (réduction de la dimension des unités et des effectifs), le *network organization* (l'organisation en réseau), le *learning organization* (l'organisation capable d'apprendre), l'*horizontal corporation* (l'entreprise horizontale), le *concurrent engineering* (ingénierie simultanée), le *time-based competition* (la concurrence basée sur le temps), la *lean organization* (l'entreprise maigre), l'*empowerment* (donner du pouvoir réel aux collaborateurs), etc. De même, l'entreprise virtuelle pourrait bien constituer un nouvel espace dynamique pour l'organisation de demain.

L'action de changement s'applique sur les quatre leviers ou macroforces de l'organisation : la structure, les flux, la culture et le management, qui sont tour à tour objets du changement, mais aussi leviers et freins du changement. Celui-ci a toujours pour origine le *dehors*. Si le *dedans* est vraiment clos sur lui-même, pourquoi et comment pourrait-il changer ? Dans ce cas, l'organisation subit les conséquences du deuxième principe de la thermodynamique : elle change mais *en pire* vers un état d'entropie maximale. **Le dehors, donc, influence ou provoque le dedans par l'action d'une grande variété de forces matérielles :** apparition de nouveaux produits, de nouvelles technologies, de nouvelles alliances capitalistiques ou **immatérielles** (développement de nouvelles valeurs, de nouveaux modes de vie). Les quatre leviers sont concernés directement ou indirectement, mais il revient au seul management d'en tirer les conséquences stratégiques et d'engager l'action appropriée.

Observons de plus près l'échelle de réactivité au dehors[111] pour constater que les deux premiers degrés (1 et 2) se contentent de suivre ou d'accompagner le mouvement extérieur. Le changement proprement dit apparaît avec les deux derniers niveaux (3 et 4) qui engagent et forcent le changement.

▨ Retenir le rôle irremplaçable des organisations à dominante individualiste pour provoquer le changement et à dominante holomorphe pour le hisser au niveau où il devient l'affaire permanente de tous et de chacun à son niveau.

Comme toute action, le changement se dote d'un objectif ou d'un projet accessible, se pose les bonnes questions pratiques, conçoit un processus original de mise en œuvre, évalue et compare la performance de plusieurs scénarios*, opte pour celui dont le rapport gain/coût est le plus avantageux, tend vers l'excellence.

Plus prosaïquement, l'action de changement peut être comparée au jeu de billard. Le pilote de l'opération tient la queue, pointe et choque une boule, qui en percute une ou plusieurs autres, le changement résultant du carambolage général. Ramenée à une opération purement physique, **l'action s'exerce par des forces sur d'autres forces dans le but d'obtenir une meilleure configuration** ou, si vous préférez, un profil morphologique plus performant. Dans sa perspective la plus élaborée, le changement crée les conditions d'une propension à réussir.

Cinq catégories de changement[312] peuvent être identifiées, selon le parcours dominant suivi par les *boules* qui choquent tour à tour leurs consœurs des autres leviers de l'organisation.

▨ Ne pas vouloir changer en mieux, c'est risquer de devoir changer en pire.

▨ Prendre appui sur le dehors pour changer le dedans.

▨ Préférer si possible un changement négocié obtenu sans heurt dans la durée par un jalonnement de petits réglages ou de réformes légères. Si

nécessaire, imposer un changement unilatéral brutal en frappant légèrement plus fort que de besoin.

▧ Faire de la culture l'horizon du changement

En principe, **ce sont les hommes de direction** qui ont l'initiative du
changement. Bien évidemment, ils **ont tendance à utiliser leur mode
de management dominant**, mais celui-ci est-il le plus approprié à la
situation ?

- si le 1er mode est dominant, le changement est **imposé unilatéralement**
  par le responsable de l'institution en charge du dossier ;
- si le 2e mode est dominant, le changement est obtenu **par voie de négociation** entre les acteurs principaux ;
- si le 3e mode est dominant, le changement résulte d'une **prise de conscience simultanée,** donc d'un choix unanime entre tous les acteurs
  concernés.

Ces modes utilisent une batterie de stratégies qui se déploient dans un
temps plus ou moins long et avantageux. Vous pouvez tout aussi bien :

- ouvrir brutalement un seul front qui devra céder sous la pression des
  événements ;
- prendre votre temps pour laisser les esprits mûrir et les opposants se lasser ;
- aborder les problèmes à la suite, par petits pas, dans un lent et ample mouvement enveloppant (-> jeu de go*) ;
- créer artificiellement un manque de temps qu'il faudra combler au plus vite ;
- dramatiser la perte de temps ou se féliciter du fait que le temps joue pour
  vous, etc.

Le changement est engagé naturellement s'il existe :

- une prise de conscience de la détérioration de la relation dedans/dehors ;
- une volonté* de changement > 1 ;
- la détermination d'un mouvement d'un état I à des états II ou III ;
- un rapport de moyens utilisables : pouvoirs/gluons[309] > 1 ;
- une opportunité et un temps d'exécution raisonnables ;
- un style de management et des stratégies de mise en œuvre appropriés.

...et la vie, c'est le changement.

72

étape

Inventorier les gluons, contre-pouvoirs du changement

« L'ennemi ne se changera pas en ami, ni le son en farine »
(proverbe berbère).

Tout est énergie, tout est force, mais toutes les forces ne jouent pas un rôle également positif selon le travail qui leur est demandé. Un haut fourneau, un statut du personnel, un style de management, etc., sont des forces utiles dans un certain contexte. Demandez-leur un travail dans un autre contexte, et ces mêmes forces se retournent contre les actions destinées à les modifier, à les supprimer ou à leur donner une autre signification ou un autre statut. **Les forces ont toutes un aspect positif, mais dès qu'elles sont sollicitées pour produire un travail dans une action précise, elles prennent un caractère positif ou négatif et deviennent des pouvoirs (+) ou des gluons (–).** Rappelons qu'en physique subatomique, le gluon est une particule qui a la propriété de *coller* les éléments du noyau.

Allez donc déplacer un aéroport, modifier le statut de la fonction publique, réorganiser le système de retraite, éroder la foi d'un père trappiste ! Matérielles ou immatérielles, ces forces offrent au changement une résistance plus ou moins considérable. Elles s'opposent à la performance d'une action, donc à la fluidité de sa mise en œuvre. Nous conviendrons, par conséquent, que **le taux d'engluement d'un scénario** d'action ou de changement **est l'équivalent inversé de sa fluidité**.

De même qu'il existe une grande variété de forces, il existe aussi des gluons de différentes sortes, des micro- ou des macrogluons, des gluons clés, dormants, cachés, manifestes, éphémères, permanents, solidaires, fossilisés, sans référence aux enjeux globaux de l'organisation, etc. Pour la réussite d'une action ou d'un changement, ces gluons sont tous à affronter ou à contourner.

Pas d'action à fort enjeu qui ne soit précédée d'un inventaire des gluons qui s'y opposent. Sorte de contre-pouvoirs, ils sont à affronter directement, à envelopper, à subvertir, à réduire, à supporter indéfiniment.... selon les cas, jamais à négliger.

La dérivée naturelle de l'engluement est le conservatisme, puis l'immobilisme par consommation vaine de toute énergie de changement. C'est le risque encouru souvent par les organisations mécanistes dans lesquelles les fondements possèdent une propension à l'inertie. **Mais l'engluement a du bon** ; on ne s'étonnera pas que l'organisation prenne appui, pour une part, sur un socle **stable et sûr** de structure, de flux et de culture. La fluidité totale serait synonyme d'inconsistance.

C'est pourquoi il est si important de s'interroger sur l'engluement culturel qui assure à la fois une **fonction positive de soutien de la tradition** et une autre **négative de stagnation**.

- À cet égard, **l'organisation tribale offre un bel exemple de refus du dehors jugé irréel**, de remise en cause des principes et de tout changement de cap. **La viscosité est culturelle**. De plus, les chefs ou guides (dans ce cas) peuvent craindre de perdre une partie de leur influence. La conséquence est un repli consensuel qui génère paradoxalement des gluons administratifs de sauvegarde.
- L'engluement de **l'organisation individualiste** répond à une logique inverse. **La viscosité est repérable au niveau de certains acteurs**

et syndicats qui craignent de se laisser embarquer dans une action ou un changement susceptible de renforcer le rôle et les fonctions de l'institution : refus de récupération idéologique, résistance aux procédures internes (excepté celles qu'ils ont eux-mêmes instituées), priorité donnée aux opportunités externes, incapacité à vivre la globalité de l'organisation, d'où refuge dans le pragmatisme et l'activisme.

— L'engluement **d'une organisation mécaniste** est une figure caricaturale de l'inertie. Arc-bouté sur des valeurs de production de série, d'ordre, de sûreté, de justice légaliste, l'engluement se traduit ici par un repli sur la tâche immédiate, un refus d'engagement personnel, une crispation sur une position statutaire, d'où refuge dans le formalisme et l'autoproduction de gluons administratifs.

— Il reste l'auto-organisation, laquelle offre (en théorie) une faible résistance au changement, donc une fluidité élevée où **l'autoréactivité au dehors s'effectue dans le respect des impératifs du dedans**, où l'auto-réorganisation locale est mise en œuvre naturellement par propension ; nous savons cependant combien ce quart-champ complexe est fragile...

L'évaluation de l'engluement intervient dans le cadre de l'évaluation d'un scénario de changement. Chaque gluon peut être apprécié selon une échelle comparable à celle de l'antagonisme : – 1, fluide ; – 2, adaptable ; – 3, inadaptable mais contournable ; – 4, incontournable.

Faire de l'engluement, un problème sociodynamique à part entière.

311

73

Sélectionner la stratégie de changement adaptée à chaque cas

Cinq méthodes ou stratégies de changement sont identifiables :

▓ **La première**, la plus modeste, **porte le nom de réglage**. Pris au sens strict, ce premier processus de changement ne *change rien*.

> Le réglage a pour origine le constat d'une panne technique, d'incidents à répétition ou d'une série d'anomalies de production mettant en cause la qualité, les délais, les coûts, etc. Le réglage porte sur un flux interrompu ou perturbé et fait retour à la norme.

Le réglage n'a pas d'effet sur la structure, ni sur la culture. Toutefois, des contre-valeurs culturelles dites de *négligence* peuvent retarder les réglages indispensables, jusqu'au point où aucun réglage n'est plus possible. Non corrigés à temps dans de bonnes conditions, les déréglages se développent de proche en proche jusqu'à nécessiter un changement plus radical : la réforme.

▓ **Le changement par réforme prend acte du fait que le change-ment par réglage est insuffisant**, parce que, plusieurs flux formant système, l'action sur l'un d'eux est sans grand effet si les autres ne sont pas également modifiés.

Vous souhaitez réduire les délais et les coûts de fabrication, autrement dit tendre vers une production plus flexible ; plusieurs forces de flux sont concernées : les approvisionnements, les demandes extérieures, l'informatique, les process, la maintenance, les méthodes d'implication du personnel, le contrôle, etc. Agir sur toutes ces forces simultanément, c'est isoler une macroforce *délais et coûts* et **la traiter globalement comme un sous-système indécomposable**. Mettre en place une nouvelle gestion assistée par ordinateur, accroître l'engagement des agents d'exécution, améliorer la productivité, etc., c'est cibler une macroforce-locomotive et **lui faire tirer le train des réformes.** À cette occasion s'imposeront sans doute des investissements techniques et des mutations professionnelles qui risquent de faire basculer la réforme dans... la rénovation.

Avantage : **le vécu quotidien** des pratiques du système mis en place provoquera à la longue une réappropriation de valeurs oubliées **et un apprentissage d'attitudes nouvelles** qui modifieront la culture, peut-être en profondeur.

▓ Conduite selon un style à dominante de 2e et 3e modes, la réforme est le changement le mieux toléré par le corps social.

▓ Triste rhétorique, celle qui sert d'alibi aux vrais changements. Bonne rhétorique que celle destinée à les accompagner.

▓ **La rénovation.** Une réforme n'ayant pu être menée à temps et à bien, s'imposent alors des mesures plus **radicales et coûteuses** qui relèvent de la direction générale parce qu'elles touchent à des **macroforces** qu'on pouvait croire **intangibles** comme l'implantation du site de production, le gros matériel de fabrication, l'organisation administrative, le statut du personnel, etc. Ces macroforces vont devoir changer sous la pression du dehors et entraîner des changements de flux considérables.

La rénovation, donc, **agit sur les structures de l'organisation** dont on sait qu'elles sont **matérielles et permanentes.** Elle est une forme lourde de changement qui s'efforce malgré tout de ne pas remettre en cause explicitement les fondements de l'organisation. La rénovation doit **surmonter un engluement technique et financier** considérable, mais celui-ci est peu de chose par rapport à **l'engluement culturel.** La culture commence par *s'opposer* avant de

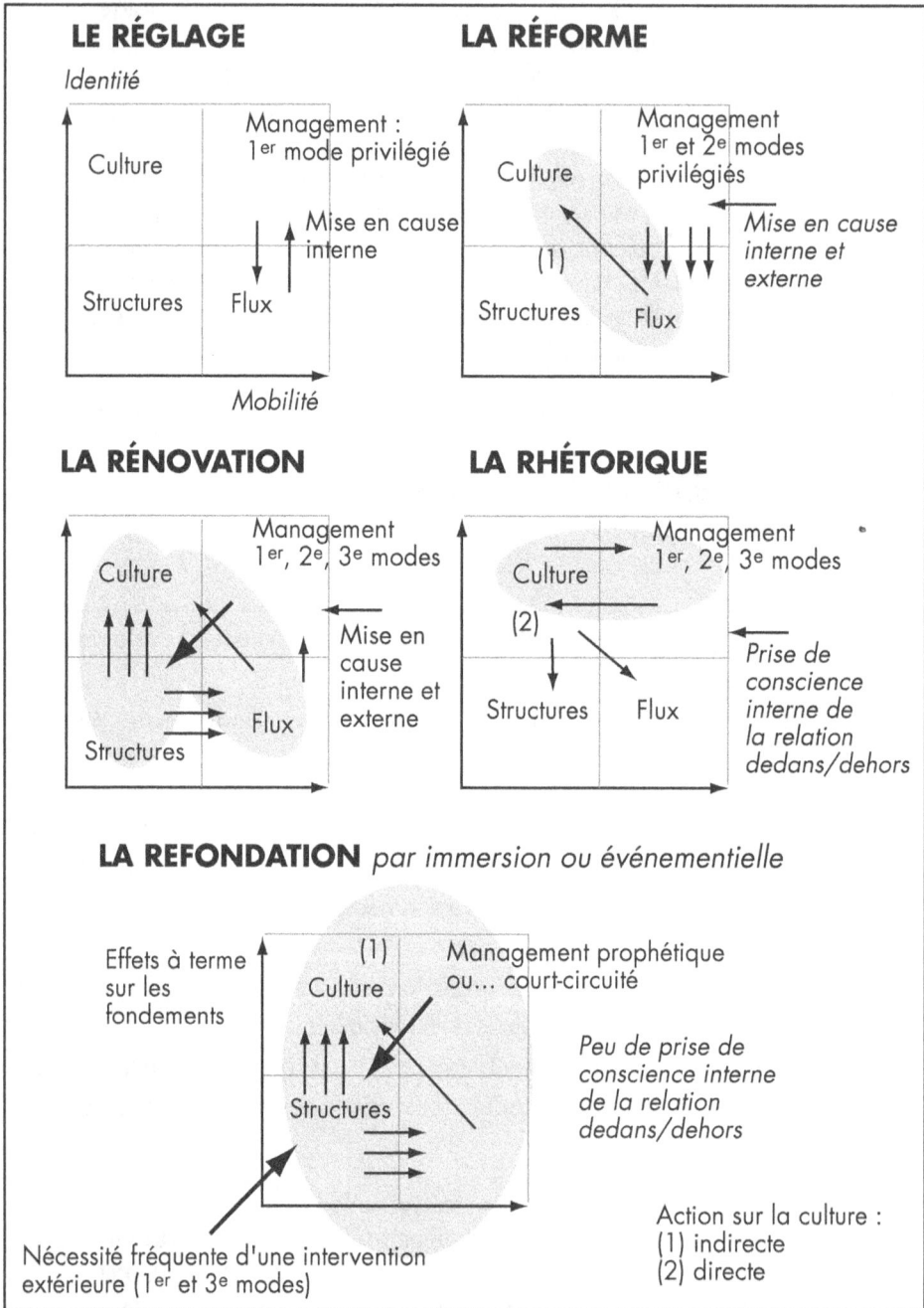

LE RÉGLAGE

Identité

Culture

Management :
1er mode privilégié

Mise en cause
interne

Structures   Flux

Mobilité

LA RÉFORME

Culture

Management
1er et 2e modes
privilégiés

(1)

Structures   Flux

Mise en cause
interne et
externe

LA RÉNOVATION

Culture

Management
1er, 2e, 3e modes

Flux

Structures

Mise en
cause
interne et
externe

LA RHÉTORIQUE

Culture

(2)

Management
1er, 2e, 3e modes

Structures   Flux

Prise de
conscience
interne de
la relation
dedans/dehors

LA REFONDATION *par immersion ou événementielle*

Effets à terme
sur les
fondements

(1)
Culture

Structures

Management prophétique
ou... court-circuité

Peu de prise de
conscience interne
de la relation
dedans/dehors

Action sur la culture :
(1) indirecte
(2) directe

Nécessité fréquente d'une intervention
extérieure (1er et 3e modes)

© Éditions d'Organisation

se *soumettre* aux mesures prises. Après les avoir adoptées sans éclat, elle finit par les promouvoir sans scrupules.

Conduite à petits pas, la réforme pouvait faire lentement son chemin dans les esprits et les habitudes. La rénovation a rarement le temps de familiariser les mentalités aux nouvelles pratiques qui s'imposent. Comme toute action d'envergure, elle **devrait être conduite selon un style de management plus participatif qu'autoritaire** (par exemple, plus 2.3.4. que 7.0.2.), mais est-ce toujours possible devant la nécessité et la résistance publique ou larvée qui apparaît tant au niveau des cadres que du personnel d'exécution ? Pour bien faire, il faudrait que la rénovation soit servie par une stratégie de projet, fine fleur du 3e mode ; pourquoi pas, si les chefs sont eux-mêmes capables d'un tel engagement ?

Remède de cheval, **la refondation est l'action de changement qui agit sur les fondements,** et de ce fait soulève une telle résistance que seul un *putsch* peut la conduire avec succès. On a bien refondé la S. D. N., pourquoi pas la Sécurité sociale ou l'Éducation nationale ? On peut tenter de refonder les structures d'une nation, difficilement la culture d'un peuple.

La refondation s'impose dans le cas d'une dégradation générale de la performance ou de perturbations politiques ou économiques insurmontables par les moyens habituels. Généralement, les hommes du management, prisonniers du système global, sont incapables de procéder au changement de l'intérieur. Une autorité extérieure (l'État, un nouveau groupe d'actionnaires, un homme prestigieux...) s'approprie l'institution, quelquefois par la force, installe une équipe de direction fidèle et chamboule les structures, avec l'intention affichée de modifier jusqu'aux fondements de l'organisation. C'est par un changement de Constitution que de Gaulle a inauguré son retour *aux affaires*. Quand Mustafa Kemal refonde la Turquie, il remet à zéro les structures juridiques, économiques et sociales de son pays, ses méthodes de fonctionnement, les pratiques de gouvernement et, pour finir, la culture. Et ce d'une main énergique selon un style proche de 8.0.1 ! Une O.P.A. et la privatisation d'une entreprise peuvent constituer de simples rénovations ; le plus souvent, elles donnent lieu à un repositionnement du métier, des outils de production, de la raison sociale, de la culture, du style de management... : ce sont des refondations.

Cette sorte de révolution constitue une œuvre gigantesque de **désengluement** qui opère sur des macroforces souvent hyperrésistantes aux moyens classiques. Le style de changement ne peut être qu'exceptionnel. Ce fut souvent celui du *lion* : 4.1.4., style dans lequel la transaction joue un rôle mineur. Or l'opinion publique occidentale tolère de moins en moins ces styles jugés trop *musclés*. Plus simplement, **on connaît cet effet refondateur** obtenu dans le cadre d'un engagement politique, social ou sportif. Mais le vécu instantané d'un grand événement (la nomination d'un *grand patron* à la tête de l'entreprise, le vécu d'une grève dure, la participation à une grande aventure industrielle...) peut permettre d'obtenir le même résultat.

Fondation ou refondation, la méthode relève de la même logique : *immerger* les acteurs dans un nouveau *bain* matériel et immatériel d'une telle ampleur qu'à la longue ou aussitôt, leur culture personnelle s'en trouvera transformée.

Cinquième processus de changement, la **rhétorique** a eu longtemps l'image d'un procédé douteux, justement parce qu'elle utilise le *verbe* comme unique moyen d'action. Il faut se garder d'une tendance, assez courante chez certains responsables, à employer la rhétorique comme substitut des vrais changements à entreprendre.

Peu coûteuse, rapidement mise en œuvre, plus disposée à *transcender* les problèmes techniques et culturels qu'à les résoudre réellement, la rhétorique est quelquefois un alibi (trop) commode. Méfions-nous des rhéteurs dont les arguments ne sont validés que par hasard. Pourtant, elle s'avère directement performante s'il lui est demandé de traiter de problèmes purement techniques ou administratifs et si la situation extérieure justifie un *appel aux armes*. Dans le premier cas, elle utilise les arguments de la rationalité, dans le second, les symboles de l'affectivité. Cependant, plus que la communication ou la formation, c'est **l'exemplarité du management et le témoignage vivant des chefs** qui constituent les meilleurs vecteurs de changement de type immatériel.

Point de départ de tout management global : anticiper correctement les effets spécifiques des stratégies de changement.

74

S'exercer à la méthode des scénarios au service du bon choix

« Si vous ne savez pas où aller, n'importe quel chemin peut vous y conduire » **(Talmud).**

L'impréparation prépare un désastre ; une trop grande mise au point crée de fausses certitudes. **Une action d'envergure ou un changement important ne peut être engagé sans que fût mis au point un scénario proactif** prévoyant les différentes séquences de son déroulement. Mieux : une action à larges effets doit être soupesée, simulée et surtout comparée à toute autre censée atteindre les mêmes résultats à moindre coût.

La recherche de la performance tire son efficacité de l'évaluation et de la confrontation de deux ou plusieurs scénarios qui constituent les canevas établis par anticipation des événements importants susceptibles de conduire au but poursuivi. La décision porte évidemment sur le meilleur scénario. On appelle **parcours** l'enchaînement des séquences de l'action qui se sont effectivement déroulées. Chaque scénario comprend un point de départ et une ligne d'arrivée, entre lesquels s'interposent les multiples événements qui sont soumis à **une double logique, causale et aléatoire**. Chaque événement a sa raison d'être, y compris d'être là par hasard. Le scénario envisage froidement les jeux rétroactifs, proactifs, récursifs des actes posés par les différents acteurs, alliés, adversaires et tiers. Tout événement important se présente comme **une opportunité ou une épreuve** qui modifie l'indice de pouvoir*, les attitudes des acteurs et par conséquent leur relation de puissance. C'est une sorte de bifurcation, voire de **carrefour** où doivent être prises de nouvelles décisions tactiques à effet stratégique et à prolongement politique.

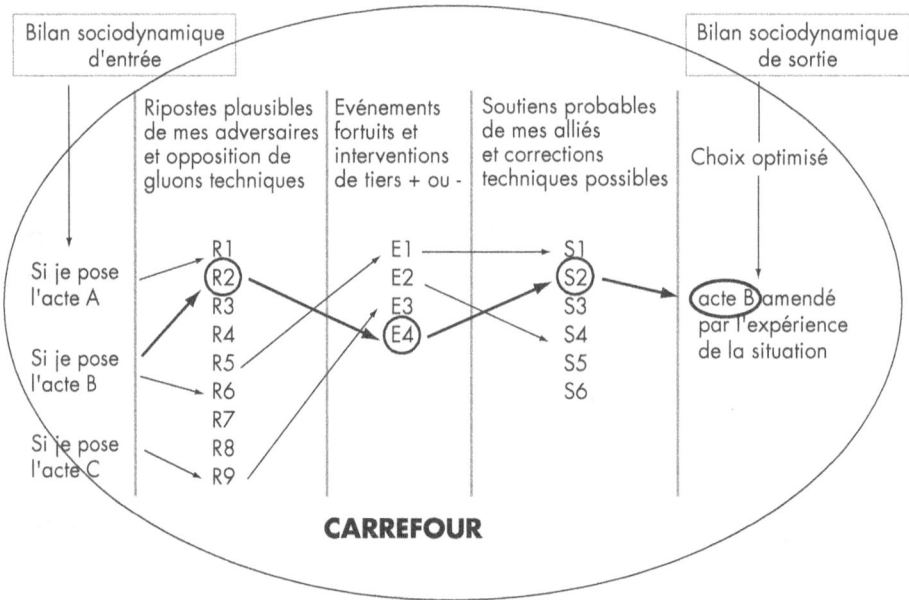

En théorie, chaque carrefour devrait faire l'objet d'un bilan sociodynamique et constituer un nouveau point de départ. En outre, **le scénario doit prendre en compte les effets pervers de la communication et anticiper les réactions épidermiques des acteurs qui ne sont pas également sensibles aux mêmes symboles et arguments** rationnels : « **Si je fais ça**, ils me répondront ceci et je leur répliquerai cela, à moins qu'il ne se passe tel incident ; dans ce cas, j'agirai ainsi, sauf si les B1 ou des tiers réagissent et que je

sois obligé de dire telle chose, de telle manière... ». L'arborescence des **hypothèses prévisibles, plausibles, possibles, probables et certaines** nous
fait entrer de plain-pied dans la complexité de l'action, dont on ne peut venir à bout
que par **une intuition sous contrôle**. L'art de l'action atteint la perfection
quand le management découvre une voie inattendue et performante qui permet
d'accéder au but avec élégance. L'habitude de penser en termes de *scénario* et de
carrefour rend plus aisée la maîtrise des situations délicates et *diminue* (!) le
nombre des événements imprévus.

L'un des intérêts pratiques de cette méthode est de permettre les
comparaisons les plus objectives entre les *bons* et les *moins bons*
scénarios qui s'offrent aux choix d'un décideur. Ces comparaisons
s'effectuent selon la méthode de *l'estime pondérée*. L'art du management
n'est-il pas fondé sur des tendances affectives profondes qui vous font
préférer *a priori* tel choix à tel autre ? Du reste, la méthode a du bon
puisqu'elle vous incline à opter pour les scénarios que vous conduirez
avec le plus de conviction et de talent. Dans tout autre scénario, vous
serez mal à l'aise et l'objectif ne sera pas atteint, ou le sera par chance.

**Le scénario proactif familiarise les acteurs aux situations à venir tendues,
probables ou... imprévues.**

10
itinéraire

75

« Ne faites pas… » ou « les interdits vertueux » de la sociodynamique

Cette étape ouvre le dernier des sentiers escarpés de la sociodynamique. Toutefois, avant d'atteindre le *plateau* où se dresse la *table d'orientation panoramique*, il est bon d'alléger notre sac de certains interdits… *vertueux*.

- **À trop considérer les autres acteurs comme des *objets*, vous ne profiterez pas des initiatives des *personnes*.**
  Conséquence : « si vous n'aimez pas les hommes, faites-vous gardien de troupeau ».

- Ne croyez pas que la conduite de l'action soit une *technique* mineure ; elle relève plutôt d'un *art* majeur.

- N'observez pas seulement votre organisation avec les yeux d'un comptable ou d'un ingénieur de production, mais plutôt avec ceux d'un physicien qui suit la trace d'une particule dans une chambre à bulles.

- Ne comptez pas trop les choses, évaluez plutôt les forces, les attitudes et les pouvoirs.

- Ne recherchez pas la complexité pour le plaisir mais craignez comme la peste les systèmes trop géométriques.

- Ne misez pas tout sur le matériel, l'action est immatérielle dans sa nature.

- Ne cherchez pas ailleurs que dans l'affectif le moteur de l'action, et trouvez son contrôle dans la raison.

- Si vous ne prenez pas la culture comme horizon du changement, elle finira par vous boucher la vue.

- Ne posez pas un panneau : « L'atelier est au fond de la cour » ; installez plutôt votre étal côté rue.

- **Ne vous prenez pas seulement pour le chef de l'institution ; vous tenez votre légitimité du fait que vous êtes aussi l'animateur du corps social.**

- Ne vous lassez jamais de synergie.

- N'hésitez pas à verser une bonne dose de crédit d'intention dans la potion relationnelle, mais ne misez pas trop sur celui des autres à votre égard.

- Ne recourez au procès d'intention que pour votre sauvegarde.

- **N'espérez pas impliquer vos partenaires dans une alliance sans qu'ils en attendent une rétribution pécuniaire ou morale.**

- N'adressez jamais une critique à un allié qui ne soit précédée de deux compliments.

- Ne cherchez pas le secret de la réussite dans la dépendance des hommes et des équipes, travaillez plutôt à développer une autonomie appropriée.

- N'allez pas croire que vos talents de négociateur vous permettront à eux seuls de retourner un rapport de puissance fortement défavorable.

- Ne prenez pas au sérieux ceux qui vous réclament toujours plus de *trucs* tactiques ; ils montrent ainsi leur incapacité à conduire une action stratégique d'ensemble.

- N'entrez pas dans un conflit à reculons, vous en sortirez bientôt sur le c... !

- Ne vous enfermez pas dans l'intimité d'une équipe de direction trop restreinte ; travaillez en réseau ouvert.

- Ne changez pas !... vous avez de bonnes chances d'être bientôt statufié.

- Dans le vain espoir d'être plus libre à chaque instant, ne vous privez pas d'une « stratégie de surplomb » plus globale, qui tienne compte des suites inévitables de l'action.

- **Ne vous gonflez pas de pouvoir, votre volonté pourrait se dégonfler.**

- N'exagérez pas le poids des freins matériels : la plus grande résistance au changement est culturelle.

- N'imposez pas à tous les exigences d'un projet global ; les *secondes lignes* préfèrent souvent s'engager sur les moyens et se mobiliser sur chaque séquence de l'action.

- **N'accaparez pas tout l'espace par vos talents et vos droits..., vos partenaires vous laisseront bientôt tout faire.**

- Ne craignez pas tant les rénovations et les refondations, craignez plutôt que le temps des réglages et des réformes soit passé.

- Ne négligez pas les moyens de la rhétorique ; quand elle agit (!), elle fait des miracles à bon marché.

- Ne vous croyez pas dispensé de communiquer à coups *d'événements*, ce sont des repères plus vrais que les mots. Mais privilégiez l'*immersion sociodynamique,* seule capable de faire évoluer durablement les esprits.

- Ne vous laissez pas duper par vos propres symboles... et par ceux de vos adversaires.

- Cherchez moins à vous orienter dans l'espace que dans le temps ; le temps est cumulatif d'informations, générateur de sens, post- et proactif, donc anticipateur d'actions nouvelles à orienter correctement.

- Ne croyez pas vous être débarrassé de l'auto-organisation en disant avec malice : « Pourquoi faire simple, quand on peut faire compliqué », vous risquez de faire du simplisme.

- **Ne confondez pas la préférence holomorphe et la nécessité mécaniste.**

- Ne vous focalisez pas trop sur les indicateurs du bilan ou les objectifs ; maintenez votre ligne de vol grâce à une Table de tendance et visez l'horizon.

- Pas de propension à réussir ?... Il ne vous restera que des efforts à soutenir pour ne pas échouer.

- Ni faire, ni laisser faire, ni parfaire, alors que faire ?

Envisager l'action à contre-pied pour repartir... du bon pied.

« Faites... » ou « rédigez votre propre carnet de route »

Nous sommes parvenus à l'horizon de nos efforts, là où se profilent les finalités conscientes ou inconscientes, publiques ou cachées des acteurs. Dans l'étape « Ne faites pas », nous nous sommes contentés de lister certaines de nos habitudes. Un contrepoint plus sérieux s'impose. École de discernement peu encline au dogmatisme, la sociodynamique cherche à apporter une aide personnalisée aux hommes d'action. Voilà pourquoi, contrairement aux apparences, il s'agit moins ici de repréciser les grands axes de la *sociodynamique en général* que d'aider au repérage **d'une démarche propre à chaque responsable, telle qu'il la construit jour après jour pour le compte de son organisation...** Tentons d'en détecter les élans sous-jacents au moyen d'un *carnet de route du management*, lequel :

- pose qu'un **recentrage sur l'homme fonde la sociodynamique de l'action** ;

- observe que toute action est une **force immatérielle volontariste** qui entre en composition avec le champ d'énergie environnant, lui-même composé de forces matérielles et immatérielles mises en œuvre par d'autres acteurs ;

- postule que toute **action collective** et toute **organisation** (sociale, économique, politique...) relèvent du même principe ;

- tient *le tout* de **l'organisation pour un champ d'énergie** plus immatériel que matériel, non décomposable en plans isolés, mais pouvant être *plié* comme un drap de lit ;

- tient le drap pour la figure de **l'identité-unité ou du simple**, et les plis pour celle de la **variété-multiple ou du désordonné** ;

- s'emploie à **renforcer l'Unité pour accroître la cohérence des objectifs, la cohésion des hommes et la puissance des actions**, tout en **s'efforçant de prendre racines dans le multiple** pour mieux coller aux événements saisis dans leur dynamisme, leur pouvoir de provocation et de changement ;

- considère **chaque pli majeur** comme un **sous-champ spécialisé autonome à son niveau** : synergie/ antagonisme, dedans/ dehors, institution/ corps social, matériel/ immatériel, etc. :

— chaque pli est régi selon ses propres lois mais participe néanmoins à l'Unité du tout dont il est solidaire ;

— corollaire : toute action majeure sur un pli majeur doit être interprétée dans ses effets sur les autres plis ;

- généralise la **fonction managériale** en l'étendant à tous les acteurs de l'organisation qui assurent, à divers niveaux et de différentes manières, **le pilotage de l'action collective** ;

- considère :

— que **la faible tension** de l'Unité et du multiple est nécessaire pour l'ordre minimal incontournable et stable qu'elle instaure ;

— mais que **la forte tension** de l'Unité et du multiple est à privilégier chaque fois qu'il est possible, pour les hauts niveaux de complexité auxquels elle conduit. Plus ce niveau est élevé, plus la **variété** et les chances de **régénération permanente** sont grandes, et plus forte est la propension à la performance ;

- pose que le passage d'une position de haute tension à une position de faible tension est un mouvement **vers plus d'inertie** et qu'inversement, **l'enrichissement d'une action** ou d'une force matérielle **est l'opération par laquelle elle *se déplace* sur les deux axes, Unité et/ ou multiple** ;

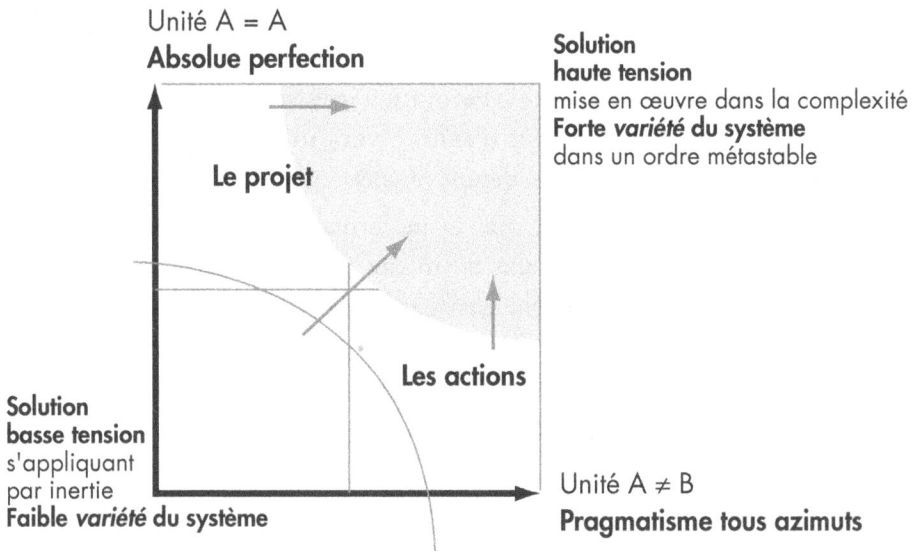

- cherche plutôt à trouver **une complexité d'harmonie de toutes les actions et forces majeures sur tous les plis majeurs** qu'à atteindre un niveau de complexité mythique et de toutes façons... ingérable ;

- recherche pour cela **la morphologie optimale** que doit acquérir l'organisation par le moyen d'un judicieux agencement des actions et forces de structure, de flux, de culture, mis en œuvre par un style de management approprié : l'art de cet agencement est une affaire de rééquilibrage morphologique qui détermine, pour chaque cas, les *profils* plus ou moins performants ;

- pose que les profils les plus performants sont ceux qui donnent à l'organisation et à ses sous-ensembles **la plus grande autonomie,** c'est-à-dire la plus grande maîtrise de leurs relations entre le dedans et le dehors ;

- s'applique par ces moyens à doter l'art de l'action d'une **approche globale** qui lui permette de traiter **avec les mêmes référentiels** des choses aussi éloignées que le style de conduite des hommes, les méthodes de production, la gestion des conflits ou la mise en œuvre d'un projet collectif ;

- accompagne cet effort par un **suivi régulier d'une** *table de tendance* qui rend compte – sur tous les plis majeurs – du fait que la performance s'inscrit bien dans la durée, là où les fondements acquièrent leur valeur et leur force ;

▨ s'efforce ainsi de profiter de l'évolution irrésistible des sociétés humaines, depuis deux millions d'années, **vers une ère dite de *création-communication*** apparue depuis 30 ans (-> schéma ci-après) ;

▨ stipule, pour conclure, que la performance des actions consiste à déjouer la complexité afin de mieux en jouer. Cette condition est remplie si le management parvient **à faire en sorte que les bonnes choses se fassent par elles-mêmes**, autrement dit que l'organisation ait une propension naturelle à l'excellence. Asymptotiquement, c'est le cas de l'auto-organisation.

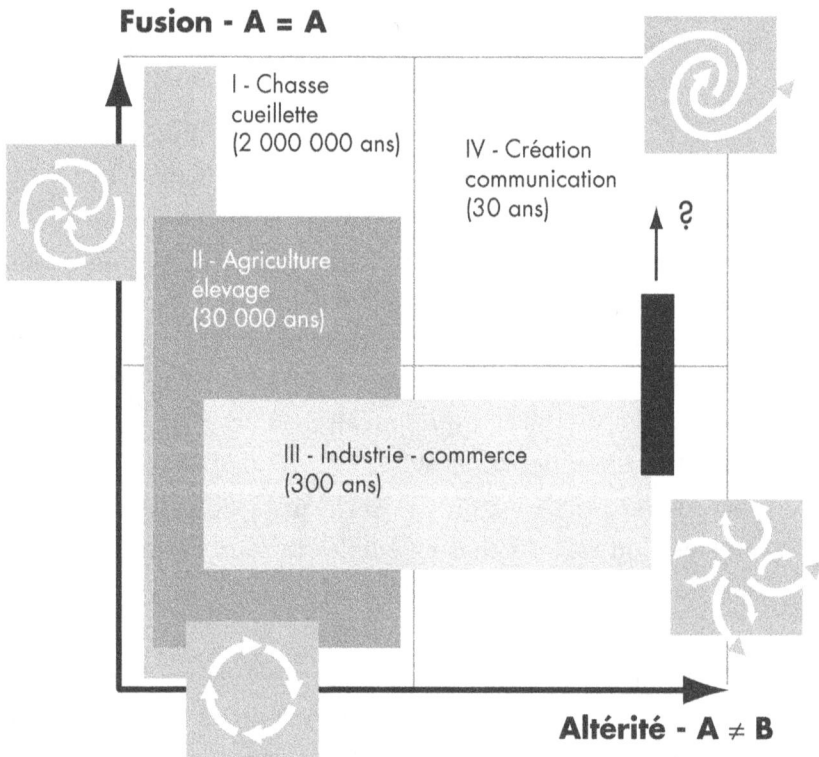

Le carnet de route : une invitation permanente faite au chef de garder le cap sociodynamique.

77

Développer une éthique de la réciprocité

> « Un Prince sage doit se réformer lui-même
> et remplir ses devoirs envers ses proches »
> **(Confucius).**

Se recentrer sur l'homme constitue le point de départ de notre démarche. Les actions des hommes et les combinaisons qui en résultent jouent un tel rôle dans l'avenir de notre monde que s'impose à chaque acteur, un impératif philosophique à prolongement rationnel et éthique. Synonyme de morale, mais placée à un plus haut niveau de globalité, l'éthique est la partie de la philosophie qui cherche à déterminer le dessein final de la vie humaine et les moyens de l'atteindre. Il ne s'agit pas ici de fixer les lignes de force d'une éthique générale de l'homme. Il s'agit de dégager quelques éléments d'une éthique de l'action fondée sur **le principe de réciprocité organisation/ homme qui ouvre la porte à deux battants de la sociodynamique et conduit à la performance.**

■ *Éthique de réciprocité* : pour un membre du corps social, *faire le bien* consiste à soutenir l'action de l'institution. Pour l'institution, *faire le bien* consiste à placer tous les acteurs dans une perspective globale, donc à les associer à l'élaboration du projet et à la répartition des gains. « Fais ta tâche, je fais la mienne » (réponse d'Helvidius à Vespasien, mauvais prince).

▨ En cas de litige au sein de l'échelle des valeurs :

– *le bonheur privé* doit être momentanément sacrifié au *bien commun*, car si le premier est une création légitime du désir, c'est le second qui ouvre le droit au premier ;

– *la table des valeurs* doit céder provisoirement le pas à *la liberté d'expression*, car si la première établit la société, la seconde fonde l'homme.

▨ Tu produis, tu t'enrichis, tu consommes, tu paies.

Trois développements sont proposés :

1. **La compatibilité sociale.** Dans la durée, **toute action de management doit faire en sorte que le bien commun* de l'entreprise soit davantage compatible avec le bonheur privé des salariés.** De même, tout salarié doit se reconnaître solidaire du bien commun de la communauté de travail qui lui assure un soutien social, des avantages économiques et un enrichissement culturel. Le problème est de savoir de quelle société il s'agit, donc de fixer les communautés de référence, souvent emboîtées les unes dans les autres, qui défendent des intérêts ambigus et peu compatibles entre eux. Observez les conflits de pouvoir entre les diverses collectivités locales, régionales, nationales ; l'appartenance syndicale ou catégorielle et l'attachement à l'entreprise ; les revendications du personnel et la pression du marché ; les demandes de la clientèle et des associations écologiques ; les *exigences* des fonctionnaires et les attentes des contribuables... Comment rendre compatibles des points de vue si dissemblables ?

   Aucune démarche ne parviendra jamais à harmoniser ces intérêts souvent contradictoires ; la seule solution connue, mais trop belle pour apporter une réponse à tout, **consiste à dépasser les intérêts privés par un engagement de chacun dans une aventure collective** dont l'institution et le corps social tireront un égal profit.

2. **La dignité.** Chacun le sait, **il n'est d'éthique de l'action que fondée sur la dignité de l'homme.** Nous inspirant du fait que « l'homme doit toujours être pris pour sujet, jamais comme objet » (E. Kant), force est de constater que les acteurs seront pris nécessairement pour des objets s'ils ne sont pas engagés à des degrés divers dans le choix du projet, l'élaboration des stratégies et les règles de partage des profits.

L'homme n'est rien sans la société qui l'a culturellement éduqué, et pourtant **sa dignité tient à son autonomie face à cette société :** « Je te dois tout, mais si je ne suis pas libre de moi, tu m'as fait objet. » **Il s'agit de faire en sorte que l'homme devienne un acteur-sujet,** citoyen membre actif de sa *cité*, responsable à son niveau de sa propre tâche locale et de ses conséquences globales. Le style de management doit laisser aux acteurs des marges d'initiatives leur permettant d'investir leur volonté personnelle dans un projet collectif, à l'élaboration duquel ils ont participé et dont le succès assurera une gratification pour chacun et un développement pour tous.

3. **La co-production de richesses.** Sauf à *faire payer* les autres, tout acteur, chef, cadre ou agent d'exécution doit produire *plus* de valeur ou de richesse qu'il n'en consomme. Par *production de richesses*, il faut entendre une activité créatrice d'objets manufacturés, de services, d'emplois, de parts de marché, de capitaux, de valeurs intellectuelles, artistiques, sociales, morales… **Tout patron est** *fondé à s'enrichir* **personnellement si, et seulement si,** son entreprise gagne des parts de marché, développe son capital financier et accroît son patrimoine social. De même, tout salarié doit mériter son salaire par un niveau de synergie correspondant : dit autrement, une organisation ne peut souffrir de la part de ses collaborateurs laisser-aller, gaspillage et manque d'engagement, signes évidents d'une attitude située sous *la ligne bleue de l'initiative positive*. **À l'engagement loyal de l'institution pour le corps social correspond celui des salariés vis-à-vis de leur employeur.** La maltraitance du personnel exercée par l'encadrement (si souvent mise en avant) n'a pas davantage de légitimité que celle dont les directions sont également victimes de la part des salariés et de leurs délégués.

Ces principes ne peuvent être mis en œuvre que par des hommes **sains** ayant acquis une forte ascèse personnelle et agissant au cœur d'une organisation également *saine*. Seule une institution honnête, loyale, compétente…, est en mesure d'initier et de garantir l'éthique dynamique de ce pacte social. Ces recommandations tentent de bâtir *une société de confiance*[1], laquelle n'est possible, selon J.-L. Fallou, qu'à l'aune des six conditions suivantes : la parole juste des dirigeants, l'assurance économique, la fiabilité des règles internes, la fierté d'appartenance, la valorisation personnelle inscrite dans les faits et le jeu d'équipe. Au fond, il s'agit par ces moyens de créer les conditions de **la relation d'or***, laquelle établit un équilibre sain entre les attitudes des acteurs, prémisses d'une éthique de bon aloi et d'une performance, fine fleur de la sociodynamique.

Pas d'engagement social possible sans une réciprocité réelle des efforts consentis de part et d'autre.

---

1. A. PEYREFITTE, *La Société de confiance*, Éditions Odile Jacob, 1995.

78

Au-delà de l'efficacité : viser la performance

« Le meilleur charpentier est celui
qui fait le moins de copeaux »
(proverbe allemand).

L'absolu désigne toujours *le mieux, le plus, le premier*, vers lequel tend naturellement tout acteur sérieux. Schumacher veut rouler plus vite, Bill Gates veut étendre ses marchés, les petits actionnaires veulent devenir plus riches.

À la perfection absolue, non accessible bien entendu, **la sociodynamique** substitue un premier **concept plus opérationnel,** celui d'efficacité qui « produit l'effet attendu », exprimé sommairement par :

$$\text{EFFICACITÉ} = \text{Puissance} \times \text{Art} > \text{engluement.}$$

On peut ramener le critère d'efficacité à une *habileté technique*, celle qui consiste à **tirer le meilleur parti des obstacles et des résistances,** à **jouer des gluons les uns contre les autres,** à *désengluer* les voies embourbées du changement afin d'atteindre l'objectif avec un bon tour de main professionnel. Mais le « professionnalisme » n'excuse pas tout : un gangster peut être efficace et tel art disgracieux. « **La puissance et l'art** » masquent quelquefois des **vices impardonnables** qui tiennent à l'emploi d'attitudes et de moyens malvenus, sans grâce, indignes d'un manager légitime*. On peut sauver une entreprise de la faillite avec honneur et engager une bataille politique sans *dénigrer systématiquement* ses adversaires. Écoutez nos députés parler de leurs collègues du parti opposé, et pleurez ! Ils défendent leur jeu personnel* et s'interdisent tout crédit d'intention* réciproques, soit ! mais il **leur manque ce minimum de jeu commun*** qui fonde la sociodynamique d'une **nation**. Les moyens vils salissent les justes fins.

C'est la raison pour laquelle, par vocation, **la sociodynamique mise davantage sur le concept de *performance***. Le préfixe *per* de ce mot indique ici *la manière* dont l'action est conduite. *Achèvement d'une tâche, accomplissement d'une action ou d'une forme*, la performance dépasse l'efficacité, en lui imposant l'emploi d'attitudes et de moyens dignes, esthétiques, honnêtes... en rapport avec les fins. La per*formance* naît de la *forme*[168] qui confère au rendement de l'action une valeur plus qualitative. **Elle apprécie une justesse de ton plus qu'un résultat.** Elle se manifeste moins par un chiffre d'affaires ou un délai que par une bonne volonté optimiste et gaie de surcroît. Elle se reconnaît à l'**élégance économique et morale** avec laquelle les difficultés liées à l'action et inhérentes à l'organisation sont surmontées. C'est ainsi qu'on parle des bonnes performances d'une équipe de vendeurs parvenue à tirer le meilleur d'elle-même et des circonstances. À l'efficacité *brute* centrée sur un résultat et par récursivité[87], **la performance ajoute *le ton* donné à la relation ou *tact***, « appréciation spontanée et délicate de ce qu'il convient de dire, de faire et d'éviter » (Robert). Et ce, de préférence, à partir des critères soutenus par *les autres*, qu'ils soient alliés, adversaires ou tiers, tous sensibles à des valeurs telles que l'**exemplarité** et l'**humilité**.

À l'inverse, **la non-performance évoque l'idée de muflerie, d'arrogance, de brutalité, voire de barbarie**, procédé qui consiste à utiliser d'une manière faussement ingénue des moyens vils en rupture avec les mœurs de la société et des fondamentaux de l'entreprise (-> culture*), d'où la formule globale :

$$\boxed{\text{Efficacité} = \text{Puissance} \times \text{Art} > \text{engluement}}$$

$$\text{PERFORMANCE} = \text{Efficacité} \times \frac{\textbf{Tact } (\text{...élégance, exemplarité, humilité, gaité})}{\textbf{Muflerie } (\text{...arrogance, brutalité, barbarie})}$$

Quand G. Orwell nous dit que « l'objectif du terrorisme, c'est le terrorisme, et celui du pouvoir, c'est le pouvoir », il nous ouvre les portes d'une logique barbare. Les magouilles pratiquées par certains cercles patronaux ou politiques, la démagogie de certains syndicats, les mensonges des uns et des autres, les malhonnêtetés financières ou stratégiques, les licenciements abusifs, les séquestrations de cadres, les grèves à répétition, relèvent moins de la sociodynamique que de la *sociodynamite*. Il y a du *barbare* là-dessous. Divers plans de l'action sont concernés. La *brutalité des moyens vils* crée un climat de dégoût. La *muflerie des statuts protégés* ruine l'esprit républicain d'égalité. La *barbarie d'excès de pouvoir* suscite un esprit de révolte. *L'arrogance élitaire* coupe court aux échanges féconds au sein de la nation. La *muflerie relationnelle patrons/syndicats* sabote les chances d'une vraie concertation au sein de l'entreprise. La *muflerie d'enrichissement abusif* sape la confiance. La *brutalité organisationnelle* fait mieux encore en imposant des structures de fonctionnement qui opèrent par prédation des valeurs, des hommes et souvent des lois : pensez à certains ateliers de confections employeurs d'immigrés, et aux régimes politiques semi-mafieux.

Suite à ces mufleries, **le crédit d'intention** sombre bel et bien. Ce passeport discret mais nécessaire de la sociodynamique **passe à la trappe au profit d'un procès d'intention* généralisé.** La confiance étant rompue, l'élan est brisé.

▨ La performance renforce peu l'efficacité d'un *acte** particulier mais, par un effet d'*exemplarité contagieuse*, elle replace peu à peu les choses à l'endroit, développant la sociodynamique de l'*action*.

▨ S'opposant à tout gâchis barbare, la performance vise à *l'accomplissement de la forme*, mais elle peinera toujours à *reconstruire* un climat social sain que la brutalité ou l'arrogance ont *déconstruit* si facilement.

▨ Loin de tout angélisme et poussé par les circonstances, un chef responsable est amené à faire preuve de discernement et de courage dès lors qu'il cherche à conjuguer l'emploi de mesures drastiques et la sauvegarde du bien commun. Sous la pression d'une rentabilité immédiate, il peut être contraint d'user de moyens dévastateurs. Toutefois, dans l'évaluation des enjeux, appliquée à la conduite d'un scénario, il lui faut *aussi* intégrer le coût énorme de la reconstruction.

Le tact sociodynamique peut changer l'animosité en sympathie, la mauvaise volonté en confiance, la faiblesse en atout...

79

Pratiquer la relation d'or

« S'il travaille pour toi, tu travailles pour lui »
(proverbe japonais).

Bien entendu, la barbarie ignore **la relation d'or** qui s'affiche moins comme un *modèle* que comme **une figure performante de relation** :

1. **Elle optimise les rapports d'attitudes et de pouvoirs**, donc de puissance, entre deux acteurs individuels ou collectifs ; plus précisément, **les jeux communs et crédits d'intention réciproques l'emportent ici sur les jeux personnels et procès d'intention mutuels** et, par suite,

2. **Elle rend possible tout type d'organisation et de management très élaboré**, notamment l'auto-organisation. Étendue à toute l'entreprise, au sein des équipes et des hiérarchies, entre les groupes sociaux et professionnels, au sein du comité d'entreprise, dans les relations avec les fournisseurs, les clients, les représentants des syndicats et de l'administration, la relation d'or confirme le rôle primordial du *jeu des attitudes*. S'éloigner durablement de ce schéma freine la propension de l'entreprise à la performance.

On sait déjà que les attitudes mutuelles tendent vers la symétrie (-> rééquilibrages*). On peut également se douter qu'**une symétrie synergique est plus**

A ou l'Institution   B ou le Corps Social

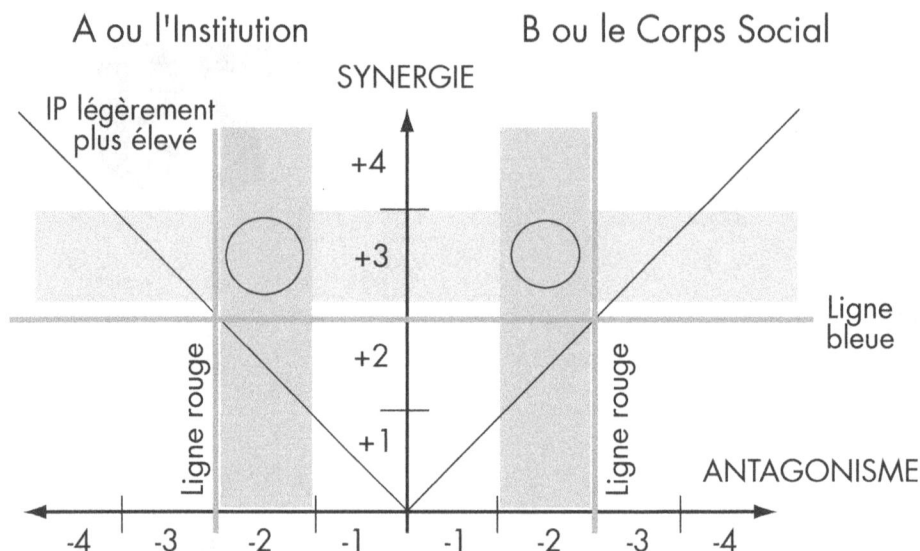

avantageuse pour les deux acteurs A et B qu'une symétrie antagoniste : la première conduit à une relation gagnant/gagnant dans laquelle
l'usage des pouvoirs est minoré, tandis que la seconde aboutit à une relation
gagnant/ perdant, arbitrée à l'avantage de l'acteur disposant de plus de pouvoir.
Ce qui peut être injuste et provoque, quasi inévitablement, un accroissement de
l'antagoniste chez l'autre acteur.

Cependant, sur l'échelle de synergie[41], tous les niveaux ne sont pas également
avantageux ou possibles :

— des acteurs + 1 et + 2 (minimalistes et intéressés), donc situés l'un et l'autre
  sous la ligne bleue de l'initiative, font donc trop peu d'efforts pour se soutenir
  mutuellement,

— mais la synergie maximale (+ 4 engagé) est souvent exceptionnelle ou de
  courte durée.

On peut en conclure que la **synergie mutuelle et réaliste** se situe sans
excès au-dessus de la ligne bleue, donc **niveau + 3** (coopérant).

Pour ce qui est de **la symétrie antagoniste**, on peut exclure de la même
façon les niveaux extrêmes :

— 4 (irréductible) et − 3 (opposant), pour la raison que chacun des deux acteurs
  cherche à imposer sa volonté à l'autre, et

– 1 (conciliant) parce que les acteurs manquent de jeu personnel, donc d'esprit critique.

Seule l'attitude – 2 (résistant) **est donc susceptible de satisfaire les deux acteurs également soucieux de négocier leurs intérêts.**

Toutefois, **temporaire et fondée en raison**, une attitude – 3 (opposant) relève de la relation d'or et **l'enrichit**.

Découle des deux points précédents la possibilité pour A d'accepter **une quasi-égalité de pouvoir**. L'institution ou le chef n'a plus à craindre (du moins à court terme) que l'existence de pouvoirs équivalents donne à B l'idée de tenter sa chance par un accroissement de son antagonisme.

▧ Le rééquilibrage des pouvoirs n'est possible que dans le cas où le responsable de niveau le plus élevé est convaincu de n'avoir pas franchi son seuil d'incompétence.

Cette relation d'or est fréquente dans les niches principales (-> appartenance*), les familles, les associations et les groupes de petites dimensions gouvernés selon un style proche de 1.4.4. ou 2.3.4., donc dans lequel les 2e et 3e modes sont dominants. C'est aussi la relation qui permet à la **concertation** d'être pratiquée dans son sens fort : **élaboration contradictoire d'une décision sur fond de consensus**. L'auto-organisation trouve là son fondement relationnel et une garantie (provisoire ?) de propension à la performance.

L'Union Européenne est née d'une relation d'or entre deux États longtemps hostiles, l'Allemagne et la France.

80

Donner un élan sociodynamique à l'entreprise

« Toutes choses se meuvent à leur fin » **(Rabelais***)***.
« L'allure principale entraîne avec elle
tous les incidents particuliers »
(Montesquieu).

Les grands managers vous disent tous que leur art consiste **à trouver la formule originale capable d'harmoniser** *in situ* **les indicateurs positifs et négatifs.** La sociodynamique n'institue pas la primauté du principe d'identité-unité, ni celui de variété-multiple, mais **suggère un dégradé de préférences** qui, de l'auto-organisation, s'étend aux autres organisations mécaniste, individualiste et tribale. Globalement, il s'agit tout autant de tendre vers une organisation holomorphe à caractère complexe que de créer un tout original fort où s'affirme le 1er mode. Et ce *tout-là* se fait localement sur chaque pli et transversalement sur tous les plis.

Pour commencer, observons dans le tableau suivant quelques profils afin d'en distinguer sommairement les caractéristiques avantageuses ou perverses. **Ces profils ou formes sont plus ou moins performants** dans un secteur économique, un lieu donné, une situation précise. Dans une entreprise de vente par correspon-

© Éditions d'Organisation

dance, un atelier de traitement des commandes peut se satisfaire d'une forme calée sur le quart-champ mécaniste. **Certaines formes sont *a priori* suspectes, voire barbares**, ou sont du moins susceptibles de poser des problèmes, notamment dans le cas de la *lutte des classes* ou des *anomalies probables de position*. Exemple : la stratégie de marché est orientée sur « des occasions à saisir » mais le système de rétribution des vendeurs est statutaire ! Comme pour le jeu de go, **on sent l'intérêt de faire travailler chaque force en cohérence**, voire en synergie avec les autres. Mais les six profils suivants sont plutôt sains et peuvent devenir, pour le management, un objectif de changement.

L'art a ceci de commun avec les sciences et les philosophies de la nature qu'il s'efforce de découvrir **une perfection de forme**. La biologie nous démontre l'extraordinaire capacité de la nature à trouver les formes végétales et animales les plus adaptées à l'environnement, les plus économes d'énergie et toujours esthétiques. La philosophie cherche de son côté **la configuration** éthique, politique, rationnelle... qui se rapproche le plus d'un certain absolu à définir, lequel est lui-même le pôle d'un challenge à susciter. Cette quête d'une forme idéale (spontanée ?) est inscrite trop profondément dans la nature pour que tout homme d'action ne se sente pas interpellé. **La performance** résulte moins du rangement matériel des choses que de l'arrangement immatériel de leur rapport. Elle n'exige pas l'unisson, mais l'harmonie. Elle **nous invite à repérer et à respecter ces forces en partie spontanées,** « résultats de l'action des hommes, mais non de leurs desseins explicites » (F. von Hayek). La propension au dépassement est comme **inscrite à l'intérieur même de la chose**. C'est le cas du carbone en physique qui porte en lui les conditions de toute vie. C'est le cas de la famille des mammifères, en biologie animale, qui porte en elle les conditions de toute pensée consciente. C'est le cas de la démocratie en sociologie des organisations, qui porte, pour notre temps, les conditions de tout progrès politique et économique. « Dans la vie, il n'y a pas de solutions ; il y a des forces en marche, il faut les créer et les solutions suivent » (Saint-Exupéry).

Nous retrouvons là l'un des points forts de la philosophie chinoise qui rejette la modélisation *a priori* de l'action et la logique occidentale fins/

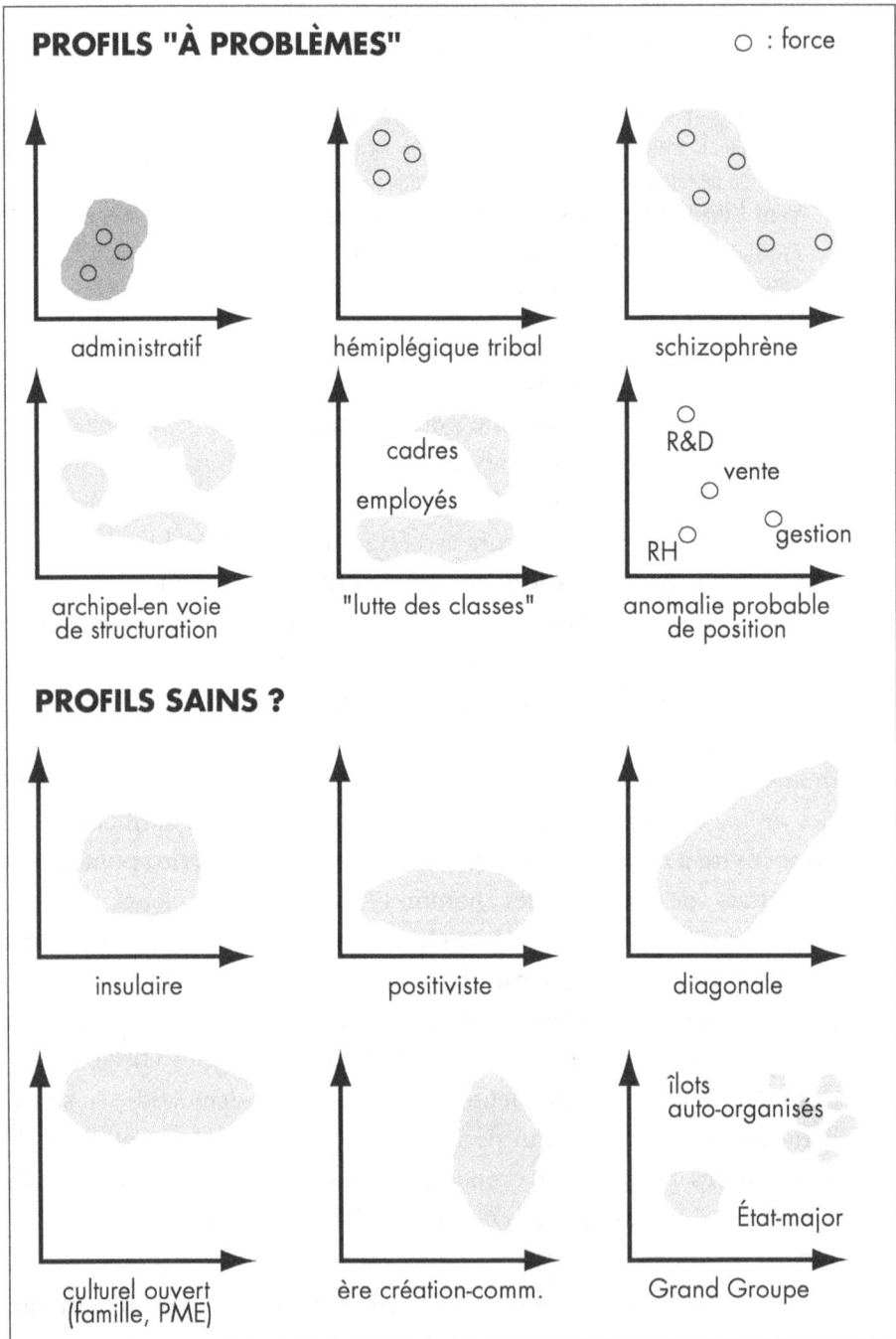

PROFILS "À PROBLÈMES"

○ : force

administratif

hémiplégique tribal

schizophrène

archipel-en voie
de structuration

cadres

employés

"lutte des classes"

○
R&D
        ○ vente
      ○
RH ○   ○ gestion

anomalie probable
de position

PROFILS SAINS ?

insulaire

positiviste

diagonale

culturel ouvert
(famille, PME)

ère création-comm.

îlots
auto-organisés

État-major

Grand Groupe

moyens. Selon F. Jullien[1], l'approche chinoise privilégie au contraire le **processus qui se construit à mesure**. Elle aménage les moyens et les fins selon les **circonstances**. Elle détecte le moment favorable et « surfe » sur la vague des événements. Elle ne s'oppose pas au mouvement naturel des choses ; elle veut plutôt profiter de toutes les opportunités, à faibles coûts. Le *non-agir* ne consiste pas à ne rien faire, mais à **se jouer de la vague** pour tirer le meilleur parti de l'inévitable. Autrement dit, à **faire d'un petit présent, le tremplin d'un grand futur**. À la fois réactifs et solidaires, reconnaissez que les membres d'une équipe auto-organisée ne sont pas les plus mal placés pour profiter des *circonstances favorables*.

La clé de cette propension à la performance, les scientifiques, les philosophes et les artistes la cherchent en vain, bien entendu. Elle est sans doute plus emblématique que réelle, **plus horizon à viser que cible à atteindre**. Pour sa part, la sociodynamique souhaite aussi en dessiner le profil, non pas au moyen de quelques règles de convenance, mais en l'inscrivant dans les fondements mêmes de l'organisation. Les artistes en savent quelque chose : « L'œil suit les chemins qui lui ont été ménagés dans l'œuvre » (P. Klee). Oui, la volonté n'est pas tout : **il existe aussi des principes naturels** qui règlent l'évolution des sociétés, leur propension à la complexité et, pourquoi pas, à la performance.

> Pour Montesquieu, « les lois, dans la signification la plus étendue, sont les **rapports nécessaires** qui dérivent de la nature des choses : et, dans ce sens, tous les êtres ont leurs lois ; la Divinité a ses lois ; le monde matériel a ses lois ; [...] l'homme a ses lois ». Toute entreprise a les siennes. Le tableau présenté ci-après tente d'en préciser les contours, laissant le champ libre à tous les aménagements.

Pourtant, une tendance générale se dessine au sein des entreprises européennes. De *récents sondages à la volée* témoignent d'une évolution sociodynamique significative, illustrée par *le test des blasons*. Mis en chiffres sur un total de 10, l'exercice ci-après est – de toute façon – à formaliser pour chaque secteur économique et chaque entreprise ; il est à appliquer

---

1. F. JULLIEN, *La Propension des choses – pour une histoire de l'efficacité en Chine*, Éditions du Seuil, 2003.

LE BLASON SOCIODYNAMIQUE
DE LA PERFORMANCE
récapitule tous les modes d'action et d'organisation
et RECOMMANDE de prendre en compte :

**LA CHANCE
QUE CONSTITUE
LE JEU D'ÉQUIPE**

Susciter et protéger
des "îlots auto-organisés"
partout où c'est possible, au niveau
approprié, à coût raisonnable, afin de
développer une plus grande auto-
appropriation individuelle et collective
des enjeux économiques et sociaux

**LA FORCE DE L'ÉLAN
COMMUNAUTAIRE**

Encourager
une organisation tribale
quand la situation le requiert,
afin de renforcer la cohésion
sociale autour d'une culture
forte tirée par un projet
collectif

PARFAIRE idées, projet, travail, qualité, relations...	**FAIRE FAIRE** les bonnes choses par elles-mêmes
FAIRE par soi-même ou par délégation	**LAISSER FAIRE** les jeux de pouvoirs

**LA NÉCESSITÉ
D'UN SOCLE DE
FONCTIONNEMENT**

Instituer à bon escient et
consolider
une organisation mécaniste
afin d'ancrer l'activité au
quotidien dans la sécurité des
fondements, et d'apporter une
réponse rapide aux situations
d'exception

**LE FOISONNEMENT DE SITUATIONS
NOUVELLES**

Entretenir et développer durablement
une organisation individualiste
afin de tirer profit des initiatives et jeux de
pouvoir internes et de susciter le changement par
des réponses plus spontanées aux sollicitations
extérieures

$$\times = \frac{Tact}{Muflerie}$$

pour chaque événement important et à réactualiser globalement tous les ans. Nos lecteurs apprendront avec ou sans surprise que cet exercice – sans prétention statistique – a été effectué une centaine de fois par un millier de cadres d'entreprise de tous secteurs. **Dans tous les cas, sans exception, l'évolution illustrée ci-après fut confirmée.**

IDENTITÉ - UNITÉ, A=A, Dedans
Centre immatériel, Synergie, Culture,
Projet de l'institution, Volonté déployée
dans le temps... etc

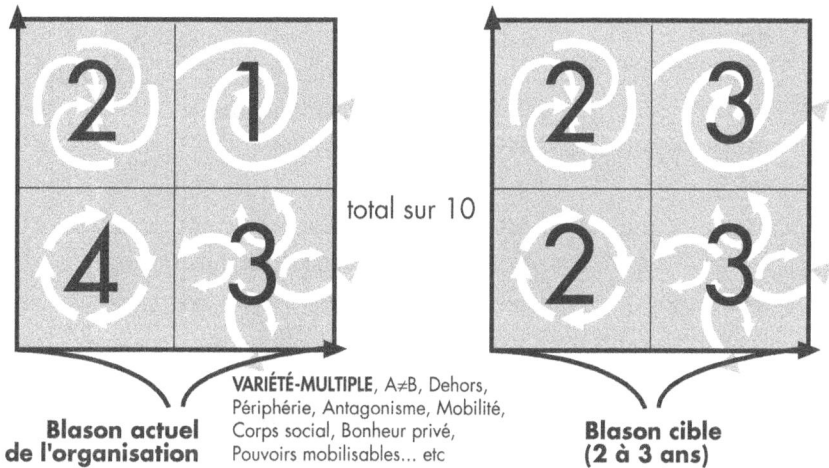

total sur 10

VARIÉTÉ-MULTIPLE, A≠B, Dehors,
Périphérie, Antagonisme, Mobilité,
Corps social, Bonheur privé,
Pouvoirs mobilisables... etc

**Blason actuel
de l'organisation**

**Blason cible
(2 à 3 ans)**

Que faut-il en penser ? Cet exercice se voulut d'abord la modeste *recherche d'un blason symbolique*. Il devint ensuite un essai de *déchiffrement d'un mystère*. Il s'affiche maintenant comme le témoin d'une tendance générale, celle qui consiste à surfer sur les vagues de l'évolution historique de notre société vers sa dernière manifestation : la *création-communication*[330]. Et ce, par un **rééquilibrage plus sain et plus dynamique des modes d'organisation et de management.**

Par goût de l'humour et plaisir de la provocation, cette tendance pourrait être soutenue par l'emploi d'une *formule alchimique* ainsi libellée :

▓ « Versez un bol *d'anarchie* dans la marmite de votre entreprise. Patientez. Ajoutez un bol de *religieux*. Battez... Versez un demi bol de *gendarmerie*. Laissez mijoter deux ans à feu doux. Selon la conjoncture, poivrez ou sucrez légèrement. Souriez et servez tiède, tous les matins, une cuiller à chaque collaborateur. »

Plus sérieusement, nous résumerons notre longue marche sur les chemins de l'action en proposant une **formule de propension à la performance**. Elle prend le contre-pied de ce que pourraient imaginer les mufles habituels et nouveaux barbares. Elle n'innove pas. Elle se contente de **reformuler l'élan sociodynamique bien naturel** qui sommeille chez tout acteur, qu'il soit entrepreneur, intraprenant ou entreprenant, chef d'entreprise ou ministre, entraîneur d'une équipe sportive ou animateur d'une association culturelle, délégué syndical ou chef de parti, enseignant ou père de famille... :

La nature est énergie. Partie prenante de la nature, toute organisation biologique ou sociale est mouvement, élan, force, dynamisme... À l'exception des systèmes mécaniques, l'élan propre d'une organisation ne peut lui être importé de l'extérieur. L'élan est à trouver nécessairement dans une composition originale de son champ de forces interne. Et, bien entendu, cette composition doit tendre vers l'une des formes sélectionnées par la nature et la vie pour *croître et se multiplier...*

Le grand taoïste Liu An dit à peu près la même chose : « Pour réguler les affaires du monde **l'action des hommes doit prendre appui sur le cours naturel** des choses », lequel est animé par le *Tao*, « source ineffable d'harmonie et de créativité ». **L'élan !**

Gageons que cet élan s'étendra, de proche en proche, à toute la société française. Ça urge !

Index des termes sociodynamiques

Bibliographie

ALBERT, Éric et NGUYEN NHON, Daniel. - N'obéissez plus. - Les Éditions d'Organisation, 2001

ANGOULVENT, A-L.- Hobbes ou la crise de l'état baroque.- PUF, 1992.

BEAUFRE, André (Général).- La stratégie de l'action.- Ed. de l'Aube, 1997.

BOIREL, R.- Le mécanisme.- Que Sais Je ?, 1982.

BORMAN, Scott A.- Go et Mao.- Seuil, 1972.

CASTORIADIS, Cornélius.- L'institution imaginaire de la société.- Seuil, 1999.

CHALIAND, Gérard.- Anthologie mondiale de la stratégie. Des origines au nucléaire.- Robert Laffont, 2001.

CHARNAY, Jean-Paul.- Essai général de stratégie.- Editions Champ Libre, 1973. (épuisé)

CJD (Centre des Jeunes Dirigeants d'Entreprise). - Pour l'entreprise, l'homme est capital. - Vetter Éditions, 1998

CLAUSEWITZ, Claude (Von).- De la guerre.- Editions de Minuit, 1995.

DELACOUR, Jean.- Biologie de la conscience.- 1994.

DUPONT, Christophe.- La Négociation - conduite-théorie-applications.- Dalloz, 1994.(épuisé)

ERALY, Alain.- La structuration de l'entreprise : la rationalité en action.- Editions de l'Université de Bruxelles, 1988.

ETTIGHOFFER, Denis.- L'entreprise virtuelle.- Éditions d'Organisation, 2000.

FAUVET, Jean-Christian ; BUHLER, Nicolas.- La sociodynamique du changement.- Éditions d'Organisation, 1992. (épuisé)

FREUND, Julien.- La Décadence.- Ramsey, 1984.

GENELOT, Dominique.- Manager dans la complexité.- Insep Editions, 2001.

GHEERBRANT, Alain ; CHEVALIER, Jean.- Dictionnaire des symboles.- Robert Laffont, 1994.

GLEICK, James.- La théorie du chaos. Vers une nouvelle science.- Flammarion, 1999.

HERBEMONT (d'), Olivier ; CESAR, Bruno.- La stratégie du projet latéral.- Dunod, 1998.

HILDEBRANDT, Stephen ; TRIMA, Antony.- Mathematiques et formes optimales,l'explication des structures naturelles.- Pour La Science, 1991.

JULLIEN, François.- La propension des choses.- Seuil, 2003.

LAGADEC, Patrick.- La gestion des crises.- MC Graw Hill, 1995. (épuisé)

Le MOIGNE, Jean-Louis.- Les systèmes de décision dans les organisations.- PUF, 1974.

Le MOIGNE, Jean-Louis.- La modélisation des systèmes complexes.- Dunod, 1999. (épuisé)

LIDDELL HART Basil H.- Histoire mondiale de la stratégie, Paris, Plon, 1963, rééd. avec une préface de Lucien Poirier, Stratégie, Paris, Perrin, 1998.

LUGAN, Jean-Claude.- La Systémique sociale.- PUF, 2000.

MILLON-DELSOL, Chantal.- Le principe de subsidiarité.- Que sais-je ?, 1993

MORIN, Edgar.- La Méthode : Tome 1 : La nature de la nature.- Seuil, 1977; Tome 2 : La vie de la vie.- Seuil, 1980 ; Tome 3 : La connaissance de la connaissance.- Seuil, 1992 ; Tome 4 : Les Idées.- Seuil, 1995.

MORIN, Edgar.- Introduction à la pensée complexe.- ESF, 1990. (épuisé)

MULLER, Jean Marie.- La stratégie de l'action non-violente.- Fayard, 1981. (épuisé)

PEYREFITTE, Alain.- La société de confiance - Essai sur les origines et la nature du développement.- Odile Jacob, 2002.

PREVOST, Claude-M.- La volonté.- Que Sais je ?, 1994.

QUÊME, Philippe. - L'État peut-il réussir ses réformes ? – L'Harmattan, 2002

SELMER, Ricardo.- A contre-courant : vivre l'entreprise la plus extraordinaire au monde. Dunod, 1993.

SERRES, Michel.- Le Tiers-instruit.- François Bourin, 1994.

SUN TSE.- L'art de la guerre.- Pocket, 2002.

THUCYDIDE.- Histoire de la guerre entre les péloponnésiens et les athéniens.- Gallimard, 1990.

TOCQUEVILLE, Alexis - De la démocratie en Amérique, La Pléïade - Gallimard, 1992.

TOUAZI, Francis ; GEVREY, Cécile.- Management d'entreprise et stratégie du Go.- Nathan, 1994. (épuisé)

WALDER, Francis.- Saint Germain ou la négociation.- Gallimard, 1958. (épuisé)